총성 없는 전쟁을 위한

군사 심리학

| 송경재 · 김민종 · 김대은 · 이종형 공저 |

학지사

저자 서문

국가의 자주성은 군사력에 달려 있다. 역사적으로 군사력이 강한 나라는 외교, 분쟁 등에서 자국의 안녕과 이익을 위해 거리낌 없이 목소리를 냈지만 군사력이 약한 나라는 주변 국가의 눈치를 보며 자신의 의견을 개진하거나 자세를 취할 수 없었다. 그래서 대부분 국가는 군사력을 키우기 위해 경쟁적으로 군사 기술을 발전시키려 노력한다.

군사력을 발휘하는 핵심적이고 실천적인 조직이 군대이다. 군대는 일반 다른 조직과 매우 차별화된 조직이다. 특히 그 기능과 문화가 크게 다르다. 하지만 군대도 사람이 중심인 집단이다. 그 구성원이 사람이고 심지어 첨단 무기체계조차 사람이 운용한다. 그래서 군대를 이해하려면 사람을 이해해야 한다.

사람을 이해하는 학문은 심리학이다. 심리학이 사람을 이해하려 노력했던 이유는 현실의 고통을 줄이고 만족스러운 삶을 살기 위해서이다. 즉, 우리의 행복과 성숙을 위해 인간 스스로를 이해하려는 학문이 심리학이다.

인간이 경험할 수 있는 고통과 불행의 정점은 전쟁이다. 대량 살상이 일어나는 폭력적이고 위협적인 장면의 연속에서, 인간이 느끼고 사고하며 행동하는 과정은 분석과 해석은 물론 설명하기조차 쉽지 않다.

전쟁을 잘하기 위한 학문은 군사학이다. 군사학은 군사력과 군사적 분쟁을 연구한다. 군사력을 건설하고 지원하며, 운용하는 일에 대한 학문이다. 사실 군사학은 연구 범위나 방법 등을 규정짓기 어렵다. 특히 술(art)적인 부분이 크게 작용하기 때문에 과학과 술(art)을 조화시켜야 하는 과제가 큰 학문이 군사학이다.

군사학에 대해 가장 활발히 연구가 진행되는 곳이 사관학교이다. 그래서 사관학교의 교육내용을 보면 군사학의 범위를 가늠할 수 있다. 사관학교의 교육내용은 전쟁의 양상에 따라 변화하고 있다. 세계적으로 사관학교가 처음 만들어지기 시작한 19세기 초에는 공자(攻者) 입장에서 화포술을 중시하여 탄도를 계산하기 위해 수학을 가르쳤고, 방자(防者) 입장에서 튼튼한 요새를 구축하기 위한 토목학을 중점적으로 교육시켰다. 그래서 사관학교에서는 이·공학 위주의 교육과 연구가 이루어졌다. 인간에 대한 이해는 사치에 불과했다. 사실 미국의 사관학교인 웨스트 포인트는 만들어진 지 200년이 넘은 학교인데, 설립 후 175년 동안 인간을 이해하는 과목을 가르칠 필요성을 못 느꼈다. 왜냐하면 그 당시만 해도 신분 구분이 뚜렷한 사회였기 때문이다.

사관학교를 졸업한 장교는 귀족의 신분이었고, 병사들은 평민 또는 하인 계층이었다. 군대 밖에서의 지위와 그 지위를 지켜 주는 규범, 즉 누가 누구에게 복종해야 하는지에 대한 관념이 장교의 권위를

정당화시켰던 사회였다. 죽고 죽이는 과정에서 인간에 대한 이해가
크게 의미 없었다.

심리학이 전쟁에 기여하기 시작한 것은 제1차 세계 대전부터였다.
물론 서양 전쟁사를 기준으로 하면 그렇다. 누구를 선병하여 어떤 직
책에 복무하도록 배치해야 할지를 결정하는 선발과 분류 작업에 심리
학의 원리가 적용되었다. 당시에 전 세계적으로 전쟁이 계속 되었기
때문에 대규모 병력이 필요하였다. 빨리 징집을 해야 하고, 동시에 아
무나 전쟁에 내보내서는 안 된다는 통념 아래 조금 더 배우고 조금 더
기능적인 병사가 임무수행에 효과적이라는 것을 알게 되었다. 단순
한 형태의 전투수행이 아닌 방법이나 운용이 복잡하고 다양해졌으므
로 이러한 전장환경에 부응하기 위해서는 병력의 양보다는 질을 따져
보는 것이 더 효과적이라는 것을 깨닫게 된 것이다.

이러한 배경에서 미군 내 심리학자로 구성된 연구팀에서 최초로 개
발한 징집 검사 도구가 '육군 알파 테스트(Army Alpha test)'이고, 문
맹자도 검사를 할 수 있도록 만들어진 검사 도구가 '육군 베타 테스트
(Army Beta test)'이다. 과거 미군에서 만들어진 심리검사가 뭐 그리
중요한가 하겠지만, 육군 알파 테스트는 오늘날 가장 많이 쓰이는 지
능검사인 웩슬러 지능검사로 발전한다. 군대와 심리학의 만남은 꽤
나 강렬하다.

제2차 세계 대전, 선병과 검사 분야에서 기능하던 심리학은 그 범
위를 확장시키게 된다. 전장에서 전투를 수행하는 장병들의 전투 피
로와 탈진 문제가 심각하게 고려되기 시작한 것이다. 선발을 거쳐도
정신적 문제로 전역하는 장병의 수가 많아 조력과 치료가 필요했기

때문이다.

물론 제2차 세계 대전 이전 전쟁에서 전투 공황, 스트레스, 탈진 등의 현상이 없던 것은 아니었을 것이다. 그런데 왜 갑자기 그 전에는 고려하지 않았던 정신적 문제를 고민하기 시작했을까? 그것은 심리학의 발달로 인간을 이해하는 시각이 바뀌었으며 접근방식이 변화했기 때문이다. 제2차 세계 대전 이전에는 전투 스트레스와 공황에 의한 정신질환을 개인의 인성과 정신력의 부재로 이해했다. 그러나 심리학의 기여로 그러한 부적응은 전장 환경이라는 자극에 대한 자연스러운 인간의 반응으로 받아들이게 된 것이다.

또한 대규모 폭격 등 살상 위주의 전투 개념에서 인간의 마음을 이용하여 싸우지 않고도 이기는, 어쩌면 인본주의적인 개념으로 전쟁이 바뀌면서 군에서 심리학에 대한 수요는 크게 확대되었다.

전쟁의 개념이 바뀔수록 전투 장면에 직접적으로 개입하는 심리학자의 중요성은 점차 커져만 갔다. 이에 따라 전쟁이란 특수 상황에 맞춘 심리학이 필요해졌고 이것을 계기로 군사심리학이 태동하게 되었다. 심리학은 마음과 행동에 관한 과학이고, 군사학은 분쟁과 파괴에 관한 과학이다. '군사'와 '심리'가 붙은 군사심리학은 분쟁과 파괴에 직면하여 그 일을 수행하는 인간의 마음과 행동에 관한 과학이다.

군대의 궁극적 기능은 싸워서 이기는 것이다. 그래서 군사심리학도 싸워서 이기는 데 학문적 기여를 하는 것이 궁극적 기능이다. 당연하지만 무서운 이야기이다. 심리학은 인간의 선을 위해 인간을 이해하려고 했고, 보다 행복한 삶을 영위하도록 만들어진 학문이지만, 군사심리학은 인간에게 고통을 주고 파괴하는 것을 더욱 효율적이고 기능적이며 정당화시키는 학문이다. 이중적이고 해결하기 어려운 딜레마이다.

군인은 사랑하는 사람을 목숨을 바쳐 지키는 매우 숭고한 임무를 수행하는 사람이다. 군사심리학은 그 숭고한 임무를 돕는 학문이다. 심리학이 인간의 행복과 성숙을 위해 노력하는 것처럼 군사심리학은 사랑하는 사람과 그 임무를 수행하는 장병 자신을 지키는 학문이 되길 원한다. 심리학자들의 마음이 그러하고, 이 책을 쓴 저자들의 마음도 그러하다.

전국의 많은 대학에서 군사학을 가르치기 시작했다. 군사학과는 물론 국방물자, 탄약, 방공유도무기, 정보통신, 공병장비 관련 전투/특수 부사관과 등 국방기술계열 전공이 다양해졌다. 국방부에서 제시한 군사학 범위 내 군사심리학이 포함되어 있고, 여러 군사 관련 학과에서 군사심리학을 가르치고 있지만, 심리학 전공자가 아닌 학생들이 공부하기에 적합한 군사심리학 교재가 없는 실정이다. 그래서 이해하기 쉽고, 군 생활에 실질적으로 도움이 될 수 있도록 군사력의 근간이 될 사관생도 및 장교후보생, 부사관학과 학생을 위한 『총성 없는 전쟁을 위한 군사심리학』을 집필하게 되었다.

이 책의 특징은 실제 군사 현장에서 적용되는 응용심리학적 원리 위주로 서술하였다는 것이다. 장과 절의 편성은 크게 4부로 나누어 제1부 '전투상황에서의 감각과 지각'에서는 전투원 개개인이 생존과 경계를 위해 전투 환경 자극을 어떻게 처리하는지에 대해 알아보았다. 제2부 '전투와 심리'에서는 전투를 수행하는 과정 속 인간의 고통과 부적응을 다루었으며, 제3부 '심리전'에서는 가장 인본주의적인 전쟁 도구인 심리전에 대해 알아보았다. 마지막으로, 제4부 '군대와 리더십'에서는 이론이 아닌 전장에서 발현해야 할 실질적 리더십에 대해 서술하였다. 총 13개의 장으로 이루어져 15주 정도의 강의 일정으로 매주 한 장씩 교육을 진행할 수 있다. 동시에 교수들의 군 생활 중에 경험했던 이야기를 풀어나가기 용이하도록 하였다.

군사심리학 교재 집필이라는 커다란 중압감과 사명감을 느끼면서도 저자의 게으름과 무지함으로 인해 아쉬움이 많이 남는 책을 출간하게 되었다. 군 현장에서 잔뼈가 굵은 전투 전문가들의 살아 숨 쉬는 이야기를 충분히 소개하지 못한 점에 대해 여러 선후배 장병의 이해를 구한다.

충성대에서 성장한 심리학자가 이런 책을 쓸 수 있도록 그동안 많은 가르침을 주신 고려대학교 한성열 교수님과 육군3사관학교 심리학 원로이신 최무덕 교수님께 깊은 감사의 마음을 올린다. 그리고 이 책의 출간을 위해 애써 주신 학지사 김진환 사장님, 이규환 과장님, 강대건 편집자님께 감사드린다.

끝으로, 이 책이 우리 군의 무형 전투력 발전과 장병의 자부심 향상에 조금이라도 보탬이 되는 자료가 되길 간절히 기도한다.

2017년 4월
충성대 문무관에서
대표 저자 송경재

차 례

제2부 **전투와 심리**

제3부 심리전

제4부 군대와 리더십

제 **1** 부

전투상황에서의 감각과 지각

들어가며……

우리가 볼 수도 들을 수도 냄새를 맡을 수도 없다면 그 삶은 어떠할까? 또한 전투에서는 어떠할까? 세상에서 벌어지는 일을 인식할 수 없어서 무의미한 삶을 살아가게 될 것이며, 나아가 전투에서의 생존과도 관련이 있게 된다. 이렇듯 우리가 세상에 대하여 알고 있는 것은 어떠한 형태로든 머릿속에 표상되어 이해되어야 한다. 우리가 경험하는 실체는 감각과 지각이란 두 가지 과정에 의해 결정된다.

감각(sensation)은 감각기관의 자극에 기인하는 단순한 자각이다. 다시 말해서, 세상을 머릿속에 표상하기 위하여 우리가 살아가는 환경으로부터 발생된 물리적 에너지를 탐지하여 그것을 신경신호로 변환시키는 과정이다. 지각(perception)은 우리의 뇌 수준에서 일어난다. 그것은 정신표상을 형성하기 위해 감각을 선택하고, 식별하고, 조직화하고, 해석하는 과정이다. 지각은 바깥세상을 있는 그대로 복사하는 것이 아니다. 세상에 대한 우리의 '견해'는 우리의 뇌가 일정한 가정과 원리를 기초로 구성해 낸 주관적인 견해이다. 이들 가정과 원리는 선천적인 것으로 과거의 지각경험을 통해 진화된 것들이기 때문에 우리가 보는(지각하는) 세상이 정확하지 않을 때도 있다.

감각과 지각이 작용하는 방식을 이해하기 위해서는 외부의 물리적 세계와 내부의 심리적 세계가 서로 어떤 관계인지부터 알아야 한다. 우리의 일상경험 또는 전투상황에서 감각과 지각과정은 자동적으로 혼합되어 하나의 연속적인 과정을 이룬다. 전투 환경은 다양한 변화와 우발적인 부분이 많기 때문에 이에 대응하여 생존하기 위해서는 감각과 지각과정을 최대한 활용해야 한다. 그러나 인간의 감각과 지각과정은 사회의 급격한 변화와 부적관계를 가져 약화되어 온 것이 사실이다. 그러므로 전투에 참여하는 모든 장병은 인간의 감각과 지각과정의 한계와 부정확성을 이해하고, 최대한 오류를 줄이면서 임무를 수행해야 한다. 이 장에서는 감각과 지각과정의 기본 원리를 알아보고, 이러한 과정들이 실제 전투 시에 어떻게 활용되는지를 살펴보고자 한다.

"보는 것이 믿는 것이다. 하지만 보는 것이 반드시 옳은 믿음은 아니다."

(Lilienfeld, Lynn, Ruscio, Beyerstein, 2011)

제 **1** 장
감각과정

1. 감각작용의 일반적인 특징

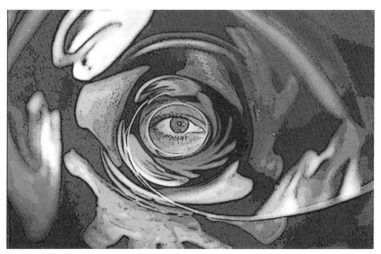

출처: 최무덕, 이종현, 이영호(1998).

우리의 감각체계는 환경의 에너지에 대응하여 빛, 소리, 맛 등과 같은 주관적인 감각을 일으킨다. **감각**(sensation)은 주관적이고 개인적인 경험이다. 당신은 자신의 감각경험을 다른 사람에게 설명할 수 있을지 모르지만, 그 사람들이 당신의 감각을 직접적으로 경험할 수 없을 것이다.

우리는 눈을 통해서 책이나 신문의 글을 읽을 수 있으며, 그 결과로 사고력의 향상과 같은 행동 변화가 나타난다. 코를 통해서 냄새를 맡을 경우 유해한 물질이라고 판단되면 누구나 이를 회피하려는 행동을 보인다.

일반적으로 감각을 생성시키는 과정은 간단한 것 같이 보인다. 먼저 외부 정보 또는 신체 내부로부터 특정 형태의 에너지가 눈이나 귀와 같은 감각기관에 있는 **수용기 세포**(receptor cell)를 자극한다. 이 세포는 광파나 공기압력 등과 같은 물리적 에너지에만 반응하도록 분화되어 있다. 에너지는 충분히 강해야 하며, 그렇지 않을 경우 수용기 세포는 자극에 대하여 반응하지 않을 것이다. 그러나 충분한 에너지가 주어지면 수용기 세포는 부호화된 전기적 또는 화학적 신호를 보내는 반응을 한다. 신경신호가 감각신경을 따라서 중추신경계에 전달해 가면서 부호화되며, 이 과정이 대뇌에 이를 때 메시지는 아주 정확하고 자세해진다. 이러한 여러 가지 신호로부터 대뇌는 감각적 경험을 만들어 낸다.

2. 절대식역

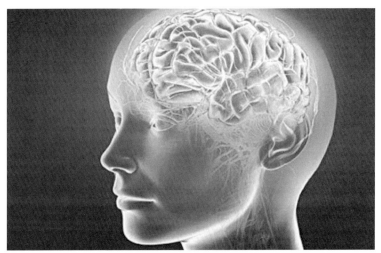

출처: 최무덕, 이종형, 이영호(1998)

일상생활 중에서 '소리를 들었다' 또는 '불빛을 보았다' 같은 경험은 외부정보의 수용과 어떠한 관계가 있는가? 예를 들어, 경계병두 명이 전방 산악지역에 빛 에너지가 존재함에도 불구하고 A 경계병은 불빛을 볼 수 있다고 말하고, B 경계병은 너무 희미한 탓에 이를 알아차리지 못할 수 있다. 하지만 빛 에너지의 강도가 높아지면 B 경계병은 어느 순간에 불빛을 보았다고 말하게 된다. 또한 1번 초소에서는 관측 가능하고, 2번 초소에서는 관측이 불가능할 수 있다. 이처럼 주변의 환경이 달라지면 불빛을 감지하는 정도는 변할 수 있으며 또한 자극을 알아차리는 정도는 타인들이 지각하는 정도와 다를 것이다. 이러한 이유에서 자극의 물리적인 속성과 개인의 감각 상태,

즉 외부와 정신과의 관계를 연구하는 정신물리학이 발달하기 시작하였다.

1800년대 중반 독일에 유명한 과학자인 구스타프 페흐너(Gustav Fechner, 1801~1997)는 **정신물리학**(Psychophysics)을 통해 감각과 지각을 측정하는 접근법을 개발하였다. 이 접근법은 자극 강도와 그 자극에 대한 관찰자의 민감도를 측정하는 것이다. 정신물리학에서 추구하는 목표 중 하나는 개인의 감각수용세포를 건드려서 자극의 에너지 상태가 어느 수준일 때 인간이 자극의 존재를 알아차리는가를 밝히는 것이다. 이때 자극의 존재를 알아차리는 것을 **탐지**(detection)

〈표 1-1〉 감각 역의 측정치

감각	절대식역	예시
시각	맑고 어두운 밤에 약 48km 떨어진 곳에 있는 촛불	
청각	아주 조용할 때 6m 떨어진 곳에서 나는 시계소리	
촉각	1cm 높이에서 얼굴 볼에 떨어지는 파리의 날개	
후각	6개의 방 규모에 해당하는 공간에 퍼져 있는 향수 한 방울	
미각	약 7.6L의 물에 녹아 있는 설탕 한 스푼	

출처: 최무덕, 이종형, 이영호(1998)

라고 하며, 자극을 탐지하는 데 필요한 최소한의 에너지 상태를 **절대식역**(absolute threshold)이라고 부른다. 다시 말해, 자극이 제시된 전체 횟수의 50%가 탐지되는 자극의 수준을 절대식역으로 정의한다. 결국 절대식역은 탐지될 확률과 탐지되지 않을 확률이 동일한 자극의 수준을 의미한다.

이러한 정의를 기초로 인간이 탐지하는 자극의 수준을 측정했을 때, 아주 약한 자극을 탐지하는 인간의 능력은 상당히 대단한 것으로 밝혀졌다. 예컨대, 청명하지만 어두운 밤에 주변에 아무런 불빛이 없으면 우리는 약 48km 떨어진 곳에 위치한 촛불을 볼 수 있으며, 조용한 조건하에서는 약 6m 떨어진 곳에 있는 시계의 초침소리까지 들을 수 있는 것으로 밝혀졌다(Galanter, 1962). 그러나 이러한 식역은 개인별로 차이가 있을 수 있으며, 환경에 의해서도 차이가 발생할 수 있다. 예를 들어, A 경계병은 초소 약 6m 앞에 지나가는 동물의 발자국 소리를 들을 수 있으나 B 경계병은 들을 수 없을지도 모른다. 이러한 차이는 개인별로 절대식역의 수준이 다르기 때문에 발생 가능하다.

정신물리학의 또 다른 연구목표는 이미 감각기관을 통해서 지각된 자극과 유사한 자극들이 존재할 때, 이들 간의 차이를 알아보는 것이다. 두 개의 자극 간의 차이를 지각하는 데 필요한 최소한의 에너지 차이를 **차이식역**(differential threshold) 또는 **최소가치차이**(Just Noticeable Difference: JND)라고 부른다. 예를 들면, 두 개의 물건에서 무게의 차이가 있는지를 결정하는 실험을 한다고 가정하자. 하나의 자극은 500g으로 고정시키고, 다른 자극은 500g에서부터 시작하여 시행할 때마다 조금씩 무게를 증가시킨다. 피험자는 두 자극을 비교하고서 두 번째 자극이 첫 번째 자극보다 무거운가 또는 그렇지 않는가를 답해야 한다. 만약 피험자가 506g의 자극을 10번의 시행 중 5번을 더 무겁다고 보고했다면 6g은 두 가지 물건의 차이를 지각하는 데 필요한 최소한의 에너지 차이가 되는 것이다.

지금까지 감각작용의 일반적 특징 몇 가지를 제시했지만, 신체의 감각체계의 하나하나는 약간 다르게 작용한다. 각각의 감각에는 특정 종류의 에너지를 신경신호로 전환할 수 있게 분화되어 있는 수용기 세포가 포함되어 있다. 이러한 전환이 일어나는 식역은 감각체계에 따라 다르다.

19세기 독일의 정신물리학자인 에른스트 베버(Ernst Weber)는 JND는 고정된 양이 아니라, 오히려 표준자극의 크기에 대략 비례한다는 관계성에 주목하였다. **베버의 법칙**(Weber's law)이라 불리는 이 공식은 한 자극의 최소가지차이는 그 강도의 변화와 무관하게 일정한 비율이라는 것이다. 이 법칙은 어떤 차이를 지각할 수 있는 일정한 배경자극의 강도에 따라 달라진다고 주장한다. 또한, 베버의 법칙은 자극의 강도가 매우 높거나 매우 낮은 경우를 제외하고는 거의 모든 감각자극 판단에 적용되는 것으로 밝혀졌다(Gescheider, 1976).

베버의 법칙을 일상생활에 적용해 보자. 이 법칙은 어떤 차이를 지각할 수 있는 능력은 일정한 배경자극의 강도에 따라 달라진다고 말한다. 예를 들어, 촛불이 하나만 켜진 방과 두 개가 켜진 방의 밝기 차이는 느끼지만, 이미 여러 개의 촛불이 켜진 방에서는 촛불을 하나 더 켜도 더 밝아졌다는 느낌이 들지 않는다. 이 두 경우 모두 늘어난 초의 개수는 하나씩이기 때문에, 높아진 빛의 강도는 동일하다. 그런데도 전자의 경우에는 그 차이를 알아차리고 후자의 경우에는 알아차리지 못하는 것이다. 전투상황에서도 조명탄이 하나 점화된 전장 환경과 두 개가 점화된 환경은 분명한 차이를 느낄 수 있으나, 여러 개의 조명탄이 점화된 환경에서 하나의 조명탄이 추가 점화된다면 밝기의 차이를 알기 어려울 것이다. 이는 우리의 감각기관은 자극의 절대적 차이에 민감한 것이 아니라 상대적 차이에 민감하다는 뜻이다.

3. 신호탐지

절대식역과 차이식역을 측정할 때는 역이 존재해야 한다는 핵심적인 조건이 요구된다. 하지만 인간은 지각과 비지각 사이를 신속하게 전환하지 않는 특성을 가지고 있다. 이러한 역 측정의 애매성을 보완하기 위해서 **신호탐지이론**(signal detection theory)이 제시되었다(Green & Swets, 1966). 신호탐지이론에서는 아주 약한 신호(자극)를 탐지하는 과정을 결정짓기의 과정으로 간주한다. 그리고 이 과정은 신호에 대한 사람들의 생리적 민감성과 사람들이 활용하는 결정기준에 따라 달라진다. 생리적 민감성은 감각적 요인이며 결정기준은 성격, 기대, 동기 등과 같은 감각 외 요인이다. 탐지하기 위한 과제가 주어지면, 사람들은 가용한 감각 증거를 기초로 결정(신호가 제시되었다 또는 제시되지 않았다는 판단)을 내려야 한다. '신호(자극)가 제시되었다고 말할 증거가 충분한가'라는 질문에 답을 해야 하는 것이다.

신호탐지 연구에 이용되는 과제는 절대식역 측정에 이용되는 과제와 다른 성격을 가진다. 매 시행마다 강도가 다른 신호를 제시하는 대신, 절반의 시행에서는 일정한 강도의 의미한 신호를 제시하고 나머지 절반의 시행에서는 제시하지 않는다. 관찰자는 각 시행마다 '예' 또는 '아니요'로 반응을 해야 한다. 신호가 제시되었고, 반응이 '예'인 사건(**적중**, hit), 신호가 제시되었는데 반응은 '아니요'인 사건(**놓침**, miss) 신호가 제시되지 않았는데 반응이 '예'인 사건(**오경보**, false alarm), 신호도 제시되지 않았고 반응도 '아니요'인 사건(**옳은 기각**, correct rejection)이다. 이들 중 두 가지(적중과 옳은 기각)는 정반응이고, 나머지 두 가지(놓침과 오경보)는 오반응이다. 〈표 1-2〉는 이들 네 가지 사건을 제시한다.

전투상황에서 벌어지는 신호탐지 장면을 예로 들어 고려해 보자. 야간 작전 수행 중에 전방 산악지역에 불빛이 보였는지 아닌지를 판단해야 하는 상황을 상상해 보라. 이 판단에는 두 가지 오류가 있을 수 있는데, 그중 하나는 불빛이 보이지 않았는데 보였다고 말하는 '오경보'이고, 다른 하나는 불빛이 보였는데도 보이지 않았다고 말하는 '놓침'이다. 어떤 오류든 그 대가는 매우 크다. 병사가 '오경보'를

〈표 1-2〉 신호탐지 실험의 결과로 나타날 수 있는 네 가지 사건

		신호	
		제시	제시되지 않음
관찰자의 반응	'예'	적중	오경보
	'아니요'	놓침	옳은 기각

출처: Griggs(2012).

[그림 1-1] 관찰자(경계병)의 판단

출처: 육군3사관학교.

범하면 지휘관은 가용 전투원을 활용하여 수색작전을 실시해야 하고, 이는 불필요한 전투력을 사용하게 하여 차후 작전에 영향을 미칠 수 있다. 그리고 '놓침'을 범하면 불빛을 노출시킨 적군 정찰병에게 아군의 위치를 알려 줌으로써 이 또한 차후 작전에 상당한 영향을 미칠 수 있다.

앞의 예를 바탕으로 판단 기준이 필요한 이유를 살펴보자. 관찰자의 판단 기준을 나타내는 값(측정치)을 알면 우리는 신호탐지 과제에서 관찰자가 오류를 범할 확률을 추정할 수 있다. 예를 들어, 판단 기준이 느슨한 사람(증거가 부족한데도 '예'라고 말하는 사람)의 경우에는 놓침 오류를 범하지 않는 대신 많은 오경보 오류를 범할 것이다. 거의 모든 시행에서 '예'라고 반응할 것이기 때문이다. 판단 기준이 엄격한 사람(증거가 확실한 경우에만 '예'라고 말하는 사람)의 경우에는 이와 반대되는 현상이 벌어진다. 즉, 오경보 오류는 거의 범하지 않는 대신 많은 놓침 오류를 범할 것이다. 이런 관찰자는 대부분의 시행에서 '아니요'라고 반응할 것이기 때문이다. 그러므로 현명한 처신은 이 두 가지 오류의 대가를 계산하여 그에 따라 판단 기준을 바꿈으로써 잘못된 판단에 따른 손실을 줄이는 것이다.

전투상황에서의 신호탐지이론과 관련된 현명한 방법은 평소 병사들의 성격이나 판단의 민감성을 잘 파악하여 척후병이나 행군의 선두에 위치할 병사를 선정 시 이 점을 고려해야 한다. 이러한 조치를 통해 실제 전투상황에서 중요한 임무를 수행하는 병사들의 신호탐지 오류를 범할 가능성을 줄여야 한다. 지금까지 논의의 요점은 희미한 신호를 탐지하는 일에까지 주관이 개입한다는 점이다. 주관적 과정에는 감각 외 요인이 많이 작용한다는 사실 또한 유념하기 바란다.

4. 감각순응

당신이 이웃의 거실에 들어가자마자 불쾌한 냄새를 맡았다고 가정하자. 당신은 이웃이 어떻게 이러한 냄새를 참는지 의아해할 것이다. 하지만 몇 분만 지나면 당신도 그 냄새를 알아차리지 못하게 될 것이다. 또한 당신이 수영장에 가서 처음 물에 뛰어들면 춥다고 불평을 할 것이다. 그러나 잠시 후에 친구가 도착하면 물이 차갑지 않으니 들어오라고 말할 수 있을 것이다. 그 이유는 우리의 감각기관은 다양한 환

출처: 미국 지식포털 사이트 wise GEEK

경에서 일어나는 변화를 탐지하도록 구성되었기 때문이다. 이러한
예들은 일정한 자극에 지속적으로 노출되면 자극에 대한 민감도가 약
해지는 **감각순응**(sensory adaptation) 때문에 발생한다. 다시 말해, 지
속되는 자극에 대한 민감성은 유기체가 현재의 조건에 순응하면서 시
간에 걸쳐 쇠퇴하는 경향이 있다는 것을 의미한다.

　우리가 살아가는 환경에서 변하지 않는 것보다 변하는 것을 탐지
할 수 있어야 생존에 유리하다. 왜냐하면 환경의 변화는 생존의 위험
신호일 가능성이 크다는 진화 심리학(Evolutionary Psychology)의 관
점 때문이다. 감각순응으로 인해 자극에 대한 민감도가 약해진다는
사실은 전투상황에서도 많은 이점을 준다. 예를 들어, 훈련병들이 처
음 사격 훈련을 실시할 때에는 총소리에 대한 경험이 없어서 아주 민
감한 상태가 된다. 이로 인해 사격 시 급작사격(방아쇠에 급속히 압력을
가하여 격발하는 행동)을 하거나 눈을 감고 머리를 움직이며 어깨를 움

[그림 1-2] 사격시 감각 순응(정확한 사격자세)

출처: 육군3사관학교.

츠리는 등의 위축반응을 보여 정확한 조준 및 명중을 할 수 없다. 하지만, 지속적인 사격훈련은 총소리에 대한 민감도를 약하게 하는 감각순응으로 이어지고, 실제 전투상황 시 정확한 조준 및 명중을 통해 성공적인 임무수행을 가능하게 할 수 있다.

💡 **생**각해 봅시다   *실전적인 교육훈련*

　제2차 세계 대전에서 싸운 사람들은 성능 좋은 장비로 무장한 우수한 군인들이었지만 형편없는 전투훈련을 받았다. 불과 수십 년 전 경찰들이 그랬듯이 훈련에 단순한 과녁만 사용한 것이 문제였다. 이런 식의 전투훈련이 지닌 근본적인 결함은 과녁으로 된 목표물은 전사들을 공격하지 않는다는 사실이다.

　전사들이 지급받은 무기를 능숙히 사용할 수 있게 하려면 이들이 맞닥뜨릴 상황을 재현해 주는 실전적인 환경에서 훈련해야 한다. 베트남전쟁 이후 미군에 복무한 남녀 군인들은 일반적으로 갑자기 시야에 나타나는 사람 형태의 실루엣을 향해 사격하도록 훈련받았고, 그에 따라 조건 형성된 반응이 몸에 뱄다. 자극이 나타났고 순식간에 반응했다. 자극-반응, 자극-반응, 자극-반응을 수백 번 반복했다. 베트남전쟁에서 적군이 미군 앞에 불쑥 나타나면, 무의식중에 반사적으로 총을 쏴서 죽였다. 자극이 나타나자 순식간에 반응을 보인 것이다. 이런 훈련 방식은 혁명적인 것으로 오늘날 이렇게 훈련하지 않는 군대나 법 집행 기관은 그런 훈련을 받은 자들에 의해 심각한 타격을 입을 것이다.

1990년 이후 미군에 복무한 사람이라면, 훈련 방식이 바뀌는 것을 목격했을 것이다. 베트남전쟁 시절 미군은 사격률을 대폭 개선하기 위해 평범한 사람 형태의 이타입(E-type) 실루엣을 목표물로 사용할 뿐이었다. 하지만 지금은 적군의 모습이 3차원 이미지로 된 팝업 목표물을 사용한다. 이런 목표물은 얼굴이 있고 방탄 헬멧을 착용하고 무장한 것처럼 만들어졌다. 녹색으로 된 구형 실루엣 목표물보다 몇 배나 사실적이어서 병사들이 훈련에서 익힌 것을 실전에 훨씬 쉽게 적용한다.

이것은 '시뮬레이터 충실도(simulator fidelity)'라고 불리는 원칙의 한 가지 사례이다. 시뮬레이터 충실도는 훈련 시뮬레이터가 제공하는 현실성의 정도를 가리킨다. 충실도가 높을수록 실전에서 효과가 크다. 새로운 목표물의 사실적인 이미지는 얼굴, 몸, 무기를 든 손 등이 묘사되어 있고 군인의 눈앞에 어떤 치명적인 위협이 갑자기 나타나더라도 즉각적으로 반응하는 것이 몸에 배도록 설계되었다. 조종사들이 매우 사실적인 최첨단 비행 시뮬레이터로 광범위한 훈련을 하는 것과 같은 개념이다.

오늘날 우리의 젊은 전사들은 전 세계에서 평화 유지 작전을 수행하고 있고, 임무수행 과정에서 교전 수칙을 정확하게 준수해야 한다. 제대로 된 훈련과 실전적 시뮬레이터를 통해 살인은 전투에 참가한 남녀의 생명을 구하는 조건 형성 반응이 될 수 있다. 하지만 반드시 교전 규칙에 따라 전투하도록 교육하는 일이 무엇보다 중요하다.

출처: Grossman & Christensen(2008).

제 **2** 장

전투상황과 감각기관

우리가 가장 많이 이용하는 감각은 시각과 청각이다. 그러므로 이 장에서는 인간의 감각기관 중 시각과 청각을 중점으로 실제 전투상황에서 어떻게 활용되는지를 살펴보고자 한다. 전투상황에서의 감각기관 활용을 다루기 위해 각 기관별 생리학적 측면도 추가로 알아 볼 것이다.

1. 시각

병사들의 감각기관은 군대가 보유한 전투를 위한 중요한 도구 중 하나이다. 특히 눈은 특수한 장비의 설치나 조작을 요하지 않으면서

출처: 영화 〈아메리칸 스나이퍼(American Sniper)〉.

언제든지 사용이 가능할 뿐만 아니라 특수한 경우를 제외하고는 모든 사람들이 가지고 있어 아주 광범위하고 편리하게 사용할 수 있는 군사적 도구가 된다. 우리는 침투해 오는 적을 발견하고 사격을 하기 위해 적을 보아야 하며, 원거리에서 이동하는 적을 먼저 관측하고 정확하게 식별하기 위해서 시각작용에 대하여 알아볼 필요가 있다.

1) 빛의 본질

빛이란 태양이나 백열등, 형광등과 같은 광원(light sources)에서 방출되는 에너지이다. 이것은 아주 작은 입자들로 복잡하게 구성된 전자기 광선(electromagnetic rays)이다. 빛에너지는 물결의 형태를 띠며 초속 약 30만km의 속도로 이동하는데, 빛에너지는 어떤 물질을 만나면 그 물질의 속성에 따라서 흡수되거나 반사 또는 투과되는 특성을 가지고 있다. 이러한 형태의 빛에너지는 한 가지가 아니라 상이한 여러 가지 파장(wavelength)이 존재하는데, 파장이 짧을수록 에너지 강도가 더 강하다. 또한, 파장이 동일하더라도 광원의 종류에 따라서 진폭(amplitude)이 다를 수 있다.

광원에서 방출되고 있는 빛에너지 중에서 제일 짧은 파장의 에너지로부터 가장 긴 파장의 에너지까지를 통틀어 **전자 또는 빛에너지 스펙트럼**(electromagnetic or photonic spectrum)이 다를 수 있다. 광원에서 방출된 모든 빛에너지 중에서 일부분만이 지구상에 도달한다. 그 밖의 에너지는 지구에 도달하기 이전에 거의 모두 다른 물질에 영향을 받아 차단된다. 지구상에 도달한 빛에너지의 분포는 빛에너지 스펙트럼에서 보면 극히 일부에 해당되지만, 이 에너지들이 지구상에 존재하는 모든 생물체에 영향을 주고 있다. 우리 시각계도 이 범위의 빛에너지에 영향을 받고 있으며 적응하고 있다.

빛에너지의 종류를 구분하는 파장은 nm(nanometer)라는 단위로 나타낸다. 1nm는 약 1/10억m 정도다. 인간이 지각할 수 있는 빛 파장의 범위는 약 400~700nm이다. 빛 파장이 다르면 강도가 다를 뿐만 아니라 서로 다른 색이 우리 눈에 지각된다. 여러 개의 파장을 더할수록 동일한 색도 흐리게 지각된다([그림 2-1] 참조).

우리의 뇌는 빛 파장과 같은 물리적 에너지를 직접 처리할 수 없기 때문에 우리의 눈에 있는 수용기 세포가 이들 물리적 에너지를 처리할 수 있는 신경신호로 변환한다. 다시 말해, 수집된 감각정보가 처리되는 첫 번째 단계는 이 수용기에서 벌어지는 물리적 에너지에서 신경신호로의 **변환**(transduction)이라 한다. 변환된 시각신호는 뇌로 전달되는 도중에도 그리고 뇌 속에서도 계속 처리되며, 그 신호의 의미

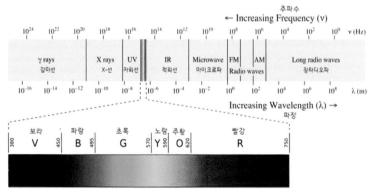

[그림 2-1] 빛에너지 스펙트럼

가 판단될 때까지 지속된다.

2) 시각체계

눈은 빛을 탐지하는 특수한 기관으로 진화해 왔다. 빛에 민감하게 반응하는 수용기 세포는 눈 가장 뒤쪽에 있는 망막에 자리 잡고 있다. 그러므로 각막 및 동공을 통과한 빛이 눈 속을 통과한 후에야 신경신호로 변환한다. 눈에 도달하는 빛은 **각막**(cornea)이라 불리는 맑고 부드러운 외부 조직을 먼저 통과하는데, 각막은 광파를 구부려서 눈에서 채색된 부분에 있는 구멍인 **동공**(pupil)을 통해 빛을 보낸다. 동공을 둘러싸고 있으면서 우리의 눈 색깔을 결정하는 것이 **홍채**(iris)이다. 이 조직은 유채색 근육으로 동공의 크기를 조절하여 안구로 들어가는 빛의 양을 통제한다. 눈으로 들어가는 빛의 양을 줄이고자 할 때는 동공의 크기를 줄이고, 빛의 양을 늘리고자 할 때는 동공의 크기를 확장시킨다. 동공이 가장 클 때 눈으로 들어오는 빛의 양은 가장 작을 때 들어오는 빛 양의 약 16배나 된다(Matlin & Foley, 1997).

홍채 바로 뒤에 위치한 **망막**(retina)은 눈 안에 있는 근육들이 수정체(렌즈)의 모양을 조절하여 다시 빛을 휘어서 조직 윗부분에 초점을 맞추도록 한다. 이 근육은 렌즈의 모양을 바꾸어 다양한 거리에 있는 물체들에 초점을 조절하며, 멀리 있는 물체를 볼 때는 렌즈를 편평하게 하고 가까이 있는 물체를 볼 때는 더 둥글게 한다. 이 과정을 눈이 망막 위에 선명한 상(image)을 유지하는 **조절**(accomodation)이라 한다. 이 과정을 조절이라 하는 이유는 이 기능을 수행할 때 수정체의 모양이 변화되기 때문이다. 눈으로 들어오는 빛은 각막을 통과할 때 한 번 굴절되고, 수정체를 통과할 때 다시 한 번 굴절된다. 먼 거리(약 6m 이상의 거리)에 있는 물체를 바라볼 때는 수정체의 모양이 변화되지 않는(조절되지 않은) 얇은 상태에 있어도 물체에 의해 반사된 빛의

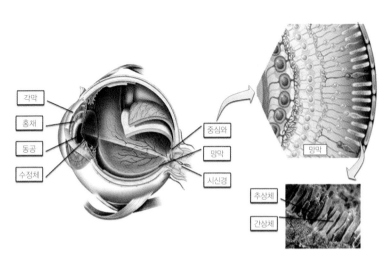

[그림 2-2] 눈의 구조

초점이 망막 위에 맺힌다. 그러나 그 거리보다 더 가까이 있는 물체를 바라볼 때는 수정체의 모양이 두껍게 변화되어야만 물체에서 반사되어 눈으로 들어오는 빛의 초점이 망막 위에 맺힌다. 빛은 직선으로 이동하기 때문에 망막 위에 맺히는 상은 상하좌우가 거꾸로 바뀐다. 그러나 뇌에서 벌어지는 처리과정 덕분에 우리는 똑바로 선 물체를 지각할 수 있다.

수정체 또는 안구 모양의 결함 때문에 물체의 상이 망막 위에 초점을 형성하지 못하면 시각에 문제가 생긴다. **근시**(nearsightedness)는 멀리 위치한 물체에서 반사된 빛이 망막에 도달하기 전에 초점을 형성하기 때문에 그 물체의 상이 흐려지는 조건이다. **원시**(farsightedness)는 그 반대로 가까이 있는 물체에서 반사된 빛이 망막을 지나서 초점을 형성하기 때문에 그 물체의 상이 흐려지는 조건이다. 따라서 근시는 멀리 있는 물체를 보기 어렵고 원시는 가까이 있는 물체를 보기가 어려워진다. 원시는 나이가 들면서 생기는 노안과 비슷한데, 노안은 수정체의 조절능력이 감퇴되는 현상이다. 따라서 노인은 가까이 있는 물체에 초점을 맞추기 어려워져 글을 읽을 때 감퇴한 수정체의 조절능력을 보완하기 위해서 돋보기를 착용한다.

3) 간상체와 추상체

눈에서 상을 맺는 망막은 두 종류의 신경세포, 즉 간상체(rod)와 추상체(cone)로 가득 차 있다. 이 두 가지 수용기 세포는 다른 기능적 특성을 가지고 있다. **간상체**는 주로 빛이 약한 조건의 시각과 주변 시각

〈표 2-1〉 간상체와 추상체의 차이점

간상체	추상체
각 눈에 1억 2천만 개	각 눈에 6백만 개
망막의 주변에 위치	주로 중심와와 그 주변에 위치
빛이 약한 조건의 시각기능에 관여	빛이 강한 조건의 시각기능에 관여
무채색을 지각하는 역할	유채색을 지각하는 역할

을 책임지며, **추상체**는 빛이 강한 조건의 시각과 색상 시각을 책임진다. 간상체가 추상체보다 약 20배 더 많으며, 한쪽 눈에는 약 1억 2천만 개의 간상체와 약 6백만 개의 추상체가 있다(Kalat, 2015). 추상체는 주로 망막의 중앙에 위치한 작은 홈인 중심와(fovea)에 모여 있고, 간상체는 중심와를 둘러싼 망막의 주변에 위치한다. 〈표 2-1〉은 추상체와 간상체의 주요 차이점을 요약하고 있다.

어떤 물체를 선명하게 보기 위해서는 그 물체에 시선을 집중해야 하는데, 그 이유는 추상체는 주로 망막의 중앙에 위치하고 간상체는 주로 망막의 주변에 자리 잡고 있기 때문이다. 빛이 강해 우리의 시각이 추상체에 의존할 때는 물체의 상이 추상체가 밀집해 있는 중심와에 맺혀야 하는데, 그 이유는 추상체가 물체를 선명하게 볼 수 있게 해 주기 때문이다. 중심와에 있는 대부분의 추상체는 양극세포와 일대 일로 신호를 보내고, 주변의 간상체는 여러 개가 모여서 하나의 양극세포로 신호를 보낸다. 간상체에서 양극세포로 전달되는 정보는 여러 개의 간상체에서 수집된 정보가 종합된 것이고, 추상체에서 양극세포로 전달되는 정보는 하나하나의 원추체에서 수집된 개별적 정보인 것이다. 바로 이런 이유 때문에 초점이 중심와에 맺히는 물체는 선명하게 보이는 데 반해, 초점이 주변에 맺히는 물체는 흐릿하게 보이는 것이다.

　그러면 어두운 곳에 있는 물체는 어디에 상이 맺혀야 더 잘 보일까? 이 경우, 중심와보다는 주변에 상을 맺는 물체가 더 잘 보인다. 그 이유는 주변부에는 간상체가 밀집되어 있는데, 간상체는 어두운 장면에서 시각을 책임지기 때문이다. 그러므로 빛이 밝지 않은 곳에서 물체를 바라볼 때는 물체를 직시하여 물체의 상이 추상체가 밀집된 중심와에 맺히게 할 것이 아니라 물체에서 약간 떨어진 곳을 바라봄으로써 물체의 상이 간상체가 밀집된 주변에 맺히도록 해야 한다. 그러나 어두운 곳에서는 어차피 선명하게 보이지는 않는다. 어두운 곳에서 발휘되는 간상체의 기능은 암적응에서 분명해진다. **암적응**(dark adaptation)이란 추상체와 간상체가 그 내부에서 벌어지는 화학적 변화 때문에 빛에 더욱 민감해지는 과정을 일컫는다. 추상체는 빠른 속도로(5~10분 이내에) 민감해진다. 하지만 여전히 강한 빛을 필요로 하기 때문에 추상체의 암적응은 어두운 곳에서는 별 도움이 되지 않는다. 즉, 조명탄이 점화된 전투상황에서는 추상체는 빠른 속도록 민감해진다. 간상체가 적응하는 데는 보다 긴 시간(약 20분 정도)이 소요된다. 하지만 빛의 강도가 매우 낮은 곳에서도 우리가 볼 수 있는 것은 간상체의 암적응 덕분이다. 그러므로 야간작전 수행 시 약 20분 정도 어둠에 간상체를 적응시킨 후 임무수행을 한다면 좀 더 쉽게 관측할 수 있다. 그러나 정상적인 조건에서는 추상체가 정상적으로 작동하는 데 필요한 강한 빛이 충분하기 때문에 우리는 세상의 선명한 색깔을 볼 수 있는 것이다. 그러면 추상체가 어떤 일을 어떻게 수행하기에 우리는 다양한 색깔을 볼 수 있는 것일까?

4) 색채를 지각하는 방식

우리의 색채지각 경험이 이루어지는 방식은 색채지각에 관한 두 가지 이론, 즉 삼원색 이론과 대립과정 이론의 조합으로 설명할 수 있다. 이 두 이론을 분리하여 소개한 후, 이 둘이 함께 작동하는 방식을 살펴보자.

(1) 삼원색 이론

이 이론은 삼원색(청색, 녹색, 적색)을 적절히 섞으면 세상에 존재하는 모든 색을 만들어 낼 수 있다는 가정을 기초로 개발되었다. **삼원색 이론**(trichromatic theory)에 따르면, 우리가 다양한 색깔을 볼 수 있는 이유는 망막을 자극하는 빛을 구성하는 세 가지 광파—즉, 단파(청색), 중파(녹색), 장파(적색)—의 상대적 양이 다르기 때문이다(Wald, 1964). 망막을 자극하는 빛에 세 가지 파장이 골고루 섞여 있으면, 세 가지 추상체의 활성화 정도가 동등하기 때문에 우리는 흰색을 경험한다. 그러나 그 빛이 주로 긴 파장의 빛으로 구성된 경우에는 긴 파장에 민감한 원추체가 가장 활발하게 반응하기 때문에 우리는 적색을 보게 되고, 짧은 파장의 빛으로 구성된 경우에는 청색을 보게 된다. 삼원색 이론은 적색, 청색, 녹색의 화소로 구성된 컬러 TV 화면을 발명하는 데도 도움을 주었다. 우리가 TV 화면에서 다양한 색깔을 볼 수 있는 것은 이 세 가지 화소의 활성화 정도가 다르다는 데서 시작한다. 화소의 활성화 정도가 다르기 때문에 화면에서 분사된 세 가지 광파의 상대적 비율이 달라진다. 결국 우리 망막에 있는 세 가지 추상체에 가해지는 자극의 상대적 빈도가 시시각각 달라지기 때문에 우리는 다양한 색깔의 변화를 경험하는 것이다.

삼원색 이론에 따르면, 빛을 혼합하면 흰색이 되고 물감을 섞으면 검은 색이 되는 재미있는 현상을 설명할 수 있다. 빛의 혼합은 **가법혼합**(additive mixture)에 해당한다. 가법혼합에서는 섞이는 빛이 모두 첨가된다. 삼원색을 섞어서 만든 빛에는 세 가지 파장이 모두 들어 있고, 세 가지 파장 모두 망막을 자극하게 된다. 따라서 물감을 섞는 감법혼합과는 전혀 다른 색채지각을 경험하게 된다. 물감을 섞은 **감법혼합**(subtractive mixture)에서는 혼합 전에 있었던 파장의 일부가 흡수되어 사라진다. 따라서 혼합 후에는 혼합 전에 있었던 파장 중 일부만 망막을 자극하게 된다. 예를 들어, 황색, 녹색, 청색 페인트를 동일한 비율로 섞으면 검정색(반사되는 빛이 없어짐)으로 보이고, 동일한 강도의 적색, 녹색, 청색으로 구성된 빛을 섞으면 흰색으로 보인다.

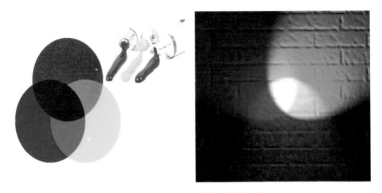

[그림 2-3] 감법혼합과 가법혼합

(2) 대립과정이론

삼원색 이론으로 설명할 수 없는 현상을 설명하기 위해 제안된 이론이 대립과정이론이다(Hurvich & Jameson, 1957). **대립과정이론** (opponent-process theory)은 색채 지각이 반대-작용 시스템인 적-녹, 청-황, 흑-백 시스템에 의해 이루어진다고 주장한다. 각 시스템을 구성하는 두 가지 색깔은 서로 대립 관계(보색 관계)에 있다. 각 시스템을 구성하는 한 쌍의 색깔 중 하나가 흥분성으로 작용하면 다른 하나는 억제성으로 작용한다. 예를 들어, 청-황 시스템은 청색(파장이 짧은) 빛에 활발하게 반응하지만 황색(파장이 중간 정도인) 빛에는 반응을 억제한다. 이와는 반대로 청색 빛에는 반응을 억제하지만 황색 빛에는 활발하게 반응하는 시스템도 청-황 시스템이라 할 수 있다. 따라서 청색 빛과 황색 빛이 동시에 제시되면 우리는 회색 또는 흰색을 보게 되는데 그 이유는 청색 빛과 황색 빛은 서로가 청-황 시스템의 반응을 상쇄해 버리기 때문이다.

대립과정이론을 이용하면 우리가 적색을 띠는 녹색이나 청색을 띠는 황색을 볼 수 없는 현상을 쉽게 설명할 수 있다. 예를 들어, 적-녹 대립과정 세포는 적색 빛과 녹색 빛에 동시에 반응할 수 없기 때문에 불그스레한 녹색은 있을 수가 없는 것이다. 이 이론을 이용하면 색채 잔상이 보색으로 나타나는 현상도 쉽게 설명된다. 대립과정 시스템을 구성하는 각 쌍의 보색 중 한 가지 색을 한참 응시하면, 그 시스템에서 이 색을 처리하는 기능이 피곤해지고 그 결과 그 색의 보색을 처리하는 기능을 한동안 억제할 수 없게 된다. 예를 들어, 적색 원을 한참 응시한 후 백지를 바라본다고 가정하자. 백지에서는 적색 빛과 녹

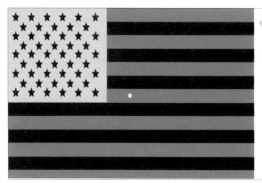

▽ 왼쪽 그림의 가운데 흰 점
을 40초 응시 후 여기를
보라.

[그림 2-4] 색채 잔상 예

색 빛이 골고루 반사되기 때문에 적-녹 시스템의 적색 처리기제와 녹색 처리기제가 모두 반응하기 시작한다. 따라서 정상적인 상태에서는 이 두 기제의 반응이 서로를 억제하기 때문에 우리는 색깔을 지각하지 못하게 된다. 그런데 적색 처리기제는 이미 쇠진한 상태여서 반응을 하지 못하고, 따라서 녹색 처리기제의 반응을 억제하지도 못하게 된다. 그리하여 녹색 처리기제의 반응이 적색 처리기제의 반응보다 상대적으로 더 활발한 상태가 되고, 그 결과 우리는 백지 위에서 녹색 원을 보게 된다. [그림 2-4]를 약 40초 동안 응시한 후 그 곁에 비어 있는 흰색공간을 바라보라.

　많은 연구결과에는 삼원색 이론을 지지하는 결과도 있고 대립과정 이론을 지지하는 결과도 있다. 우리의 색채지각 현상을 제대로 설명하기 위해서는 두 가지 이론이 다 필요하다. 색채 지각이론들이 전투상황에서 실제로 적용되지는 않지만, 다른 중요 이론들을 이해하기 위해서는 필요하므로 간과해서는 안 된다. 이 두 이론은 경합상태에 있기도 하고, 상호보완적 성격을 가지기도 한다. 〈표 2-2〉에는 이

〈표 2-2〉 세 가지 색채지각 이론

이론	색채지각에 대한 설명
삼원색 이론	세 가지 추상체가 있고 이들 각각은 대략 적색, 녹색, 청색에 상응하는 빛 파장에 가장 민감하게 반응한다. 우리가 경험하는 모든 색깔은 이 세 가지 추상체가 반응하는 양상에 의해 결정된다.
대립과정이론	반대로 작용하는 처리장치로 구성된 세 가지 시스템, 즉 적-녹, 청-황, 흑-백이 있는데, 이들은 추상체에서 일차 처리된 색채정보를 처리한다. 각 시스템을 구성하는 한 쌍의 색상처리 기제는 서로를 억제한다. 예컨대, 적색 처리장치가 반응하기 시작하면 녹색 처리장치의 반응은 억제된다.
혼합 이론	추상체에서는 삼원색 이론의 방식에 따라 색채정보가 처리되고 그 이후의 시각 경로에서는 대립과정 이론의 방식에 따라 색채정보가 처리된다.

두 이론을 혼합한 이론을 포함한 세 가지 색채지각 이론이 요약되어 있다.

5) 시각의 정밀도

망막에 의해서 전달된 정보를 사용할지라도 두뇌는 망막의 상을 더욱더 정밀하게 지각할 수 있는 능력이 있다. 그것은 여러 가지 복잡한 정보가 대뇌에서 통합되고 또 대뇌는 이런 정보의 통합과 판단에 고도로 숙달되어 있기 때문에 가능한 것이다.

시각의 정밀도는 주로 명도 대비에 의존한다. 책과 같이 흰색 바탕의 검은 색은 아주 잘 드러난다. 만약 색채 대비가 명도 대비와 같이 쓰이지 않는다면 물체의 정밀지각에 큰 도움이 되지 않는다. 색이 잘 대조되는 적색과 녹색도 색과 색 사이의 경계를 그어주는 윤곽이 없이 색만 칠해 놓았을 때 아주 가까운 거리에서도 차이가 잘 드러나지 않는다. 색조의 차이가 물체의 지각에 어느 정도는 도움이 되지만 그것은 이차적인 부분이며 물체의 정밀지각은 주로 명도 대비에 의존한다.

시각의 정밀도는 또한 전체적 조명에 의존한다. 정밀지각을 담당하는 신경세포는 추상체인데 이 세포는 밝은 조명하에서 민감하게 반응하기 때문에 조명이 밝을수록 많은 추상체가 작동상태에 들어가 더욱더 정밀도가 높은 지각이 가능해진다. 조명의 증가에 따른 정밀도의 증가는 처음에는 느리나 조명이 밝아질수록 빠르게 증가한다. 모든 추상체가 다 활발하게 작동되는 조명이상으로 밝게 하면 정밀도는 다시 떨어진다. 그것은 검은 물체가 너무나 많은 빛을 반사해서 흰색의 배경과 거의 같아져 명도 대비가 감소되기 때문이다. 그보다 더욱더 조명을 밝게 할 경우는 빛이 분산되어 눈에 들어오기 때문에 정밀도는 현저하게 감소된다.

표면에 양각을 가진 물체는 관찰하기 쉽다. 쉽게 관찰하기 위해서 양각을 일부러 생성할 필요가 없으며 조명의 방향을 변화시켜 같은 효과를 얻을 수 있다. 그것은 옆에서 들어오는 빛에 의하여 양각의 주변에 그림자가 형성되기 때문이다. 비행기를 타고 정찰을 할 때 한 낮에는 잘 보이지 않는 물체가 일출시나 일몰시에는 아주 잘 보이는 것은 바로 이 현상 때문이다. 캄캄한 밤에 관찰하려는 물체의 정중앙을 응시하면 눈의 정밀도가 거의 제로 상태에 이르러 지각이 대단히 어려워진다. 이것은 어두운 조명하에서 활발한 간상체가 대부분 망막의 주변에 밀집해 있어서 망막의 중앙에 맺어진 상을 감지할 수 없기 때문에 나타나는 현상이다. 그렇기 때문에 야간에는 물체의 주변을 응시하여 물체의 상이 간상체가 많은 망막의 주변에 맺어지도록 하여야 한다. 야간 전투 시에 이러한 시각작용을 적용한다면 전방을 용이하게 관측할 수 있을 것이다.

눈의 정밀도는 나이가 들어감에 따라 점점 떨어진다. 그 이유는 나이와 더불어 눈에 생기는 결함이 증가하고 또 수정체의 집중이 어려워지기 때문이다. 수정체의 집중능력과 나이와는 밀접한 상관관계가 있다. 나이가 들면 이처럼 시각능력이 떨어지기 때문에 관측, 수색정찰 또는 척후 등의 임무를 수행하는 소부대의 지휘자는 반드시 젊은 병사들이 포함되도록 편성하는 것이 바람직하다. 시각의 정밀성은 보통 표준검사법으로 측정된다.

6) 눈부심 현상

눈이 부시어 물체를 식별하기 어려운 것은 빛의 분산 때문에 일어나는 현상이다. 물체로부터 반사된 빛이 대기를 통과하고 눈의 조직을 통과하여 망막에 도달하는데, 강렬한 빛은 이 과정에서 대기 중의 먼지, 안개 또는 아지랑이와 같은 불투명 조건에 의해 일부는 분산되고, 또한 눈의 투명매체인 각막, 수정체 그리고 초자체액(vitreous humor)을 통과할 때 조그마한 결함이나 기타 불투명 분자를 때리게 됨으로써 빛이 분산되어 망막에 퍼지게 된다. 이로 인해 사람들은 물체를 정확히 볼 수 없게 된다.

눈부심에 대한 민감성은 사람마다 차이가 있다. 어떤 사람은 밤에 전조등을 밝게 켜고 전방에서 접근하는 차가 있어도 비교적 잘 볼 수 있으나 어떤 사람은 약한 불빛이 전방에서 접근해 와도 물체를 거의 식별할 수 없는 경우가 있다. 눈부심을 피하는 최선의 방법은 눈을 부시게 하는 밝은 빛을 눈에 들어오지 않도록 하는 것이다. 전투상황에서 선택의 가능성이 있다면 태양을 등지고 관찰하는 것이 적을 눈부시게 하고 자신은 쉽게 관찰할 수 있는 방법이다. 그런 선택의 여지가 없다면 차양물로 태양이나 기타 광원을 차단하는 것이 좋다. 눈부시게 만드는 빛보다 더 밝은 조명을 가지고 관찰하면 때에 따라서는 눈부심 현상을 막을 수 있게 된다. 이 방법은 적과의 대치관계에서 적의 불빛으로부터 눈부심을 막으려 할 때 효과적으로 이용할 수 있다. 눈부심 현상이 오래 계속되면 눈을 매우 피로하게 만들어 잠시 동안 눈을 사용할 수 없게 만들 수도 있기 때문에 전투상황에서 주의하여야 한다.

7) 눈의 피로

눈은 매우 힘든 일을 하는 감각기관이다. 사람이 행동을 하고 있는 동안에는 거의 휴식 없이 빛의 양을 조절하고 초점을 바꾸어 가면서 또 눈동자를 좌우상하로 움직이면서 활동을 지속하는 감각기관이 바로 눈이다. 그러면서도 활동을 하는 동안 눈은 거의 피로를 느끼지 못하기 때문에 쉽게 무리할 우려가 있다. 눈은 조명 조건만 적절하다면 보통의 책들은 6시간 정도 휴식 없이 보아도 무리가 되지 않는다. 그러나 비정상적인 조명이나 눈의 정밀도 한계에 가까운 자료, 일상적으로 습관이 안 되어 있는 시지각 활동은 눈의 피로를 쉽게 유발한다.

이러한 상황은 다음과 같다.

- 눈의 초점을 빈번하고 과다하게 변화시키면 눈이 피로해진다. 정찰기를 타고서 지상 관측을 할 때 기체 내부 주위를 응시하다가 지면이나 하늘을 응시하는 것을 반복하면 수정체를 조절하는 근육의 피로를 가져와 눈이 피로하게 된다. 지상에서 관측을 할 때도 이 현상은 동일하게 일어난다. 먼 곳과 가까운 곳을 자주 번갈아 보게 되면 역시 똑같은 작용으로 눈의 피로를 가져오기 때문에 점진적으로 거리를 변화시켜 가면서 관찰하는 것이 좋다. 너무 한 곳을 집중적으로 장시간 응시하는 것도 수정체 근육의 긴장상태를 지속시키기 때문에 좋지 않다.

- 불규칙적인 조명이 눈을 피로하게 한다. 불규칙적인 조명은 동공의 크기를 조절하는 근육을 피로하게 만든다. 밝은 곳에서 동공은 축소되고 어두운 곳에서 확장되는데, 긴장과 축소의 반복이 이 근육을 피로하게 만들기 때문이다. 밝은 전기 조명에서 책을 보다가 어두운 방을 번갈아 본다든가, 밤에 밝게 조명이 켜진 건물이나 차 안에서 안팎을 보는 것 등은 바로 이 현상을 유발한다. 만약 전투상황에서 조명탄을 사용한다면 침투에 용이할 수 있으나, 불규칙적인 사용은 눈의 피로를 유발하므로 주의해야 한다.

- 흐릿한 물체나 불분명한 물체를 보는 것은 눈을 피로하게 한다. 너무 작아서 잘 안보이거나, 너무 가까이 있거나 멀리 있어 흐릿해 보이는 것, 또는 실제 물체의 윤곽이 흐려져 있는 것 등을 보려고 하면 눈의 수정체가 이것을 맞추느라 피로해진다.

다음은 전투상황에서 눈의 피로를 최대한 예방하는 방법들이다.

- 작은 물체를 보는 것을 가능한 한 피해야 한다. 수색정찰이나 관측 시에는 불가피하나 임무종료 후에는 부가적인 시각적 부담을 주지 않음으로써 눈의 피로를 막아야 한다.

- 적당한 조명을 사용해야 한다. 물체가 번쩍거리거나 눈이 부시지 않고 또한 정밀도가 감소되지 않는 범위 내에서 밝은 조명을 사용하는 것이 좋다.

- 어두운 곳과 밝은 곳 또는 원거리와 근거리의 물체를 자주 교대로 보지 않도록 주의해야 한다.

- 관측 시 또는 수색정찰 시 한 번에 한 부분만을 주시하는 것을 연습해야 한다. 그러나 이 방법을 너무 좁은 부분에 제한하면 보다 큰 의미가 있는 물체를 식별하기 어렵게 할 수 있기 때문에 적절한 시야의 폭을 가져야 한다. 다시 말해, 눈을 천천히 움직여 각 부분에서 의도한 물체를 완전히 식별할 수 있는 수준이어야 한다.

- 눈을 자주 깜박거려야 한다. 깜박거림은 안구를 적셔 주고 응시할 때 생기는 긴장을 방지해 주며 시지각의 새 출발을 가능하게 해 준다. 그 외에도 깜박거림은 분명한 이유를 밝힐 수 없는 여러 가지 이점을 수반하여 시지각을 분명히 하는 데 기여가 큰 것으로 알려져 있다.

- 일반적인 다른 신체 부분의 피로를 피해야 한다. 다른 근육의 피로가 안구 근육의 피로에 영향을 미친다. 예를 들어, 피로가 누

적될 때 우리는 안구가 충혈되는 것을 경험했을 것이다. 또한 두통, 소화불량, 메스꺼움, 현기증 그리고 음주 등은 눈 근육의 긴장과 피로에 직·간접적으로 영향을 미친다.

- 불안정한 정서상태를 피해야 한다. 정서가 곧 피로는 아니지만 불안정한 정서는 시야를 흐리게 만들고 시지각의 정밀도를 감소시킨다. 실제로 화가 나서 앞이 안 보인다고 하는 말은 맞는 말이다. 불안정한 정서상태에서 사람은 감각능력이 떨어지게 마련이다. 그것은 주의가 정서를 일으킨 자극에 과도하게 집중되고 다른 곳에는 기울여지지 않기 때문에 일어나는 현상이다. 그러므로 평소 교육훈련 시 전투상황과 동일한 환경을 조성하도록 노력하고, 전투상황에서 느낄 수 있는 정서를 훈련을 통해 사전 경험함으로써 실제 전투 시 발생할 수 있는 불안정한 정서상태를 극복하도록 도와주어야 한다.

8) 시각의 순응과 야간시

눈은 놀랄 만큼 민감한 기관이다. 눈은 30분이면 어둠에 적응할 수 있고 잘 적응된 상태라면 어두운 밤에 100억분의 1촉의 광원도 식별이 가능하다. 광원이 깜박거리면 더욱더 식별이 용이하고 대략 1양자 단위의 빛이면 간상체 하나를 충분히 흥분시킬 수 있으며 수십 양자 단위이면 일련의 간상체를 흥분시킬 수 있어 우리가 식별할 수 있는 광원이 된다.

그러나 시각도 궁극적으로는 생리 감각기관의 정보에 의존하기 때문에 민감해지기까지는 적절한 시간이 필요하다. 밝은 곳에서의 적응은 빠르게 이루어지나 어두운 곳에서의 적응은 느리게 이루어진다. 이러한 적응과정을 순응(adaptation)이라고 하는데, 순응현상은 **암순응**(dark adaptation), **명순응**(light adaptation), **색순응**(color adaptation)의 세 가지 현상으로 구분된다. 암순응은 앞에서 언급한 바와 같이 어두운 곳에 적응하게 되는 과정을 말하며 명순응은 밝은 곳에서의 적응을 말하는데, 암순응이 명순응보다 훨씬 많은 시간이 소요되면 암순응은 야간 전투력 발휘와 관계가 깊기 때문에 군사적인 중요성도 매우 크다.

(1) 암순응

밝은 곳에 있다가 어두운 곳으로 들어갈 때 누구나 앞이 보이지 않을 정도의 어둠을 느낄 것이다. 그러나 점차 주위가 어슴푸레 밝아지면서 물체가 보이기 시작하여 곧 어둠에 익숙해진다. 이러한 어둠에 익숙해지는 과정을 암순응이라고 하는데, 이 과정의 기본적인 생리감각적 변화는 시각의 기능이 망막상의 추상체에서 간상체로 옮겨지는 것이다. 이 과정을 조금 더 구체적으로 분석해 보면 다음과 같다.

- 눈의 동공이 커진다. 동공은 사진기의 조리개 역할을 하는 눈의 기관으로 주위 조명이 약하기 때문에 보다 더 많은 양의 빛을 받아들이기 위해서 확장된다.
- 최초 8~10분 동안은 추상체에서 현저한 변화가 일어난다. 추상체는 주로 주간에 기능을 하는 세포이지만 빛에 더욱 민감해져서

간상체가 제 기능을 발휘할 때까지 적절한 기능을 발휘해 준다.

- 추상체의 순응에 뒤이어 간상체의 순응이 일어난다. 간상체에서는 **시홍**(visual purple)이라고 하는 물질이 있어 주위가 어두워지면 이것이 점차 자주색으로 변하면서 빛의 흡수를 도와 간상체의 기능을 발휘하게 만든다. 이 과정은 개인차가 있으나 대략 30~40분이 소요된다. 따라서 야간 경계 및 관측을 수행하는 병사는 이 시간 동안 어둠 속에서 머물러야만 임무를 확실히 수행할 수 있다.

- 빛에 대한 민감성이 증가하는 것과 마찬가지로 시각의 정밀도도 처음에는 빠르게 그리고 나중에는 느리게 증가한다.

- 조명이 어두워짐에 따라 물체의 색채에 대한 지각에도 변화가 생긴다. 즉, 밤에는 같은 밝기를 갖는 적색보다 청색을 보다 잘 볼 수 있다. 이와 같이 색채지각에 변화가 일어나는 것을 **푸르킨예 현상**(Purkinje effect)이라고 하는데, 이것은 추상체와 간상체가 각각 서로 다른 빛의 파장에 민감하기 때문에 일어나는 현상이다. 예를 들어, 제2차 세계 대전 초기의 한때에는 청색광이 어두운 곳에서 제일 안 보이는 것으로 생각해서 전함이나 항공기의 내부 조명을 청색으로 한 적이 있는데 그것은 큰 실수였다. 청색은 야간에 기능하는 간상체에 잘 지각될 수 있는 색이다. 이에 비해 적색광은 가까운 곳에서는 추상체를 흥분시키기 때문에 물체를 식별할 수 있는 밝은 빛이 될 수 있으나 거리가 비교적 멀리 떨어져 있을 때는 추상체를 흥분시킬 수 없고 물론 간상체도 흥분시킬 수 없어 식별이 잘 안 되는 색채다.

[그림 2-5] 전투복과 푸르킨예 현상

푸르킨예 현상에 의하면, 이전의 청색 계통의 얼룩무늬 전투복보다 현재 디지털 무늬 전투복이 야간 작전 시 노출될 가능성이 적다.

출처: 육군3사관학교.

(2) 명순응

어두운 곳에서 밝은 곳으로 나올 때 모든 암순응 과정이 역으로 진행되어 간상체의 기능이 약화되고 추상체의 기능이 활발해진다. 시홍은 원래의 활색물질로 되돌아오고 동공은 들어오는 빛의 양을 감소시키기 위해 축소된다. 이러한 명순응 반응은 암순응 반응보다 훨씬 빠르게 진행된다. 이 점이 군인들이 유의해야 할 점이다. 명순응은 1분 정도면 이루어지는데 이것이 곧 암순응 상태가 1분 정도면 깨어질 수 있다는 것을 의미하며 다시 원래의 암순응 상태에 도달하려면 상당한 시간이 소요된다. 그래서 병사들이 야간근무를 위해 잠에서 깨어났을 때 담뱃불을 켠다든가 순찰을 하는 간부가 조명을 초병에게 비추는 행위는 삼가야 한다.

명순응에서 특이한 현상의 하나는 **잔상효과**(afterimage effect)이다. 눈동자를 움직이지 않고 흰색 배경 위의 검은 점을 계속해서 주시하고 있으면 명도대비가 감소하며 검은 점이 점차 퇴색하여 지각되는데, 그때 바로 눈을 옮겨 회색판을 보면 회색 배경 속에서 흰 광점을 볼 수 있다. 이것은 검은 점이 남긴 잔상효과에 의한 것으로 잔상이 본래 제시된 색의 반대색이기 때문에 이를 부정적 잔상이라 한다.

(3) 색순응

특정한 색을 계속 보고 있으면 눈의 그 색에 대한 민감도는 약화되거나 상실되며, 반대로 보색 관계에 있는 색에 대한 민감도가 증가한다. 우리는 흔히 빨간 불빛의 조명 속에 들어갈 때 주위의 모든 물체가 처음에는 붉게 물들어 있는 것으로 지각되나 오래 머물게 되면 그 색에 적응되어 본래의 색에 가깝게 지각할 수 있음을 알 수 있다. 그것은 빨간색에 민감한 망막상의 세포가 피로해져 기능이 둔화되기 때문에 일어나는 것이다.

9) 야간 관찰의 원칙

야간에 임무수행을 위해 지금까지 기술된 내용 중 중요한 것을 정리하면 다음과 같다.

- 야간 시력검사를 받아야 한다. 야맹증이 있거나 암순응에 많은 시간이 소요되는 병사라면 야간 관찰이 요구되는 임무에서 제외되어야 한다.
- 야간 관찰을 위해 사전에 30분 정도는 어두운 곳에서 머물러라.

이렇게 할 수 없을 때는 다른 방법으로, 즉 특수 적색조명이 된 곳에서 활동하거나 특수 적색안경을 착용하여 암순응 효과를 얻을 수 있다. 그러나 이때 적색광은 빨간 불빛이 아니고 특수필터에 의해 여과된 순수한 적색광원이어야 한다. 만약 어두운 곳에서 취침한 직후라면 이 시간은 훨씬 단축될 수 있다.

• 임무수행 전이나 수행 중에 눈을 밝은 조명에서 노출시키지 않도록 주의해야 한다. 경계병이 초소 내에서 물건을 찾기 위해 조명을 사용하는 등의 행동으로 눈을 밝은 불빛에 노출시킨다면 곧 암순응을 무너뜨리는 것이다. 소총 또는 포 사격 시 발생하는 섬광 역시 암순응을 무너뜨리므로 주의해야 한다. 불가피하게 밝은 곳에 있을 때에는 광원을 정면으로 주시하지 않도록 주의하라.

• 물체의 측면을 보는 것이 관측 시 효과적인 방법이다. 중심와(fovea)에 상이 맺히면 잘 보이지 않기 때문이다. 또한, 눈을 적당히 움직이면서 관측해야 한다. 지속적으로 한 곳을 응시하면 망막의 세포조직이 피로해져 물체의 상이 흐려지기 때문에 적절히 눈을 움직이면서 관측을 하는 것이 좋다.

2. 청각

귀를 통해 소리를 듣는 것은 인간 생활에서 매우 중요한 의미를 갖는다. 들을 수 있기 때문에 우리는 다른 사람의 이야기를 이해하고 자신의 생각을 전달하여 협동할 수 있는 계기를 마련할 수 있으며, 나아

출처: 드라마 〈태양의 후예〉.

가 집단행동을 할 수 있게 된다. 귀는 이와 같은 의사소통과 협동의
기초도구가 될 뿐만 아니라 전투 시에는 군사적 도구로서도 크게 이
용될 수 있다. 소리를 듣고 우리는 물체의 성질과 위치를 짐작할 수
있다. 보이지 않더라도 발자국 소리나 부스럭거림으로 적의 접근을
감지할 수 있으며, 포성을 듣고 적의 포진지의 위치를 개략적으로 짐
작할 수 있다. 보이지 않는 밀림이나 숲 속 또는 시야가 제한을 받은
야간에는 오히려 눈보다는 청각을 통해 더 예민하게 적의 접근을 예
고할 수 있다. 주간과 달리 야간 경계 시 청음초(listening post)를 운
용하는 것은 이와 같은 청각의 기능과 밀접한 관계가 있다.

1) 소리의 물리학과 심리학

음파는 공기, 물 또는 다른 물질의 주기적인 압축 현상이다. 나무
가 쓰러질 때 나무와 지면이 진동하여 공기에서 음파를 만들어 내면

그것이 귀를 울린다. 음파는 진폭과 주파수에서 서로 다르다. 음파의 진폭(amplitude)은 그 음파의 강도이다. 번개가 칠 때는 아주 큰 진폭의 음파가 생성된다. 음강(loudness)은 진폭과 관련된 감각이지만 그것이 곧 진폭을 가리키는 것은 아니다. 예를 들어, 빠른 말소리는 물리적으로 동일한 진폭을 가진 느린 음악보다 더 크게 들린다. 만약 당신이 TV의 광고가 정규 프로그램보다 더 시끄럽다고 불평한다면, 한 가지 이유는 광고에 나온 사람이 말을 빨리 하기 때문이다.

소리의 주파수(frequency)는 초당 압축의 수이고, 측정 단위는 헤르츠(Hz)이다. 음고(pitch)는 주파수와 관련된 지각이다. 소리의 주파수가 높을수록 음고도 낮다. 대부분의 성인은 15Hz에서 약 20,000Hz에 이르는 공기의 진동을 들을 수 있다. 아동은 어른보다 고주파수의 소리를 훨씬 더 잘 듣는데, 이는 고주파수의 소리를 듣는 능력이 나이가 많아짐에 따라 그리고 큰소리에 노출되면서 점차 감소되기 때문이다.

2) 귀의 구조

청각 시스템은 음파를 신경 신호로 어떻게 전환시키는가? 그 과정은 시각 시스템과 매우 다른데, 빛이 일종의 전자기적 방사인 반면에 소리는 시간에 걸친 공기 압력의 물리적 변화라는 점을 고려할 때 이것은 그다지 놀라운 일이 아니다. 인간의 귀는 외이(바깥귀), 중이(중간귀), 내이(속귀)라고 하는 세 부분으로 나뉜다. 외이는 음파를 모아 중이로 집중시키고, 중이는 소리 진동을 내이로 전달한다. 내이는 두개골 안에 들어가 있는데, 소리 진동들이 신경 충동으로 변환되는 곳이다.

　　외이는 머리 바깥에서 볼 수 있는 부분(귓바퀴), 귓구멍, 고막으로 구성되는데, 고막은 공기가 통하지 않는 피부 판막으로서 귓바퀴가 모아서 귓구멍으로 보낸 음파들에 반응하여 진동한다. 중이는 고막 뒤에 공기가 채워진 작은 방인 이소골이 있으며, 몸에서 가장 작은 세 개의 뼈를 포함한다. 그 모양에 따라 추골(망치), 침골(모루), 등골(등자형)이라 불린다. 이소골은 세 개의 뼈들이 지렛대 모양으로 잘 끼워 맞춰져 고막에서 내이로 가는 진동을 기계적으로 전달하고 강화시킨다.

　　내이는 나선 모양의 **달팽이관**(cochlea)을 포함하는데, 이는 액체가 채워진 관으로서 청각 변환의 기관이다. **기저막**(basilar membrane)은 내이에 있는 한 구조물로 이소골에서 온 진동이 달팽이관 액에 닿을 때 출렁거린다. 이러한 파도 같은 운동은 수천 개의 작은 **융모세포** (hair cell), 즉 기저막에 들어가 있는 전문화된 청각 수용기 세포들을

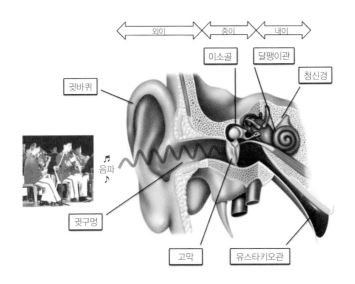

[그림 2-6] 귀의 구조

자극한다. 그다음 융모세포들은 신경전달 분자들을 방출하여 청신경에서 신경신호를 유발하고 이것은 뇌의 측두엽에 위치한 일차 청각피질로 전달된다.

3) 청각 상실

질병, 감염 등을 통해 음파가 중이에서 달팽이관으로 적절하게 전달되지 못할 수 있다. 그 결과 **전도성 농**(conductive deafness)이 발생한다. 이 증상은 일시적인 경우도 가끔 있다. 지속적인 경우에는 수술이나 자극을 증폭시켜 주는 보청기로 교정할 수 있다. 전도성 농을 가진 사람들도 정상적인 달팽이관과 청각신경을 가지고 있기 때문에 자신의 목소리를 들을 수 있는데, 이 소리는 중이를 경유하지 않고 두개골의 뼈를 통해 달팽이관으로 직접 전달된다. 이들은 자신의 목소리는 또렷이 들을 수 있기 때문에 다른 사람들이 너무 작게 말한다고 불평하기도 한다.

신경성 농(nerve deafness)은 융모세포나 청신경이 손상된 결과로 나타난다. 이 유형의 농은 정도가 다양하고 달팽이관의 어느 한 부분에만 국한될 수도 있는데, 이런 경우에 해당하는 사람은 특정 주파수의 소리는 듣지만 다른 주파수의 소리는 듣지 못한다. 신경성 농은 대부분 지나치게 큰소리에 장시간 노출되거나 노쇠 때문에 야기된다. 군대의 특성상 주기적인 교육훈련으로 인해 장시간 큰소리에 노출되는 것을 막을 수 없다. 하지만 평소에 청각을 보존하기 위한 노력을 한다면, 실제 전투상황에서 청각 기능을 효과적으로 사용할 수

출처: 육군3사관학교.

있을 것이다.

4) 청각의 보존

중이는 고막 안쪽에 위치한 빈 공간의 관을 통해 입으로 연결되어 있는데, 이 관을 **유스타키오관**(Eustachian tube)이라고 하며 보통 때는 관 조직의 작용으로 막혀 있으나 입으로 무엇을 삼킬 때나 기압의 차이가 있을 때 열린다. 이 관의 열림으로 내이와 외이의 압력이 같아 지는데, 압력이 다를 경우는 청각의 민감성이 둔화되고 심하면 통증을 느끼게 되며, 극단적인 경우에는 고막에 손상을 가져오기도 한다. 교육훈련 중 폭발음이나 총성이 예견될 때 입을 벌리고 있으면 폭발 시 그 음의 압력이 귓구멍과 입을 통해 고막의 양쪽에 동시에 전달되기 때문에 고막의 손상을 방지할 수 있다. 청각을 보존하기 위한 방법은 다음과 같다.

- 더운 날씨나 열대성 기후에서는 특히 귀 내부에 염증을 일으켜 손상을 가져오기 쉬우므로 귀 내부를 항상 청결하게 관리해야 한다. 또한, 감기와 같은 질병에 걸리면 고막의 내부와 입을 연결하는 유스타키오관의 기능이 저하되어 고막 안과 밖의 기압 차이가 생기기 때문에 청각 기능도 떨어지고, 압력이 변하면 귀 속에 오염된 물질이 들어가 염증을 일으키기 쉽다.

- 산악 행군 훈련을 위해 고지대를 오르거나 비행 훈련 시 침을 삼키거나 껌을 씹으면 입에서 귀로 연결되는 관이 열리기 때문에 고막 안과 바깥 압력을 같은 수준으로 유지할 수 있다.

- 아주 작은 소리도 식별해야 하는 작전에 투입되는 병사들은 큰 소리에 의해 발생하는 일시적인 귀먹음 현상을 피하기 위해 투입 전 큰소리에 노출되지 않도록 주의해야 한다. 작전간 큰 폭발음이 자신과 근접한 곳에서 발생이 예견될 경우 입을 벌리고 있으면 고막의 손상을 줄일 수 있다.

- 적절한 훈련과 경험의 축적으로 소리를 식별할 수 있는 능력을 향상시킨다. 전투 경험이 많은 사람은 사격 소리만 듣고도 화기의 종류나 예상거리, 방향 등을 추정할 수 있다. 시야가 제한되는 전투상황에서 눈은 적을 광범위하게 탐지할 수 없으나, 청각은 방향에 제한이 없기 때문에 적의 대략적인 위치 확인에 아주 좋은 군사적 도구이다. 또한 시각은 위장이나 부주의에 의해 물체를 간과할 수 있으나, 소리는 일단 발생하면 위장하기가 어려우며 청각에 의해 간과되지 않는 장점이 있다.

생 각해 봅시다   생존을 위한 감각의 여과과정

이 글을 읽는 독자들은 신고 있는 신발이나 바지에 찬 허리띠의 느낌을 전혀 인식하지 못할 수 있다. 냉장고 소음이나 멀리서 들리는 자동차 소리처럼 주변의 모든 소음을 듣지 않을 수도 있다. 인간의 뇌는 끊임없이 감각기관의 데이터를 걸러 내야 한다. 그렇지 않으면 방대한 데이터에 압도되어 버린다.

극단적인 스트레스 상황에서는 생존에 필요한 하나의 감각을 제외하고는 모든 감각을 걸러 내기 때문에 이런 과정이 훨씬 더 뚜렷하게 나타날 수 있다. 대개 남아 있는 감각은 시각이지만, 어두운 곳에서는 눈을 감고 귀를 열어 둘 수 있어서 총성은 듣지만 총구의 불빛은 보지 못하기도 한다.

이런 감각의 여과과정에는 확실하게 정신적이고 인지적인 요소가 포함된다. 뇌는 목표를 달성하는 데 중요하지 않다고 여기는 감각을 걸러 내는데, 여기서 목표는 생존이다. 물론 총격전 뒤에 귀가 들리지 않으면 내이에 어떤 물리적인 기능장애가 발생할 것일 수도 있다. 청력과 관련된 연구기관의 발표에 따르면 강한 불빛에 눈을 감는 것과 마찬가지로 물리적이고 기계적으로 귀가 큰소리를 차단할 수도 있다. 순식간에 들려오는 갑작스럽고 큰 소음에 대해 신체 역학적으로 청력을 차단하는 것이다.

심한 스트레스를 받을 때 사이렌 같은 특정 소리가 들리지 않는 청각 현상이 발생한다. 우리는 불필요한 소리를 듣지 않고 항상 한 가지 소리에 집중한다. 사관학교에 입교한 지 얼마 지나지 않았을 때 이야기이다. 생활관에서 잠을 잘 때, 나는 귀에 거슬리는 동료의 코고는 소리를 난방기에서 들려오는 단조로운 공기 소리에 의식적으로 집중해서 걸러 냈다. 전투 중에는 마음속으로 필요 없는 감각자극을 배제하고 절대적으로 필요한 하나에만 집중한다면 더 강력한 현상이 벌어질 수 있다.

출처: Grossman & Christensen(2008).

제**3**장

지각과정

출처: Psychology Today(2014).

　지금까지 우리는 우리의 눈, 귀 등이 외부에서 제공하는 여러 가지 자극을 수용하여 처리하도록 고안되었다는 것을 살펴보았다. 앞에서 제시한 바와 같이 감각기관에서 벌어지는 초기의 정보 수집 및 정보

변환 작용을 감각과정이라 하고, 뇌에서 벌어지는 정보해석 작용을
지각과정이라 정의한다. 이들 두 과정은 말로는 쉽게 구분이 되나 실
제로는 구분하기 어렵다. 이 두 과정은 상당 부분 상호작용을 통해 이
루어지기 때문이다. 이 장에서는 우리의 눈앞에 나타나는 자극들을
통해 발생하는 다양한 해석과정에 대해 살펴볼 것이다.

1. 선택적 주의

우리는 매 순간마다 지각을 하면 하나를 지각할 때는 이전의 지각
은 사라진다. **선택적 주의**(selective attention)는 우리가 경험할 수
있는 모든 것 중에서 한 순간에 의식할 수 있는 것은 매우 제한되어
있다는 것을 의미한다. 예를 들어, 여러 목소리 중에서 하나의 목소
리에만 선택적으로 주의를 기울일 수 있는 **칵테일 파티효과**(cocktail
party effect)이다. 당신이 헤드셋을 착용하고 한쪽 귀에 하나씩 두 개
의 대화를 동시에 듣고 있는데, 왼쪽 귀에 들리는 내용을 따라 하라는
지시를 들었다고 상상해 보자. 왼쪽 귀에 들리는 내용에 주의를 주고
있으면 오른쪽 귀에 들리는 내용은 지각할 수 없을 것이다. 예를 들
어, 전투상황에서 우리는 수많은 소리에 노출되어 정신을 차릴 수 없
을 정도의 혼란을 경험한다. 이때 지휘자로써 병사들에게 지시할 때
자신에게 주의를 집중하도록 한 후에 지시한다면 칵테일 파티효과와
같이 하나의 소리에 선택적 주의를 기울이므로 명확한 의미 전달과
성공적인 임무 달성에 유리할 것이다.

[그림 3-1] Necker Tube

무엇이 보이는가? 원과 회색선, 아니면 육면체? 육면체를 가만히 보고 있으면 X표시된 부분이 앞쪽 모서리에서 뒤쪽 모서리로 바뀔 수도 있다. 육면체가 원이 그려진 종이의 앞에 놓여 있는 것으로 보일 때가 있는가 하면, 종이에 뚫린 구멍 속으로 육면체가 보일 때도 있다. 단, 한 가지만 해석되는데, 이것은 주의가 선택적이라는 것을 나타낸다.

2. 상향처리와 하향처리

지각은 상향처리와 하향처리의 공통 작용으로 이루어진다. **상향처리**(bottom-up processing)란 감각기관을 통해 수집한 정보를 처리하는 과정이다. 이 과정은 상향처리의 산물과 기억 속에 보관된 정보를 비교하여 이루어지기 때문에 기억 속에 있는 정보를 검색해야만 한다. 그런데 우리의 기억 속에는 많은 정보가 보관되어 있기 때문에 정보를 무작정 검색하는 일은 효율적이지 않다. 이를 효율적으로 도와주기 위한 것이 하향처리이다.

[그림 3-2] 지각 조직화와 하향처리

달마시안 한 마리가 땅에 코를 대고 냄새를 맡고 있는 것이 보이는가? 이 개를 보기 위해서는 하향처리 기제가 작용하여 그림 속의 속성을 조직하여 여러분이 알고 있는 달마시안 개의 속성과 맞추어 보아야 한다.

하향처리(top-down processing)는 우리의 뇌에 입력되는 감각정보의 해석에 믿음, 지식, 기대 등을 활용하는 과정이다. 이 두 가지 처리의 차이를 명백하게 비교하기 위해 다음의 예를 상상해 보자. 당신이 배우지 않은 외국어를 말하는 사람과 대화를 하고 있다고 가정하자. 그 사람이 말하는 소리는 들리기 때문에 분명히 상향처리는 일어나지만, 하향처리가 전개되지 않기 때문에 그 말을 이해할 수는 없다. 즉, 하향처리는 지식, 믿음, 기대 등을 바탕으로 시작되는데 우리의 기억 속에는 위에서 언급된 언어를 이해하는 데 필요한 지식이 존재하지 않기 때문에 하향처리가 전개될 수 없는 것이다.

3. 지각 조직화

20세기 초 독일의 **형태주의 심리학자**(Gestalt Psychologist)들은 다양한 시각자극이 자동으로 조직되어 하나의 통합체로 지각되는 현상을 발견하고, 그 결과를 기초로 여러 가지 조직화 원리를 제안하였다.

1) 전경-배경원리

형태주의 심리학자들은 지각 조직의 기본 원리로 **전경-배경 원리**(figure-ground principle)를 적용하였다. 이 원리에 의하면, 전경은 주의의 중심에 속하는 것들로 구성되고 배경은 그 주변에 속하는 것들로 구성된다. 예를 들어, 여러분이 현재 읽고 있는 글씨는 전경이 되고 나머지 책의 주변 환경이 배경이 되는 것이다. [그림 3-3]을 보면 이 원리를 쉽게 이해할 수 있을 것이다. 전경과 배경이 구별되는가? 이 그림을 보고 있으면 전경과 배경이 계속해서 바뀐다는 것을 알게 될 것이다. 파란색 바탕 위에 화병이 보이다가 흰색 바탕 위에 마주보는 두 얼굴이 보이기도 할 것이다. 실제로는 바뀌지 않는 그림에 대한 지각경험이 바뀐다는 것은 우리 뇌가 그림 속 정보를 조직할 때 어느 것을 전경 또는 배경으로 할 것인지를 결정하지 못한다는 뜻이다. 다시 말해, 전경이던 것이 배경으로, 배경이던 것이 전경으로 바뀌는 일이 반복된다는 의미이다. 그러나 동일한 배경 위의 그림이 두 가지 이상의 의미로 해석되는 경우도 모호하기는 마찬가지다.

[그림 3-3] 전경과 배경   [그림 3-4] 모호한 도형의 예

[그림 3-4]를 봤을 때 노인이 보이는가? 아니면 젊은 여인이 보이는가? 그림의 속성을
어떻게 조직하느냐에 따라 우리가 지각하는 대상이 달라진다. 그러나 노인과 젊은 여
인을 동시에 볼 수는 없다. 노인이 보이면 젊은 여인은 볼 수 없다. 우리의 뇌도 맥락이
없기 때문에 어떤 해석이 옳은 해석인지를 결정하지를 못한다는 의미이다.

2) 지각 조직화의 원리

〈표 3-1〉은 지각 조직화의 몇 가지 중요한 원리를 보여 주고 있
다. 그 어떠한 경우에서도 우리의 지각 경험은 우리에게 가용한 감각
경험의 단순한 복사 이상의 것이다. 다시 말해, 우리는 지각을 창조해
내기 위하여 감각정보를 활용하지만 지각은 여러 부분의 단순한 합
이상의 것이다. 우리는 무의미한 원감각 자료의 세부정보를 낱낱이
아는 것이 아니라 빠져 있는 정보를 보충하며 여러 가지 대상들을 같
이 집단화하고, 전체 대상을 보는 경향이 있다.

〈표 3-1〉 지각 조직화의 원리

지각 조직화의 원리	내 용	예 시
근접성 (proximity)	동일한 속성을 지닌 자극이라면 시공간적으로 보다 근접한 자극을 하나의 집단으로 지각하려는 경향	
연속성 (continuity)	형태 또는 방향을 계속하고 있는 항목들의 전체 형태의 부분으로 같이 집단화되는 경향	
유사성 (similarity)	색채, 크기 또는 모양이 비슷한 대상들은 보통 어떤 양식의 부분으로 지각	
폐쇄성 (closure)	감각정보의 불완전성을 무시하고 실재로는 존재하지 아니하더라도 하나의 전체 대상으로 지각하는 경향	
연결성 (connectedness)	동일한 것이 연결되어 있으면 점과 선과 그 영역을 하나의 단위로 지각	

4. 지각 항등성

벽에 걸려 있는 시계를 바라본다고 가정하자. 이를 정면에서 볼 때나 측면에서 볼 때, 또는 가까운 곳에서 볼 때나 멀리서 볼 때나 다른 벽시계라고 생각하지 않는다. 사실상 벽시계로부터 반사된 빛에너지가 눈 속에 들어갈 때 망막상의 위치는 항상 다르다. 보는 위치나 거리 등에 따라서 벽시계에서 반사된 감각에너지가 동일하지 않기 때문에 망막상의 위치가 달라진 것이다. 그럼에도 우리는 외부세계를 일정하고 변함없는 것으로 지각한다. 이처럼 망막 속에 투영된 빛 에너지의 속성이 다르더라도 두뇌가 서로 다르다고 해석하지 않는 현상을 **지각 항등성**(perceptual constancy)이라고 한다. 다시 말해, 친숙한 대상의 크기와 모양과 색깔은 그 대상을 바라는 각도나 거리 또는 조명이 달라져도 변하지 않는 현상을 의미한다. 지각 항등성 현상도 다음과 같은 몇 가지 유형으로 나눌 수 있다.

1) 모양 항등성

때때로 대상의 실제의 크기는 변하지 않지만 우리가 보는 각도에 따라서 형태가 변화되는 것처럼 보인다. **모양 항등성**(shape constancy) 덕분에 우리는 망막 속 영상이 변화되어도 친숙한 대상이 일정한 형태를 가진 것으로 지각한다.

문이 열릴 때 문이 열려진 각도에 따라서 우리 망막에 맺힌 영상의 형태는 변화되지만 우리는 문이 일정한 형태를 가지고 있는 것으로 지각한다([그림 3-5] 참조).

[그림 3-5] 문의 모양 항등성

2) 크기 항등성

크기 항등성(size constancy) 덕분에 대상까지의 거리가 변화되어도 우리는 그 대상이 일정한 크기를 가지고 있는 것으로 지각한다. 우리는 크기 항등성에 의해서 20미터 정도 떨어진 주차장의 차를 사람이 타기에 충분한 크기로 지각한다. 이것은 지각된 거리와 크기 간에 밀접한 관계가 있음을 의미한다. 지각된 거리는 대상의 크기에 대한 단서를 제공한다. 마찬가지로 자동차처럼 대상의 일반적인 크기를 알고 있으면 이것은 거리의 단서로 활용된다.

3) 밝기 항등성

흰 종이는 표면에 떨어진 빛의 약 90%를 반사한다. 반면에 검은 종이는 약 10%를 반사한다. 햇빛 아래서 검은 종이는 흰 종이가 실내에서 반사하는 것보다 100배 이상의 빛을 반사하지만 여전히 검게 보인다(McBurney & Collings, 1984). 이와 같이 우리는 조명의 변화에도 불구하고 대상의 밝기를 일정하게 지각하는데 이것을 **밝기 항등성**(lightness constancy)이라 한다.

지각된 밝기는 대상에서 반사되는 빛과 주변에서 반사되는 빛의 상대적 강도에 의해서 영향을 받는다. 주변 상황이 변화되지 않을 때 지각된 밝기가 비교적 일정하게 유지된다면, 주변 상황이 변화되었을 경우에는 어떻게 될 것인가? [그림 3-6]에 제시되어 있는 것처럼 뇌는 대상 주변과 비교하여 밝기와 색을 계산한다. 따라서 지각된 밝

[그림 3-6] 밝기 대비

안쪽 사각형의 실제 밝기는 서로 같지만 지각된 밝기는 주변의 밝기에 따라 서로 달라
진다.

기는 상황 맥락에 따라 변화된다.

4) 색채 항등성

어떤 물체의 색을 주변의 조도의 변화에 관계없이 동일하게 지각
하는 현상을 **색채 항등성**(color constancy)이라 한다. 예를 들면, 잘
익은 토마토를 시장 또는 실내에서 볼 때나, 밝은 대낮 또는 어두운
저녁에 볼 때나 동일한 색으로 지각하는 것이다.

5) 위치 항등성

한 지점에 고정되어 움직이지 않는 물체를 바라본다고 가정하자.
이때 만약 우리의 눈이 그 물체에 고정되어 있다면 그 물체로부터 반사된 빛에너지는 망막의 일정한 장소에 투영될 것이다. 그렇지만 평소에 우리는 항상 움직이기 때문에 일정한 물체를 바라보더라도 망막에서의 물체의 위치는 다양하다. 이러한 변화에 상관없이 그 물체의 위치가 변하지 않는 것으로 지각하는 경향을 **위치 항등성**(location constancy)이라고 한다.

5. 거리와 깊이 지각

우리는 끊임없이 자신과 다른 대상 사이의 거리를 판단해야 한다. 교실을 지나 걸어갈 때도 거리지각은 책상에 부딪치거나 휴지통에 걸려 넘어지는 일을 회피하는데 도움이 된다. 팔을 뻗어 연필을 잡으려고 할 때 우리는 팔을 얼마나 뻗어야 할지 자동적으로 판단한다. 우리는 또한 대상의 깊이를 판단한다. 즉, 대상이 점유하고 있는 전체의 면적이 얼마나 되는지를 판단하는 것이다. 우리는 거리와 대상의 크기를 결정하는 데 단서들을 많이 활용한다. 이러한 단서들 중 어떤 것은 하나의 눈만으로도 전달할 수 있는 시각 메시지에 의지하는데, 이것을 우리는 **단안단서**(monocular cues)라고 한다. 어떤 단서들은 두 개의 눈을 활용할 것을 요구하는데 우리는 이것을 **양안단서**(binocular cues)라 부른다.

짧은 거리에서 가장 자주 동원되는 정보유형은 망막차이(retinal disparity), 즉 두 눈의 망막에 맺히는 상이 서로 다르다는 것이 그 이유이다. 바로 눈앞에 있는 정육면체를 볼 때 우측 눈은 육면체의 우측

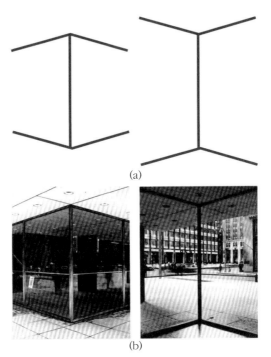

[그림 3-7] Müller-Lyer 착시

(a) 그림 속 두 수직선분의 길이는 같다 그런데 오른쪽 선분이 왼쪽 선분보다 길어 보인다. (b) 이 착시는 뇌가 망막에 맺힌 상의 크기와 물체까지의 거리 사이에 존재하는 관계를 정리한 기하학적 원리를 잘못 적용하여 발생된 것이다. 그림에서처럼 튀어나온 모서리와 움푹 들어간 모서리에 대한 우리의 경험 때문에, 우리의 뇌는 오른쪽 선분이 더 길다는 잘못된 판단을 내리고 우리는 그 판단만을 의식/지각하게 되는 것이다.

표면을 좀 더 많이 관찰하게 되고 좌측 눈은 육면체의 좌측 표면을 조금 더 많이 볼 것이다. 우리는 두 눈에 들어오는 정보가 서로 다르다는 것을 거의 인식하지 못한다. 그러나 한쪽 눈만을 감았다가 다시 다른 쪽 눈만을 감았을 때 비로소 두 눈에 들어온 정보가 서로 다르다는 것을 인식하게 된다.

1) 양안단서

우리의 눈은 약 6cm 떨어져 있기 때문에 두 눈에 맺힌 상은 약간 다르다. 뇌가 두 개의 영상을 비교할 때, 두 상의 차이인 **양안부등**(binocular disparity)은 대상의 상대적인 거리를 판단하는 데 중요한 단서가 된다. 거리에 대한 또 다른 양안단서는 **시선수렴**(convergence)이다. 이것은 가까운 대상을 볼 때 눈동자가 코 쪽으로 돌아가는 신경 근육 단서이다. 시선수렴의 각도를 알아냄으로써 뇌는 당신이 가까이 있는 책을 응시하는지 아니면 방 저쪽에 있는 사람을 응시하는지를 계산할 수 있다.

2) 단안단서

우리는 사람이 나로부터 10m 떨어져 있는지 100m 떨어져 있는지 어떻게 판단할 수 있는가? 이러한 경우 앞에서 언급한 양안부등의 차이는 미세하다. 그러한 거리를 판단하기 위해서 우리는 다음과 같은 단안단서들을 이용한다.

- 상대적 크기: 두 물체의 크기가 비슷하다고 가정할 때 망막에 맺혀진 영상의 크기기 작을수록 멀리 있는 것으로 판단
- 중첩: 만약 한 물체가 다른 것을 부분적으로 가리고 있으면 가려진 것이 더 멀리 있는 것으로 지각
- 상대적 명확성: 윤곽이 뚜렷한 물체보다는 흐린 것이 더 멀리 있

는 것으로 지각

- 상대적 높이: 시야에서 위쪽에 있는 대상을 더 멀리 있는 것으로 지각
- 상대적 운동: 우리가 이동할 때 고정된 물체도 상대적인 움직임이 있는 것으로 지각
- 선형조망: 철로와 같은 평행선들은 거리가 증가함에 따라 한 점으로 수렴
- 상대적 밝기: 가까이 있는 대상은 더 많은 빛을 반사하는 것으로 지각함에 따라 동일한 두 개의 대상 중 흐린 것이 더 멀리 있는 것으로 지각

3) 착시

우리의 뇌가 이용하는 단안단서와 양안단서 그리고 여러 가지 거리 판단 원리는 대개 정확한 거리 판단을 유발한다. 그러나 때로는 이들 단서와 원리도 잘못된 거리지각을 창출하기도 한다. 이러한 잘못된 지각을 착시라고 부른다. 착시 현상은 다음 두 가지로 그림으로 쉽게 이해할 수 있다. 첫 번째 착시의 경우 Ponzo 착시라고도 하는데 수평선분 두 개의 길이가 실제로는 동일하지만 위 선분이 더 길어 보인다. 두 번째 착시의 경우 Terror Subterra 착시라고 하는데(Shepard, 1990), 뒤쫓는 괴물보다 쫓기는 괴물이 훨씬 작아 보이지만 두 괴물의 실제 크기는 동일하다. 이러한 크기 착각 외에 이 두 괴물의 동일한 얼굴 표정에서 상이한 정서, 즉 쫓는 괴물의 얼굴에는 노여움이, 쫓기

[그림 3–8] Ponzo 착시와 Terror Subterra 착시

는 괴물의 얼굴에서는 두려움이 지각되기도 한다.

달 착시 역시 비슷한 논리로 설명된다(Restle, 1970). 거의 모든 사람에게 중천에 떠 있는 달보다 지평선 위의 달이 더 크게 보인다. 달이 중천에 있든 지평선에 있든 크기는 일정하며, 달까지의 거리도 변하지 않는다. 따라서 지평선의 달이 더 커 보이는 것은 착시임이 분명하다. 지평선 가까이 있는 물체들 때문에 우리 뇌는 지평선 위에 있는 달까지의 거리가 중천에 있는 달까지의 거리보다 더 멀다고 생각한다. 지평선의 달이 더 멀리 있는데도 망막 위에 맺힌 상의 크기는 중천의 달과 똑같기 때문에 지평선의 달이 클 수밖에 없다는 것이 뇌의 결론이다. 그리고 우리는 이 결론이 도출되는 추론의 과정은 의식하지 못하고 다만 결론만을 의식하기 때문에 이런 착시가 일어나는 것이다.

실제로 지평선 위에서 달 이외의 다른 물체가 보이지 않으면, 이런 달 착시는 사라진다. 적당한 크기의 대롱을 말아 그 구멍을 통해 지평

[그림 3-9] 달 착시

선 위의 달을 살펴보라. 이때 달 이외의 다른 물체는 아무것도 볼 수 없도록 대롱의 크기 및 위치를 조절해 보라. 그러면 뇌는 중천의 달에서처럼 달 이외의 다른 정보를 이용할 수 없게 된다. 그 결과 지평선 위에 떠 있는 달의 크기는 훨씬 작게 보일 것이다. 이처럼 크기 지각이 잘못될 경우 우리의 뇌가 이용하는 원리는 옳다. 문제는 상대적 거리에 대한 정보가 잘못된 정보라는 데서 발생한다. 그리하여 우리는 착각이라는 잘못된 지각/판단을 하게 된다. 요약컨대, 전투상황에서 발생하는 일을 지각할 때 우리의 뇌는 여러 가지 단서와 원리를 이용하는데, 대개 그런 단서와 원리를 활용하여 내린 결론에는 별 문제가 없다. 그러나 이들 단서와 원리를 이용한 결과가 실제와 다른 경우도 많다. 즉, 착시가 일어나서 잘못된 보고를 할 수 있으니 유의해야 한다.

6. 운동 지각

지금까지 우리는 주로 다양한 종류의 정지된 물체에 대한 지각을 주위 환경과의 관련 속에서 살펴보았다. 움직이는 물체들 및 다양한 유형의 운동에 대한 지각은 우리 주위 세계에 대한 지식의 측면에서 뿐만 아니라 생명과 안전의 보존이라는 측면에서도 대단히 중요하다. 왜냐하면 운동 지각은 움직이는 실제 사물과 관계없이 그 자체로서 특별한 지각 유형을 구성하고, 또한 대단히 원초적이면서 지각과정 속에 매우 확고하게 자리를 잡고 있기 때문이다.

이제 당신은 물체가 무엇이며, 어디에 있는지를 잘 감지하고 있을 것인데, 이 과정은 물체가 한 곳에 정지해 있을 때에 본질적으로 더 쉬워진다. 물론 실제 생활은 움직이는 표적들로 가득하다. 물체들은 시간상에서 위치를 바꾼다. 운동을 감지하기 위해서 시각 시스템은 공간과 시간 둘 다에 대한 정보를 부호화해야 한다. 이것을 고려하게 되는 가장 단순한 경우는 움직이는 물체를 지각하려고 움직이지 않는 관찰자이다.

한 물체가 관찰자의 정지된 시야를 가로질러 움직이면 그것은 먼저 망막 위의 한 지점을 자극하고, 그다음 조금 뒤에 망막 위의 다른 지점을 자극한다. 뇌에 있는 신경회로들은 시간상에서 이러한 위치 변화를 탐지할 수 있고 특정한 속도와 방향의 운동에 반응한다.

물론 실세계에서 당신이 정지된 관찰자인 경우는 매우 드물다. 주변을 움직임에 따라 당신의 머리와 눈은 항상 움직이며, 그래서 운동 지각은 그렇게 단순하지 않다. 운동 지각 시스템은 눈의 위치와 운동, 궁극적으로는 머리와 몸의 운동을 고려함으로써 물체의 운동을 정확하게 지각하고 당신으로 하여금 그것에 접근하거나 회피하게 할 수 있다. 뇌는 당신의 눈과 머리의 운동을 주시함으로써 그리고 망막에서의 운동에 그것들을 '제거'함으로써 이런 일을 해 낸다.

색 지각과 마찬가지로 운동 지각에도 감각 순응이 일어날 수 있다. **폭포 착시**(waterfall illusion)라고 부르는 운동잔효(aftereffect)는 색채 잔상과 유사한 것이다. 당신이 폭포수가 떨어지는 것을 몇 초 동안 응시하고 나면, 폭포 근처의 정지된 물체들, 예컨대 나무나 바위를 볼 때 올라가는 운동 잔효를 경험할 것이다. 여기에 무슨 일이 벌어지는 것일까?

이 과정은 빨간색 조각을 응시한 다음 녹색을 보게 되는 것과 유사하다. 운동에 민감한 신경원들은 반대 방향의 운동을 부호화하는 뇌의 운동 탐지기 세포들과 연결되어 있다. 운동 감각은 이런 두 대립적인 감지기들의 강도 차이로부터 나온다. 만약 한 집단의 운동 탐지기 세포들이 한 방향의 운동 순응을 통해 피로해져 있다면, 그것과 반대되는 감지기들이 주도권을 획득할 것이다. 그 결과 관찰한 운동이 반

[그림 3-10] 라스베이거스의 밤거리

출처: wikitravel(2009).

대 방향으로 지각되는 것이다.

　세상에서 물체의 움직임이 운동 지각을 일으키는 유일한 사건은 아니다. 라스베이거스 카지노의 네온 전광판에서 연속적으로 깜박거리는 불빛들은 강한 운동감을 불러일으킬 수 있다. 또한 사람들이 일련의 깜박이는 불빛들을 전체로 움직이는 하나의 물체로 지각한다. 이와 같이 다른 위치에서 매우 빠르게 연속하여 나타나는 교대되는 신호들의 결과로 경험하는 운동 지각을 **가현 운동**(apparent motion)이라고 부른다.

7. 지각과 정서

1) 지각과 주의집중

　우리가 어떤 물체를 분명하고도 정확하게 지각하고자 할 때 우리는 주의를 그 물체에 집중한다. 다른 한편으로 특별히 어떤 것을 지각하려는 의도를 강하게 갖지 않은 채 별 생각 없이 바라본다면 우리는 주변의 많은 것을 간과하게 되는데, 이는 우리가 모든 물체를 하나하나 주의를 기울이지 않기 때문이다.

　주의집중의 정도는 우선 뇌의 생리학적인 각성(physiological arousal)에 일차적으로 의존하며 이는 망상조직(reticular formation)이라 불리는 뇌의 피질 하부에 위치한 특정한 조직의 활동에 의해 중재된다. 망상조직에서 전달되는 신경충동은 대뇌피질로 올려 보내져서 주의하고 있지 않는 상태로부터 주의를 기울이도록 한다. 망상조직에 직접적인 자극이 가해지는 동안 각성이 증가하는 것이 밝혀졌다(Venables & Warwick-Evans, 1967). 그러한 직접적인 전기 자극은 원숭이들이 두 형태를 구별하는 속도와 정확성을 증가시켰다(Furster, 1958). 그 전기 자극은 또한 사람들의 경우 연속인 두 불빛을 구별하는 데 필요한 시간을 감소시켰다. 대뇌피질상의 각성은 관찰자들이 어떤 자극에 보다 민첩하게 반응토록 하는 경고 신호에 의해 긴장하고 있을 때 증대하고 있다는 것이 입증되었다.

일반적인 각성은 동기부여가 되고 정서가 활성화된 상태에서는 더욱 커지며 권태와 흥미 상실의 상태에서는 감소한다. 그러나 만약 동기부여나 정서상태가 너무 강렬할 경우에는 망상 조직의 활동을 방해할 수도 있으며 지각 효율성이 감소할 수도 있다. 따라서 순간기억장치를 통해 제시되는 숫자들을 지각하는 능력이 성취 시의 보상이나 실패 시의 처벌 등으로 과잉 각성의 상태가 야기될 때에는 오히려 감소된다.

주의집중의 정도와 방향은 시간에 따라 크게 변하며, 지각의 총량에 의해서도 변화된다. 저격수나 연구자들이 조준경이나 현미경을 통해서 무엇인가를 보는 경우, 매우 좁은 제한된 시야에 주의를 집중할 수도 있으며 지각 장면의 거의 모든 것을 선명하고 정확하게 지각할 수 있다. 만약 시야가 좀 더 확대된다면 우리는 전체 시야의 한 특정 부분에 주의를 기울이게 되며, 그 경우 그 특정 부분을 둘러싸고 있는 주위 부분들에 대해서는 많은 것을 주목할 수 없게 된다. 혹은 우리는 사방을 둘러보며 어떤 것을 우선적으로 선택해 살피고 이어서는 다른 어떤 것을 선택해 살피기도 한다. 또는 주위 시야에 대해서는 전혀 주의를 기울이지 않은 채 어떤 것에 관해 생각에 잠겨 있을 수도 있다. 그러나 주의를 끄는 어떤 사건이 발생하거나 관측되면 그 사건에 주의를 집중하게 되며 그것을 명확히 지각하려고 노력한다.

만약 시야가 상대적으로 변하지 않고, 우리가 마음대로 쓸 수 있는 시간이 충분하다면 비록 거기 있는 모든 것을 다 관찰할 수는 없더라도 시선을 여기저기 주면서 상당한 부분을 지각할 수 있을 것이다. 하지만 전투상황에서 경계 작전을 실시하는 병사가 사소한 부분을 지각하지 못하고 놓친다면 차후 작전에 부정적 영향을 미칠 수 있다. 이러한 지각 실수를 최소화하기 위해 경계병의 관측 요령은 다음과 같다.

- 자신의 진지(초소) 전방 가까운 곳에서 먼 곳으로 순차 감시
- 50m씩 종으로 분할하여 중첩되게 좌에서 우로, 우에서 좌로 감시
- 특징적인 지형지물, 의심스러운 물체, 지역 내 이동상황 사전 확인
- 넓은 지역은 참고 점(독립수, 독립가옥 등)을 선정하여 분할 감시
- 의심스러운 곳은 시선을 멈추어 세밀히 반복 관측

2) 지각과 욕구의 관계

복잡한 시야에서 지각된 문제들과 그 지각의 선명성 및 정확성은 관찰자의 흥미와 관련이 있다. '흥미(interest)'는 포괄적이고 규정하기 까다로운 용어이지만 그것은 대개 관찰자 내부에는 어떤 강하고

지속적인 동기가 있어서 그 동기가 관찰자로 하여금 주변 세계에 있
는 대상이나 생각을 관찰하고, 조사하고, 또 지식을 획득하게 한다는
암시를 함축하고 있다. 따라서 어떤 관찰자가 그러한 것들에 흥미가
있기 때문에 그것을 지각하고 있다고 말할 때, 그것은 그가 그 대상에
관해 잘 알고 있다는 것과 그 대상들에 관해 더 알고 싶어 하고 지각
하게 되기를 바라고 있는 것 모두를 의미한다.

　이런 이유 때문에 지각에 방향을 지우고 그것을 촉진시키는 데 더
크게 작용하는 것이 사전 지식인지 혹은 강한 욕구인지, 아니면 이
둘 모두가 함께 작용하는 것인지는 명백하게 판단하기 어렵다. 게다
가 그의 흥미를 촉진하려는 관찰자의 목적은 그가 정확히 지각하는
한에 있어서만 도달 가능할 것이 분명하다. 만약 지각이 흥미뿐만
아니라 다른 동기나 욕구에 의해서도 영향을 받는 것이라면 주위 환
경에 실제로 존재하여 이들 동기에 부합되고 욕구를 충족시키는 것
에 대한 지각과 실제로는 거의 존재하지 않아 단지 실망만을 낳게
될 어떤 것에 대한 그릇되고 환상에 찬 지각을 구분하는 것은 중요
하다.

　지각과 욕구와의 관계를 연구한 실험을 살펴보자. 피실험자들에게
희미한 음식과 관련된 사진들을 최초 식사 이후 다양한 시간대에 걸
쳐 제시하였다(Levine, Chein, & Murphy, 1942). 식사 후 6시간까지는
음식과 관련된 사진들을 지각한 숫자가 증가했지만 그 이후에는 감소
했으며 심지어 반응을 하지 않는 횟수도 증가하였다. 이 결과는 식사
이후 처음에는 음식과 관련된 것들을 쉽게 지각하는 경향이 있었지만
배고픔이 증가할수록 피실험자들은 점차 욕구 좌절을 느끼게 되었고

지각 반응이 감소되었다는 것을 의미한다. 다시 말해, 긴 시간 동안의 음식물 박탈로 지각 과정이 무감각해졌음을 시사한다. 전투상황에서도 목마름, 배고픔, 수면부족 등의 욕구 좌절을 느낀다면 지각 과정이 둔감해질 것이고, 이는 차후 전투에도 지대한 영향을 미칠 가능성이 크다. 그러므로 지휘관은 전투상황에서의 욕구 좌절 요인들을 사전에 차단하기 위한 방법을 고려할 필요가 있다.

3) 지각과 성공/실패와의 관계

어떤 과제에서 성공이나 실패가 그 과제 자체의 수행에 어떤 효과를 미치며 그 직후에 수행된 과제들에도 영향을 준다는 사실은 그리 놀라운 일이 아니다. 사람들은 성공을 하면 보다 활기차고 의기양양해지는 경향이 있다. 이러한 느낌은 지속될 수 있고, 그 이후에 수행되는 다른 과제들, 특히 지각과제들의 수행에 영향을 줄 수도 있다. 즉, 어려운 과제를 부여받아 그 과제를 만족스럽게 수행하지 못한 관찰자들은 그 이후에 모호한 사진들을 보여 주었을 때 성공적으로 과제를 수행했던 다른 관찰자들보다 지각 속도가 느렸다. 또한 실제로 보이지 않는 사진들을 관찰자들이 지각하도록 한 후에 순간기억장치를 통해 문장들을 지각하도록 하는 실험이 행해졌을 때 이와 유사한 효과가 나타났다.

관찰자들이 사진을 지각하는 데 실패하면 비난을 주는 처치를 적용하였다. 그 결과 관찰자들은 문장을 지각하는 속도가 감소되었으며 사실과 무관한 추측을 하는 빈도 또한 증가하였다. 결론적으로 성공 혹은 실패 이후에 사람들의 지각과정은 향상되거나 둔감해질 수 있고 더욱 정확해지거나 부정확해질 수 있다. 실제 전투상황에서 작전의 성공과 실패는 죽음과 연관되므로 앞서 언급한 사항을 적용하기엔 곤란한 부분이 있다. 하지만 전투를 준비하는 평시 교육훈련이나 병영생활 간에는 충분히 적용할 수 있다. 특히 교육훈련은 인간의 지각과정이 많이 활용된다. 그러므로 성공과 관련된 요인들을 지속적으로 제시해 주면서 병사들의 지각과정 향상을 도와주어야 한다.

생각해 봅시다   시각적 선명도 향상: 완벽한 이미지

과학적 연구와 다수의 일화적 증거에 따르면 여러 총격전 상황에서 갑작스런 시각적 선명도 향상(visual clarity), 즉 최상의 시력을 얻기 위해 인체가 모든 역량을 쏟아붓는 놀라운 순간이 있다. 평소에는 주목하지 않고 기억하지 못하는 구체적인 대상에 관한 뚜렷한 이미지를 얻을지도 모른다. 아트월 박사는 조사 대상 중 72%가 총격전 상황에서 시각적 선명도 향상을 경험했다고 말한다.

로런 크리스텐슨은 집에서 수면을 취하던 중 새벽 2시에 끔찍한 소동이 벌어져 갑자기 잠에서 깬 경험을 이야기했다. 그는 순식간에 정신을 가다듬고 30cm 정도 떨어진 곳에 있던 한 남자의 얼굴을 쳐다보았다. 침실 창문으로 침입한 강도였는데 과음을 했거나 마약을 했는지 집에 누가 있는 것도 잘 알아채지 못할 정도였다. 결국 자신을 뚫어져라 쳐다보는 크리스텐슨의 얼굴을 보고 작게 비명을 지르더니 잽싸게 도망갔다. 크리스텐슨은 침대에서 뛰쳐나와 서랍장에서 총을 꺼낸 다음 거실을 지나 뒷문을 서둘러 열었다. 그곳에 강도가 있었는데 건장한 강도는 문을 박차고 나가려 했다. 크리스텐슨이 총을 들었을 때 강도는 현관에서 뛰어내려 겁먹은 코뿔소처럼 관목 속으로 성큼성큼 뛰어갔다.

크리스텐슨은 911에 전화해 응답을 기다리는 동안 강도의 머리 색, 나이, 신장, 옷차림을 의식적으로 주목하지는 않았기 때문에 용의자의 인상착의에 대해 아는 것이 없을 줄 알았다고 했다. 전화가 연결되자 크리스텐슨은 사건에 대해 말해 주었고, 우려하던 질문을 받았다. "용의자의 인상착의를 말씀해 주시겠습니까?" 이 질문에 크리스텐슨은 마치 용의자가 눈앞에 서 있는 것같이 생생히 인상착의를 설명하였다.

출처: Artwohl & Christensen(1997).

제**4**장

감각/지각과정과 위장

출처: 영화 〈아메리칸 스나이퍼(American Sniper)〉.

위장은 어떤 물체를 눈이 식별하지 못하도록 만드는 것이다. 이상하게 들릴지 모르지만 모든 물체의 지각은 대뇌에서 이루어진다. 우리가 물체를 지각하게 되는 것은 그 물체의 일부나 축소된 형상이 우리 눈에 들어오기 때문이 아니고, 단지 색과 밝기만 있는 빛이 물체에서 반사되고, 그것을 우리 눈의 망막이 받아들여 대뇌에 전달하여 대뇌가 이를 통합하고 해석하기 때문에 가능한 것이다. 대뇌의 이러한 통합과 해석과정에는 어떤 분명한 원리나 법칙이 있고, 물체의 지각은 물체의 물리적 속성에 의해 제공되는 어떤 단서나 대뇌의 이 통합 해석과정에 의존한다고 볼 수 있다. 위장은 이 단서를 변화시키거나 대뇌의 통합 해석과정에 영향을 줌으로써 다른 것으로 잘못 지각하도록 만드는 것이다.

위장에 대해 더 구체적으로 이해하기 위해서는 사람들이 물체로부터 받는 형상들을 어떻게 간추리고 또 어떻게 해석하는가에 대해 먼저 알아야 한다. 물체로부터 받는 형상들을 간추리는 것이 주의이다. 주의는 어떤 시각상을 선택하거나 버리고, 또는 상상에 의해 조그마한 시각상들을 가감하기도 하여 대뇌의 지각작용을 유도하는 역할을 한다.

위장은 물체를 숨기거나 올바른 지각작용을 방해하는 것이다. 위장을 할 때는 적이 대상물체에 주의를 기울이지 않도록 주의하여야 하며, 물체가 배경과 조화되어 물체의 윤곽이 드러나지 않도록 하는 일이 중요하다. 위장의 다른 기법 중 하나는 동일한 외형을 많이 만들어 식별할 수 있는 모든 단서를 제거하는 방법이다. 결론적으로 위장의 기본원리는 물체에 주의를 집중하는 것을 방해하는 것이고, 대상

물체의 지각을 방해하는 것이다. 지금까지 살펴본 감각/지각과정이 어떻게 전투상황에서의 위장 행동에 적용될 수 있는지 알아보자.

1. 주의 분산

마술사들이 엉뚱한 곳에 관객의 주의를 집중시키고 자신의 행동을 은폐하듯이 적의 주의를 다른 곳으로 집중시켜 시설물을 보호할 수 있다. 비행기, 유류 저장고, 미사일 기지 등은 일반적인 위장방법으로는 적의 주의를 방해하기 어려우므로 주변에 많은 동일한 모형들을 만들어 적의 주의를 분산 또는 혼동시켜야 한다.

2. 운동 지각과 위장

갑작스럽게 또는 빠르게 움직이는 물체일수록 강한 주의를 끌기 마련이다. 물체의 형상이 망막의 주변에 맺힐 때는 잘 식별되지 않으나, 그 물체가 움직이면 주의를 끌게 되고 눈이 자연히 그곳을 향한다. 동물들은 위험을 감지하면 자신의 몸을 움직이지 않아 적에게 식별될 수 있는 가능성을 낮추어 생존을 유지하기도 한다. 이러한 동물들은 놀라서 저절로 몸이 굳지만 그 결과는 적의 주의를 집중시키지 않게 되어 결국 생명을 보존할 수 있게 되는 것이다.

움직임은 정지와 대조를 이룰 때 더욱 뚜렷하게 나타난다. 흔들리

지 않는 나무 위에 앉은 사람이 손을 조금만 머리 쪽으로 올려도 식별
이 되나 강풍으로 흔들리고 있는 나무에서는 손을 아무리 움직여도
잘 식별되지 않는다. 망막에 맺힌 물체 형상의 운동속도 또한 중요한
의미를 갖는다. 가까운 데서는 조금만 움직여도 쉽게 식별이 되나 먼
곳에서는 많이 움직여도 잘 식별되지 않는다. 그것은 10배 멀리 떨어
진 물체는 같은 속도록 움직이는 가까운 물체보다 망막에서 10배 더
느리게 움직이기 때문이다.

3. 크기 지각과 위장

크기가 작은 물체가 큰 물체보다 식별이 어려운 것은 누구나 아는
사실이다. 서 있는 것보다는 앉아 있거나 엎드려 있는 것이 관측될 확

출처: 미국 드라마 〈밴드 오브 브라더스(Band of Brothers)〉.

률을 더 줄여준다. 전투상황 시 분대(10명)를 밀집대형으로 이동하면 분산된 경우보다 8배나 더 식별이 용이해진다. 지형을 고려하여 가능하다면 넓게 분산시켜 이동하는 것이 위장에 효과적이다.

4. 명도대비와 위장

출처: 비디오 게임 〈콜 오브 듀티(Call of Duty)〉.

명도대비는 물체를 두드러지게 눈에 띄게 만들어 주며 배경과 분리시켜 윤곽을 구성하는 역할을 한다. 산악 행군 시 하늘을 배경으로 산의 윤곽을 구성하는 공제선을 따라 이동하는 것을 피하라고 하는 것은 밝은 하늘과 어두운 물체가 명도대비를 이루기 때문이다. 반대로 경계작전 시에는 전방 산악지역의 공제선을 집중 관측하는 것도 같은 이유 때문이다.

5. 빛 에너지와 위장

같은 조명이라도 직물조직에 따라 물체의 밝기가 현저하게 달라진다. 항공기를 이용한 지상정찰 시 많은 소나무로 형성된 침엽수림은 다른 환경보다 더 관측이 용이하다. 그 이유는 침엽수에 의해 조성된 직물조직의 바탕이 매우 고와 많은 빛을 흡수할 수 있기 때문이다. 물은 대부분의 빛을 반사하기 때문에 은폐하기 어려운 대상 중 하나이다. 별빛만 있어도 강이나 연못은 밝게 빛나기 때문에 물의 흐름이나 물체의 움직임을 지각할 수 있다. 또한 달이 밝은 야간에 비행기를 이용한 지상 관측과 이동 시에도 물과 빛의 결합은 중요한 요인이 된다. 고정된 연못은 석탄가루를 사용해서 이러한 빛 에너지를 위장할 수 있으나 전투상황에서 석탄가루를 사용하는 것은 실질적으로 불가능하다.

어둠은 최선의 위장방법이 될 수 있다. 전투상황 시 가능하다면 야간에 이동하는 것이 적에게 식별될 가능성을 낮으며 주간에는 그늘을 이용하여 이동하는 것이 효과적이다. 주위 배경과 두드러지게 대조되는 경우를 제외하고 어두운 환경에 위치하는 것이 위장에 도움이 된다. 밝은 물체나 빛나는 물체는 그것 자체가 주의의 대상이 될 뿐만 아니라 그것으로부터 발사된 빛이 대상물체를 밝혀 주어 식별을 용이하게 만들어 준다.

전투상황에서의 다양한 위장술

　12일 03:00에는 최전방이 돌파되고 그로부터 3시간 후에는 미군 화력지원 부대들도 적의 야간기습으로 혼란에 빠져 전방부대들과 뒤섞여 철수하였다. 이들은 적의 포위망을 뚫고 대곡 부근까지 철수하였으나 횡성을 목전에 둔 이곳에서 적의 마지막 차단선을 돌파하지 못하고 적의 소화기와 박격포 사격을 받아 진퇴양난에 빠졌다.

　이 무렵 횡성 북쪽에는 미 제7사단 제38연대에 배속된 네덜란드 대대가 계천 남쪽에 방어진지를 점령하고 있었다. 대대는 미 제10군단의 홍천 포위작전의 작전기지가 될 횡성을 방어하고 공격부대의 후방을 엄호할 임무를 띠고 있었다. 하지만 지금은 철수하는 부대들의 철수를 엄호하는 상황으로 바뀌었다. 네덜란드 대대의 엄호로 철수부대들은 횡성교를 건널 수 있었다. 이날 낮 분산된 병력들이 계속하여 철수하였으나 어둠이 시작되면서 무질서한 철수로 대대는 이 병력이 우군인지 추격하는 중공군인지 식별이 불가능한 상황이 되었다. 이렇게 우군의 철수는 완료되었으나 야음을 이용, 한국군으로 위장하여 침투한 중공군에게 대대본부가 포위되었고 적의 집중사격을 받아 대대장이 전사하였다.

출처: 육군본부(2004a).

제 **2** 부

전투와 심리

들어가며……

아무리 잘 수립된 전쟁계획도 실제 전장에서는 무용지물이나 다름없다. 그 만큼 전장과 전투는 불확실의 영역이다. 또한 지휘관에서부터 말단 병사에 이르기까지 피로와 고통의 영역이고, 피아의 의지와 물리력이 충돌하는 마찰의 영역이다. 그러한 전투의 특성으로 전투에 참가한 전 인원들은 전투스트레스에 노출된다.

전투스트레스는 개인이 전투 또는 전투와 유사한 상황에 노출되었을 때 경험할 수 있는 부정적인 스트레스 반응과 관련되고, 그러한 스트레스는 전투원의 임무수행에 부정적인 영향을 미친다.

따라서 전투스트레스를 통제하는 것이 중요한데, 지휘관의 리더십 그리고 지휘관, 부대, 장비 등에 대한 부하들의 자신감 및 확신은 전투스트레스를 예방하는 데 큰 역할을 한다. 또한 개인별 심호흡과 근육이완 등의 기법, 적당한 식이섭취 및 평소 체력단련 등을 통해 전투스트레스는 어느 정도 예방할 수 있다.

전장에서 대부분의 장병은 심리적 어려움을 겪는다. 각종 무기와 신체를 이용하여 적을 살해하는 것으로부터 시작하여 부대의 승리를 위한 집단 사고 및 행동 등에서 많은 문제가 발생하기도 한다.

이 장에서는 전투의 특성과 전투스트레스에 대해 알아보고, 전투 임무 수행 간 부정적인 행동의 원인이 되는 전투스트레스를 어떻게 예방하고 관리해야 하는지 살펴볼 것이다. 또한 전장심리를 통해 전투임무를 수행함에 있어 제한되는 심리적 부분에 대해 알아볼 것이다.

지휘관은 위에 제시된 부분에 대해 고민하고 평시 노력을 통해서 각종 불확실성이 난무하는 전투상황에서 효과적으로 부대 및 장병들을 지휘할 수 있는 역량을 확보할 수 있을 것이다.

제 5 장
전투의 특성

1. 불확실의 영역

출처: 영화 〈플래툰(Platoon)〉.

전쟁 현상의 본질을 연구하고 그 현상을 구성하고 있는 요소들과 본질의 관계를 제시하는 『전쟁론(On war)』을 저술한 클라우제비츠(Clausewitz, 1989)는 전투에 대해 다음과 같이 설명한다. "전투는 불확실의 영역이다. 전투 중에 지휘관이 취하는 행동의 근거는 3/4 이상이 불확실의 안개 속에 잠겨져 있다. 진실을 찾기 위해서 날카로운 지성이 요구되는 영역이다."

대부분의 지휘관은 전장에 첫 발을 들여 놓는 순간부터 모든 현상과 사물이 어둠 속에 잠겨 있는 상황에 직면하여 당황하게 된다. 전투가 벌어지고 있는 지역의 지형, 기상 등 자연조건으로부터 적정(적의 위치, 병력 규모, 무기, 장비 등)에 이르기까지 완전무결한 정보에 의해 확실한 상황판단을 내릴 수 있는 전투상황은 매우 드물기 때문이다. 이러한 사실은 한 눈으로 전장을 바라볼 수 있었던 고대의 전장이나 전장의 개념이 확대된 현대에서나 전투형식의 변화가 있을 뿐 본질적인 성격에는 변함이 없다. 오늘날 아무리 발달된 정보체계를 갖추었더라도 불확실한 전투의 속성은 상존하기 때문이다(육군본부, 2004b).

아무리 잘 짜인 전쟁계획도 실제 전장 속에서는 무용지물이 될 수 있다. 불확실한 상황에서 처음 수립된 계획에 의해서만 행동하는 것만큼 내 부하를 위험에 빠트리는 것은 없다. 지휘관과 참모들은 작전 실시간 METT+TC*에 의해 현행작전을 평가하여 작전계획의 실현

---

* 전술적 고려소인 METT+TC에 의한 실시간 상황평가가 실제 전장에서는 무엇보다 중요하다. 지휘관 및 참모들은 M(Mission: 임무), E(Enemy: 적), T(Terrain: 지형 및 기상), T(Troops: 가용부대), T(Time available: 가용시간), C(Civil consideration: 민간 고려요소)를 고려하여 현행작전을 평가하고, 현 상황에 부합하는 구체적인 대응개념을

가능성을 검토해야 하고, 필요시 작전계획을 변경하여 임무를 수행
해야만 한다.

1) 정보

　군사교리 및 대부분의 군사서적은 신뢰할 수 있는 정보에 입각하
여 행동할 것을 이야기한다. 그러나 전투 시 어떤 지휘관이나 참모도
확실하게 판명된 적정에 근거를 두고 행동하기란 쉬운 일이 아니다.

　정보란 적과 적국에 관해 갖고 있는 모든 지식이며 아측의 사고와
행동의 기초가 된다. 이 기초의 본질, 즉 기초자료의 불확실성과 가변
성에 주목한다면 전쟁의 구조가 얼마나 위험하고 쉽게 무너질 수 있
는가에 대해 일정한 감각을 확보할 수 있을 것이다. 오직 확실한 정보
만 신뢰해야 하고 그 외의 것은 일단 의심하지 않을 수 없다는 격언이
모든 책 속에 수록되어 있다. 그러나 이것은 책이 주는 가련한 위안에
불과하며, 체계 및 요강의 저자가 보다 나은 체계와 요강을 작성하지
못하는 한계에 부딪쳐서 하는 변명에 불과하다(Clausewitz, 1989).

　인천상륙작전은 6·25 전쟁의 초기의 불리한 전세(낙동강 방어선까
지 밀려 국토의 전체를 내줄 수도 있는 상황)를 일거에 역전하기 위한 맥
아더 장군의 천재적인 전술관을 보여 준다. 미국의 정치인들 심지어
트루먼 대통령까지 반대하는 상황에서 최고 지휘관으로서의 소신으
로 작전을 실행시킨다. 무모하고 수많은 사상자가 발생할 수도 있었

　판단하여 타당성(적합성, 현실성, 효율성) 검토를 실시한다. 이후 다수의 대응방책을 수
　립하고, 각 방책을 분석 및 비교하는 과정을 거쳐 최선의 방책을 선정하게 된다.

던 인천상륙작전을 위해 맥아더 장군은 북한을 기만한다. 상륙작전 지역이 인천이 아닌 다른 장소(장산, 군산 등)라고 북한이 인식하도록 만드는데, 장산과 군산 일대에 실제 병력과 장비들을 이동시키고, 실제 화력을 이용하여 공격을 하기도 한다. 뿐만 아니라 무전 등을 통해 잘못된 정보를 계속 북한에게 유입시킨다. 그러한 부과적인 노력은 인천상륙작전의 성공과 6·25 전쟁의 전세를 전환시키는 데 크게 기여한다. 모든 작전과 전투에서 모든 국가와 군은 이러한 기만작전을 통해 전쟁과 전투의 목표를 달성한다.

이처럼 각종 기만과 허위가 가득한 전장상황에서 지휘관이 취할 수 있는 태도는 그의 경험과 지식을 토대로 가장 확률이 높은 가능성과 방책을 택하는 수밖에 없다.

정보의 결핍과 불확실성은 전투 초기에서부터 등장한다. 전투가 가장 격렬해지고 결정적인 순간(예비대 투입 등)이 되면 더욱 이를 다루기 힘들게 된다. 결정적인 작전의 목표를 더욱 효과적으로 달성하기 위해 적을 속이는 행동은 반드시 필요하기 때문이다. 대부분이 허위 또는 과장된 정보의 불확실한 상황 속에서 지휘관이 용기가 없고 소심하다면 아무것도 결정할 수 없게 된다.

2) 기상

기상이 작전에 미치는 영향은 지극히 크다. 그러나 과거 어떠한 명장이나 군사적 천재도 정확히 기상을 예측하거나 통제할 수는 없었다.

현대전에서 벌어진 역사상 가장 치열했던 3대 동계 전투는 제2차 세계 대전 당시 벌어진 모스크바 전투, 스탈린그라드 전투와 함께 6·25 전쟁 당시 장진호 전투가 꼽힌다. 장진호 전투는 또한 가장 성공적인 철수 사례로 꼽히는 전투임과 동시에 미국 해병대 창설 이후 가장 치열했던 전투 중 하나로 기록된다. 미국은 북한이 평양을 잃고 피신해 임시수도로 정한 강계를 공격하기 위해 장진호 방면으로 미 해병 제1사단 1만 2천여 명을 전진시켜 주둔시켰고, 미 육군이 그들을 지원하기로 계획되어 있었다. 이 임무를 맡은 것이 미군 제10군단이었고 전체 병력규모는 10만 명이 조금 넘는 수준이었다. 이때까지만 해도 중공군은 계속해서 미군에게 전쟁에 참여하겠다고 경고를 하고 있었으나 미군은 그 경고를 무시하고 있었고, 급기야 장진호 전투에서 미 해병 1사단은 중공군의 포위망에 재대로 걸려들었다. 더구나 중공군 6개 사단이 포위하는 절체절명의 순간이었고, 11월부터 몰아친 혹한은 미 해병대에게 지옥을 선사했다. 러시아 혹한이 무색한 영하 40도의 강추위는 이제껏 미 해병대가 경험해 보지 못한 추위였다. 대부분의 개인화기가 작동불능에 빠졌고, 기관총과 차량, 전차는 2시간에 한 번씩 작동해 주지 않으면 얼어붙어 사용이 불가능했다. 박격포 포판은 꽁꽁 얼어붙은 지면과 부딪혀 박살나기 일쑤였고, 심지어 수류탄마저 불발이 속출했다. 병사들의 고통은 이보다 더욱 극심하였다. 제대로 된 식사는 꿈도 못 꿨고, 용변을 보는 일은 고역에 가까웠다. 수혈용 혈액과 몰핀이 얼어붙어 의무병은 겨드랑이에는 수혈팩을 끼고 입에는 몰핀을 물고 다녔다. 이러한 역경을 딛고 미 해병은 중공군의 집요한 공격을 버티어 내며 철수를 완료하였다. 역사상 가장 훌륭했던 철수작전으로 기록되었지만 4천 명의 사상자가 발생한 전투였다. 전투로 인한 인명의 손실보다 동상과 동사로 인한 사상자가 더욱 많았던 전투였다. 중공군은 참전하지 않을 것이고, 6·25 전쟁은 크리스마스 이전에 끝낼 수 있다는 자만감에 미군은 동계작전 준비를 하지 못했고, 그로 인해 미 해병 1사단은 극심한 고통 속에서 임무를 수행해야만 했다.

장진호 전투와 마찬가지로 과거의 수많은 전사(나폴레옹의 러시아 원정, 모스크바 공방전, 발지전투, 인천상륙작전, 사막의 폭풍작전 등)에서 기상의 영향이 기록되어 있다. 과거와는 달리 비록 근대전에서의 기상판단은 점차 확실해져 가고 있으나 불확실 속에서 지휘관이 결심을 해야 하는 요소인 점에는 여전히 변함이 없다.

3) 지형

불확실한 요소 중 지휘관의 노력으로 비교적 확실한 성과를 거둘 수 있는 것이 지형이다. 때문에 지휘관은 지도를 항상 가까이 하고 지도를 통해 깊은 연구를 해야 한다. 그러나 지리도 불변의 요소가 아니다. 직접 발로 밟아보지 못하고 지도로만 연구한 지형을 온전히 신뢰할 수는 없다. 모든 국가의 지형은 새로운 도로가 생기고, 언덕을 없애고 공장이 서는 등 계속해서 변화하고 있다. 또한 적의 정확한 지도를 입수하기란 쉬운 일이 아니다. 적의 기만작전으로 잘못된 지도에 의한 전투임무 수행은 부여된 목표 달성을 실패하게 만들 뿐만 아니라 수많은 인명과 장비의 피해를 유발하는 결정적인 원인이 될 수 있다. 인천상륙작전 시 적의 기뢰가 매설되어 있는 해도를 확보하기 위해 적진에 침입하여 목숨을 건 임무(X-ray 작전)를 수행한 이들의 노력이 없었다면 6·25 전쟁의 전세를 역전시키는 데 결정적으로 기여한 인천상륙작전의 성공도 없었을 것이다.

4) 아군의 상황

적정, 기상, 지형 등 모두 불확실한 안개 속에서 결심하고 지휘해야 하는 지휘관도 우군의 상황 특히 자기 부대의 상황만은 언제나 명확히 파악하여 장악한 가운데 전투 지휘가 가능해야 한다. 지휘관들 대부분 그렇게 믿고 있지만 실제는 그렇지 못한 경우가 많다.

예하 부대로부터의 보고는 여러 가지 이유로 자주 과장되고 때로는 허위일 경우가 있어 실제 작전임무 수행과정에서 지휘관과 참모들의 건전한 판단에 부정적인 영향을 미친다. 그나마 통신이 두절되어 연결이 끊어지는 경우, 지휘관은 우군의 상황마저 명확히 모르는 채 중요한 결심을 내려야 할 경우가 비일비재하다. 가용한 부대 및 병력, 장비와 수준(전투력 등)을 정확히 인지한 상태에서만이 건전한 작전계획이 수립될 수 있고, 효과적인 전투임무 수행이 가능할 것이다.

전투 중 지휘관의 중대한 결심이 때로 아주 불확실한 근거에 의존하는 경우가 있다고 해서 전장에서의 승리가 순전히 행운에 걸린 문제라고 생각한다면 큰 오산이다. 불확실한 전투의 영역 속에서 행운이 승리를 가져다 준다고 말할 경우 그 말의 진의는 대 몰트케(Helmuth Karl Bernhard von Moltke)가 말한 "행운은 결국 능숙한 지휘관에게 돌아간다.”는 의미이다. 그것은 끊임없는 전투에 대한 연구와 경험을 통해서 얻을 수 있는 행운인 것이다.

한때 나폴레옹(Napoleon Bonaparte)의 장수들이 그에게 어떻게 적의 의도를 그렇게 잘 아느냐고 질문하였을 때 그는 “나는 적이 범한 과오를 사전에 알지 못한다. 나는 단지 지도 위에서 연구할 뿐이다.”라고 답한 적이 있다. 그의 승리는 마술사의 자질 때문이 아니라 지도 위에서 온갖 가능성을 끊임없이 연구한 데서 연유한 것이었다. 그래서 그는 적이 적 자신에 대해 알고 있는 것보다 더 적의 능력과 한계를 잘 알 수 있었던 것이다. 나폴레옹은 오랜 연구 끝에 1800년 3월, 3개월 후에 일어날 마렝고(Marengo) 전역에서 오스트리아 군을 격파할 지점을 미리 정확히 예견할 수 있었다. 뿐만 아니라 1806년 10월 예나전투가 시작되기 직전 잘레강을 따라 전진하면서 “이곳에서의 작전은 내가 파리에서 두 달 전에 예측한 그대로 맞아 가고 있다.”고 말할 수 있을 정도였다.

전투의 불확실한 어두움 속에서 승리하는 길은 단순히 요행에 의한 것이 아니다. 클라우제비츠는 “보통의 지성도 때로 진실을 맞힐 때가 있다. 그리고 때때로 비범한 용기와 결단이 무딘 기지를 보충할 때가 있다. 그러나 대개의 경우보다 우수한 지성이 승리를 쟁취할 수 있는 것이다.”라고 말하여 불확실의 영역인 전장에서 무엇보다도 지휘관의 지성이 필요함을 역설하고 있다.

이와 같이 우연과 요행에 의해서 해결되는 것처럼 보이는 전투의 불확실성은 끊임없는 전장에 대한 연구와 경험을 통해서 극복된다는 사실을 간과해서는 안된다(육군본부, 2004b).

2. 육체적 피로와 고통의 영역

전장이 지휘관을 포함한 장병들에게 강요하는 육체적 피로와 고통은 그들이 갖고 있는 인간으로서의 한계를 넘어선다. 제대로 자고 먹는 것뿐만이 아니고 몸을 따뜻하게 하는 것, 시원하게 하는 것 등 평시 아무렇지 않게 할 수 있던 모든 것이 전시에는 제한된다. 이 피로와 고통이라는 전투의 영역 속에서는 아무리 강한 육체와 정신을 가진 자라도 시련으로서의 혹독한 육체적·정신적 고통을 피하기 힘들다. 하지만 전투에서의 승리는 각 개인 및 부대가 그러한 고통을 극복하고 의지와 용기로써 부여된 임무를 완수할 때 달성될 수 있는 것이다. 따라서 전투가 부과하는 이러한 시련의 요소를 극복할 수 있는 심신의 단련은 전장에 임하는 지휘관과 장병들이 군인으로서 갖추어야 할 필수 조건이 되는 것이다.

출처: 영화 〈에너미 앳 더 게이트(Enemy At The Gates)〉.

1) 육체적 피로와 고통

전장에서는 지휘관이나 병사를 막론하고 군인으로서 최고의 의무감과 명예심을 가진 극소수의 특수한 자들까지도 전투가 강요하는 피로와 고통에서 예외일 수는 없다. 전장에 들어서기까지의 길고도 험한 행군, 적과의 치열한 교전, 경계, 거기서부터 오는 수면 부족, 혹독한 더위와 추위, 보급의 불충분으로 생기는 식량과 물자의 결핍 등은 평시에는 예상할 수도 없고 감히 상상할 수도 없었던 고통을 안겨 주며 지휘관과 병사들의 강인했던 의지와 건강을 점차 쇠약하게 한다. 아무리 높은 사기와 전투력을 가졌던 부대도 전투가 오래 지속되면 부대원들의 정신적·육체적인 힘이 소멸되는 것이다. 이러한 현상은 전투에서 승리를 쟁취하는 부대나 패배를 당하는 부대나 마찬가지로 갖게 되는 현상이다.

그러한 피로와 고통은 극복할 수 없는 것은 아니다. 육체적·정신적 피로와 고통의 느낌은 훈련을 통해 숙달된 부대와 훈련이 안 된 부대가 서로 현격하게 다르다. 전쟁 중 훈련이 잘 안 된 신병들은 때때로 자기에게 부과되는 육체적 고통이 오로지 지휘관이 범한 실책에서 기인한 것이라고 생각하는 경향이 있다. 자신의 약함을 인지하지 못하고 외부귀인*(external attribution)하는 것이다. 그러나 평시 훈련에

---

* 귀인이란 어떤 사건이나 결과에 대해 개인이 지각한 원인을 찾기 위해 추론하는 과정이다. 귀인이론은 인간행동의 원인은 개인이 지니고 있는 특성이나 환경요인에 대해서 자신이 어떻게 인지하고 지각하느냐에 따라 달라지는데, 이러한 행동의 원인을 설명하고 예언하는 이론으로 개인적 성취와 관련된 결과, 원인적 신념, 그 이후에 뒤따르는 감정과 행동

의해 여러 난관을 극복한 경험이 있는 병사들에게 이러한 사고는 일어나지 않는다. 실전과 같은 교육훈련을 전 부대에서 강조하고 적용하는 이유이다. 전투 시의 어려움을 극복하는 정신력의 결여는 흔히 급하게 모집된 부대원들의 특징이며, 그것은 동시에 전장에서 패하는 주원인이 된다.

2) 피로와 고통 속의 지휘관

오랜 전투 속에서 지휘관이 부하들에게 피로의 기색을 보이지 않고 정신적·육체적인 건강을 보여 주기 위해서는 무엇보다도 평상시부터 단련된 육체와 정신의 강인성을 갖지 않으면 안 된다. 지휘관의 전투지휘는 안일하고 편한 환경에서 행해지는 것이 결코 아니며, 극도의 위험상황 속에서 피로와 고통을 받으면서 행해지는 것이다. 전장에서 지휘관의 안식처는 바람이 휘몰아치는 황야일 뿐이다.

성공적 전투지휘관들이 피로를 모르고 부하들과 같이 고통을 나눈 예는 무수히 많다. 남북전쟁 당시 남군의 리 장군은 대피호가 아닌 텐트를 이용하여 캠프 옆에서 부하와 함께 누워 수많은 밤을 보냈던 프레드릭 대왕의 지휘방식을 따랐다. 지휘관은 전투지휘를 함에 있어 나폴레옹 참모장이었던 베리트에 장군이 보여 주었던 "낮에는 줄곧 말 안장에, 밤새우며 책상 위에" 정력적으로 근무한 모습을 귀감으로

들 간의 관계를 중요시한다. 내부귀인은 행위자의 개인 특성에 원인을 돌리는 것이고, 외부귀인은 행위 당사자 이외의 상황석 조건에 원인을 놀리는 것을 뜻한다.

삼아야 한다. 자신은 따뜻하고 편안한 CP(지휘소)나 지휘통제실에 앉아 부하들의 정신적·육체적 상태를 인지하지 못하고 달성해야 할 임무만 부여하고 행동을 강요해서는 적과 싸워서 이기려는 강한 의지를 증가시킬 수 없다.

지휘관은 항상 새로운 위기에 대처할 수 있도록 자신을 선명한 정신적 상태에 두어야 한다. 임진왜란 당시 이순신 장군은 자신의 병사들이 잘 먹지도 잘 자지도 못하는 상황에서 잘 먹고 잘 잤다. 물론 지휘관이 부하들과 동거동락하여 그들의 실시간 상태를 확인하는 것도 중요하다. 하지만 매 순간 싸워야 하는 전술에 대해 고민하고, 그 전술에 맞게 병력 및 장비를 어떻게 운영해야 하는지 고민해야 하는 지휘관은 항상 깨어 있어야 한다. 배가 고파서도 안되고, 졸려서도 안되는 것이다. 부하들의 힘들어 하는 모습을 안타깝게 여기면서도 그렇게 할 수밖에는 없다. 프러시아의 그나이제나우(Gneisenau) 장군도 깊은 잠에서 깨어났을 순간에도 바로 맑은 정신을 유지하였고 감수성이 강하였다. 직위가 높은 지휘관일수록 상당한 지적 능력뿐 아니라 정신적·신체적 능력을 보유해야 한다. 지휘관은 오래 지속되는 피로를 극복하기 위해서 절제 있는 생활을 습관화하여 육체적 힘을 기르고, 계속되는 정신적 노동에 자신을 단련시켜야 한다. 이러한 개인적 수련은 평시에 꾸준히 쌓아 놓아야 하는 것이다.

3. 마찰의 영역

출처: 영화 〈고지전〉.

전장에서 지휘관은 미처 예기치 못했던 수많은 마찰을 겪게 된다. 마찰이란 아군의 일방적인 계획 추진을 방해하고 때로는 불가능하게 만드는 저항과 혼란이란 의미를 함께 내포한다. 극과 극으로 상반되는 목적과 의지를 가진 피아의 마찰, 인적 구성에 따르는 갈등, 기상의 돌변과 병마, 기아의 급습, 물자 및 탄약 등의 고갈, 지뢰와 같은 복병의 위험, 이 밖에도 자연환경에서 기인하는 마찰 등 이러한 제 요인들은 평시 교육훈련에서는 상상하기 힘든 강도와 심도로 전투에 작용된다. 모든 지휘관은 발생 가능한 마찰의 제 요소를 반드시 이해하여 평시 교육훈련에 최대한 반영하고 적용해야만 한다.

마찰은 실제 전쟁과 탁상 전쟁을 구분하는 유일한 개념이다. 군사 조직, 군 그리고 군에 속한 모든 것은 본질적으로 매우 단순하므로 다루기 쉬워 보인다. 그러나 그 가운데 어떤 부분도 단일체로 구성되어 있지 않고 모든 것이 전방위로 독특한 마찰력을 지닌 여러 개체로 복합적으로 구성되어 있다는 것을 염두에 두어야 한다. 예를 들어, 대대장은 주어진 명령의 이행에 대해 책임지는 인물로 자타가 공인하는 열정적인 인물이며, 대대는 군기를 바탕으로 굳게 결속되어 있기 때문에 마치 하나의 철축을 중심으로 대대가 마찰 없이 움직이는 것은 이론상 가능하다. 그러나 실제로는 그렇지 못하다. 관념상의 모든 과장과 허위는 전쟁에서 곧바로 드러난다. 대대는 수많은 인간들로 구성되어 있으므로 그중 가장 하찮은 구성원일지라도 우연한 기회에 대대기동을 정체시키거나 부정적인 영향을 줄 수 있다. 전쟁 자체가 가져오는 위험과 전쟁이 요구하는 육체적 노력은 앞에서 거론한 해악을 더욱 증대시키는 까닭에 이러한 위험과 육체적 노력은 해악의 중대한 원인들로 간주되어야만 한다(Clausewitz, 1989).

1) 지휘관의 경험과 전투

전투를 직접 경험하지 못한 자는 전장에 나타나는 갖가지 장애와 거기서 기인하는 혼란상태를 이해하기 어려울 것이다. 지휘관에게 전장에 대한 지식과 경험이 요구되는 이유가 바로 여기에 있다. 전장에서 요구되는 지식이 전투를 경험하지 못한 자에게는 일견 단순해 보일지 모르나 사실은 정반대이다. 전장에서는 미래 계획에 고려되지 않았던 난관이 축적되어 거대한 마찰을 형성하는 바, 이것은 실제 전투와 CPX와 같은 훈련을 구별케 하는 전투의 기본특성이다.

　그것은 우군의 일방적 게임이 아니고 정반대의 목적을 가진 적의 기도와 상호작용되어 마침내 맞부딪쳐 생사 승패를 가름하게 되는 것이며, 두 개의 칼날이 마주쳤을 때 강한 칼이 남고 약한 칼이 부러지는 것처럼 강한 부대, 강한 군대가 이기고 살아남는 생과 사를 결정짓는 영역인 것이다.

　이러한 마찰은 전장의 한 곳에 집중적으로 발생하는 것이 아니고 우연에 의해 언제 어디서 일어날지 모른다. 예측할 수 없는 결과를 초래하게 되는 이 마찰의 원인은 범위가 무한정하기 때문에 이론적으로 빠짐없이 다 설명하기 어렵고, 그것이 가능하다 하더라도 지휘관의 실제 경험에 미치지 못할 것이다.

　전투를 직접 경험하지 못한 민간 군사 연구가들이 전장의 이러한 마찰에 대해 간과하는 이유가 바로 이것이다. 실제 전투를 경험한 지휘관만이 마찰의 항존성과 필연성을 이해할 수 있으며, 바로 여기에 실전경험을 중시하는 이유가 있다. 엄밀하게 볼 때 평시 전술훈련에서는 이러한 갈등이 어느 정도 제멋대로 상상된 것이어서 실제 전투에서 빚어지는 마찰을 가상하는 데 그치게 된다. 특히 대규모 기동훈련은 실제 전투에서 나타나는 마찰의 심도를 감안할 때 더욱 중요하게 취급되어야 한다.

　실제 전투를 경험하는 것이 제일 좋은 방안이지만 여건상 제한되는 부분들이 많다. 부분적으로나마 간접경험이라도 해야만 한다. 끊임없는 독서를 통해 전사를 분석해야 하고, 그러한 분석의 결과를 창의성을 갖고 자신의 부대와 부하들에게 적용해 실존 전투력을 향상시킬 수 있는 실질적인 교육훈련을 계획하고 시행해야 한다. 군사교리가 제시하고 있는 것들은 이론적인 내용 위주여서 실제로 적용하기에는 한계가 있다. 실제 전투에 참전하여 임무를 완수한 분들의 저서와 인터뷰 내용을 확인하면 더욱 도움이 될 것이다. 서경석 장군의 『전투감각』 등의 책이 그러하다.

2) 마찰의 인간적 요인

아무리 의지가 강한 지휘관이나 능력이 완벽하다고 평가되는 조직, 그리고 최고의 군기마저도 군대를 구성하는 수많은 병력의 행동과 사고를 항상 완벽하게 통일시키고 통제할 수는 없다. 인간적 요인은 전투 시 지휘관의 본래 의도와 계획에 정도의 차이는 있으나 차질을 가져오게 마련이다. 지휘계통상의 각급 지휘관 간에 일어나는 심리적 갈등, 이견, 명령지시에 대한 오해나 수준이 미달되는 장병들의 욕구와 지휘관의 요망 간에 생기는 마찰과 갈등, 인접 지휘관 간의 불화 등 전장은 '인간이 가진 약점의 쇠사슬'로 얽매여 있으며, 쇠사슬의 가장 약한 부분이 그 부대의 강도를 결정한다고 볼 수 있다.

이순신 장군은 항상 부하들 앞에서 솔선수범한 영웅이었고, 분명 부하들로부터 큰 존경을 받았을 것이다. 하지만 이순신 장군은 탈영을 하고 군량곡을 훔쳐 먹는 등 군기를 어기는 부하들에게는 극단적으로 엄했다. 목을 쳐서 죽인 것이다. 모든 병사들이 졸립고, 배고프며, 수적으로 엄청난 우위에 있는 일본군에 대한 두려움으로 떨고 있을 때, 그러한 부하들의 잘못은 부대의 사기에 큰 영향을 미칠 수 있다. 그러한 상황을 미연에 방지하기 위해 이순신 장군은 자신이 아끼고 사랑하는 부하들을 극단적으로 처형할 수밖에 없었던 것이다. 처형 후 밤새 고민하고 슬퍼했던 인간적 모습을 『난중일기』에서 찾아볼 수 있다.

3) 마찰의 인간외적 요인

마찰은 어디서든지 우연과 만나면서 예측할 수 없는 현상을 초래한다. 왜냐하면 이 현상들은 대체로 우연에 속하는 것이기 때문이다. 이러한 우연의 예로 기상을 들 수 있다. 안개는 적을 적시에 발견하는 것, 포병이 적시에 사격하는 것, 상황 보고가 사령관에게 적시에 전달되는 것 등을 방해한다. 비가 내리면 대대는 3시간 내에 행군하여 도착할 수 있는 거리를 8시간 만에 도착하게 되고, 진흙밭에서 정체되기 때문에 기동장비가 효과적으로 운영되지 못한다.

병마는 때때로 전염병 형태로 나타나 병력을 소진시켜 커다란 마찰을 야기한다. 군대에서 평시나 전시에 장병들에게 위생을 강조하는 이유가 여기에 있다. 무서운 전염병이 혼란을 가져온 예는 전사에서 심심찮게 볼 수 있다. 각종 질병 또한 군대에서 항상 경계하지 않으면 안 되는 위험한 장애물이다. 평상시 하찮게 여겨지는 감기조차도 각 개인 및 부대의 임무수행에 커다란 장애로 작용할 수 있다.

전장에서 혼란을 극복하는 최상의 방법은 어떤 희생을 치르더라도 승리하겠다는 강력한 의지이다. 그러나 보급이 차단되거나 보급의 양이 부족한 상태가 오래 지속되면 가장 훌륭한 지휘관과 그의 작전계획마저 무용지물이 된다. 전장에서 완전한 보급상태를 바라는 것은 대개의 경우 어려운 일이지만 물자의 부족 내지 고갈의 장기화는 결정적인 마찰을 형성하여 많은 경우 패배로 이어진다. 전쟁에서 항상 적의 병참선 차단을 노리는 이유가 여기 있다. 물자의 부족이 결정적으로 다가온 승리를 외면케 한 사례는 무수히 많다.

전쟁이란 무풍의 진공상태에서 아무런 저항이나 방해 없이 일방적 계획대로 진행되는 것이 아니라 자기 부대 내의 요인과 자연조건 그리고 상반되는 적의 기도와 상호작용하는 가운데 이루어지는 것이기 때문에 대부분 최초 계획과는 거리가 먼 방향으로 치달아 예기치 않는 결과를 낳는 경우가 많다. 최초 계획에 연연하는 지휘관은 불확실하고 다양한 마찰이 존재하는 전투에서 결코 승리할 수 없다.

물론 발생 가능한 모든 사태를 사전에 감안하여 차질 없는 계획을 세우는 것이 가장 바람직하지만 너무나 많은 가변요인이 작용하는 것이 전쟁과 전투이니 예상할 수 없는 우연과 사고의 영역을 불가피한 실체로써 받아들여 이에 대응해야만 한다.

먼저 자기 부대 내에서 일어날 여러 가지 마찰을 감소시키기 위해서는 평소에 실 병력과 장비를 전시와 똑같이 투입하여 운영하는 대부대 훈련을 자주 실시하는 것이 효과적이다. 부대의 편제된 모든 장비와 병력을 동시에 기동시키는 것만으로 전시에 발생 가능한 우연들을 확인할 수 있다. 또한 평시에 상하 제대 지휘관이 상호 간의 배치와 협조, 명령의 신속한 전달, 지휘관 상호 간 및 상급 부대와의 원활한 통신 유지, 그리고 통일된 교리에 입각한 전술훈련의 반복 등이 크게 도움이 된다. 야전의 모든 부대가 CPX, CPMX, FTX로 이어지는 체계적인 전술훈련을 반복해서 시행하는 이유가 여기에 있다.

　자연조건과 적에 의해 야기되는 예기치 못한 마찰을 극복하기 위해 평소 적을 능가하는 고도의 훈련으로 필승의 신념과 강한 전투력을 길러 적보다 난관을 타개하는 힘이 더 강하도록 하는 방법이 효과적이다. 여기에서 무엇보다 중요한 요소는 지휘관의 강철같은 의지와 투지이다.

4. 머피의 법칙

　'머피의 법칙'은 일이 잘 풀리지 않고 오히려 꼬이기만 할 때 쓰는 용어이다. 1949년 미국의 에드워드 공군 기지에서 일하던 머피 대위가 처음 사용한 용어로, 어떤 실험에서 번번히 실패한 머피는 그 원인

출처: 영화 〈인천상륙작전〉.

을 사소한 곳에서 찾게 되었는데, '어떤 일을 하는 방법에는 여러 가지가 있고, 그중 하나가 문제를 일으킬 수 있다면 누군가는 꼭 그 방법을 사용한다.'는 말을 했다. 머피는 안 좋은 일을 미리 대비해야 한다는 뜻으로 한 말이었지만, 사람들은 다른 식으로 해석해서 사용하고 있다.

"잘못된 가능성이 있는 것은 잘못되기 마련이며, 그것도 최악의 순간에 그렇게 될 것이다." 공학자들이 좋아하는 문구로 머피의 법칙이라 부른다. 전쟁은 그 자체로 혼란스럽고 예측할 수 없는 성질이 있다. 전투와 전투준비에는 예기치 못한 문제들이 따른다. 이런 문제들은 무기의 특징, 전술, 교리, 성능별로 모든 차이점이 현실화될 때 분명히 드러난다. 일단 상호 파괴적인 전쟁이 착수되면 대부분의 상호작용이 확연히 드러난다. 그렇게 되면 정밀한 대책 수립이 가능해진다. 그것이 발생하기 전에는 대체로 중요한 요소들을 알 수 없는 것이 현실이다.

보병은 언제나 머피의 법칙의 빈번한 희생자였으며 예상한 바대로 그들의 집단적인 관찰이 점차 '전장의 머피의 법칙' 목록에 성문화되어 갔다(김병관, 2008).

당신은 슈퍼맨이 아니다(전투 시 부상을 당하거나 죽을 수도 있다).   전투 중 항시 죽거나 다칠 수 있다는 사실을 명심해야 한다. 전술적 행동을 강조하는 이유가 여기에 있는데, 전투임무 수행 간에는 방탄모를 반드시 착용해야 하고, 시간이 날 때마다 개인호를 보완해야 한다. 잠시의 안일한 태도가 자신과 부대의 운명을 결정짓는다.

표적이 되지 마라. 동료까지 위험하게 한다(함부로 사격하지 마라).   지시에 의하지 않은 무모한 행동은 자신뿐 아니라 주변 전우, 부대를 위태롭게 만들 수 있다. 자의에 의한 사격 및 돌발행동은 적에게 자신 및 부대의 위치를 알려 주는 결정적인 단서로 작용할 수 있다.

의심스러우면 탄창이 빌 때까지 사격하라(망설이면 먼저 공격받는다).   사격명령이 하달되면 적극적으로 사격하고 전투 행동을 해야 한다. 적을 발견 시에는 당황하지 말고 공격해야 한다. 적은 우리의 행동을 기다려 주지 않는다.

당신의 무기는 가장 싼 값으로 구입되었다는 것을 명심하라(막상 사격해야 할 때 고장이 날 수 있다).   첨단무기 역시 제대로 작동하지 않을 뿐만 아니라 제대로 작동하지 않는다는 사실조차 알려 주지 않는 사례는 무수히 많다. 기대한 만큼의 성능을 발휘한다고 신뢰할 수 있는 무기는 지난 전쟁에서 사용되었던 무기들밖에는 없다고 해도 과언이 아니다. 개량되었다 하더라도 무기는 믿을 수 없다.

설치 방향이 생각나지 않으면 크레모어는 당신에게 조준되어 있다(주의하지 않으면 아군에게 피해를 입히게 된다. 당신이 피해를 입을 수도 있다).   항상 운영하는 전투장비가 잘못 되어 있을 수 있다는 의심을 해야 한다. 한 명에 의해 잘못 설치된 크레모어에 의해 전 부대원이 몰살당할 수도 있다. 살상범위가 큰 전투장비를 운영하기 전에는 항상 2중 3중의 확인을 해야만 한다.

중요하지 않은 사람처럼 행동하라. 적은 총탄을 아낄 것이다(중요한 사람으로 생각되면 적은 당신에게 총탄을 쏟아 부을 것이다).   저격수들은 계급과 직책이 높은 전투원들을 표적으로 삼는다. 지휘관을 포함한 간부들은 자신의 계급장이 보이지 않도록 위장을 철저히 해야 하고, 각종 전투행동 간에도 은폐 · 엄폐를 생활화해야 한다.

당신이 견제부대로 경시한 적이 바로 주공부대이다.   지금 마주하고 있는 적이 주공부대일 수도 있다는 생각을 항상 해야 한다. 적의 작전계획을 아는 것은 불가능하다. 단순한 교리로 적을 판단해서는 안 된다.

쉬운 길에는 항상 지뢰가 있다(쉽다고 편하게 생각하면 큰 화를 당한다). 전투임무 수행이 원활하게 진행될 때는 이 또한 의심해야 한다. 적의 유인에 속아 넘어가 포위되어 전 부대원이 몰살될 수도 있다.

전투를 잘하는 부대가 꼭 전투검열을 통과해 온 것은 아니다(검열 결과가 나쁜 데도 전투를 잘하는 부대가 있다. 검열 기준이 항시 적합한 것은 아니다).   평시 각종 검열과 훈련에서 우수한 평가를 받았다고 해서 결코 자만하면 안 된다. 앞에서도 살펴보았지만 평시의 교육훈련은 실제 전장과 전투의 불확실성과 마찰을 완벽하게 반영할 수 없다. 전투 임무수행 간에도 자만심을 버리고 전투력을 실시간 향상시키기 위한 노력을 경주해야만 한다.

적이 당신 사정거리 안에 있다면 당신도 적 사정거리 안에 있다. 나와 우리 부대만 적을 보고 있는 것이 아니다. 적도 마찬가지로 우리를 보고 있다고 생각하고 항상 경계해야 한다.

우군 사격이라고 우호적인 것은 아니다(우군 사격에 맞기도 한다). 아군만이 임무를 수행하고 있는 지역에서도 전술적 행동은 반드시 지켜져야 한다. 적의 총보다 더욱 정확한 것이 아군의 총과 탄약이다.

예광탄은 두 가지 역할을 한다(적의 위치를 우군들에게 알려 주지만 동시에 사격하는 우군의 위치를 적에게 알려 주게 된다). 전투 장비를 사용하기 전에는 항상 주의해야 한다. 예광탄 같이 더욱 주의가 필요한 장비는 병사들에 의해 사용되기보다는 지휘관을 포함한 주요 간부들에 의해 사용되는 것이 더욱 안전할 것이다.

긴급히 무전을 보내야 할 때, 무전기가 고장 나 있을 것이다(당신이 무엇을 절실히 필요로 할 때, 그것이 고장 나 있는 경우가 많을 것이다). 통신장비는 매 시간 단위로 이상 유무를 확인해야 한다. 통신이 두절된다면 아군의 능력을 제대로 발휘하는 것이 불가능해진다.

전문가들의 행동은 예측 가능하지만 세상은 아마추어들로 가득 차 있다(예측하기가 어렵다. 전투 상황하에서는 더욱 그렇다). 지휘관이라고 하여, 장교라고 하여 전투상황에서 완벽한 전문가가 될 수 없다. 자신은 아마추어라는 생각으로 항상 겸손하게 조심하고, 배우려고 해야 한다. 예측 불가능한 우연의 연속인 전장에서 전문가라고 자신 있게 말할 수 있는 사람은 아무도 없다.

전차의 최고 천적은 다른 전차다. 그래서 전차는 항상 전차끼리 싸우느라 보병을 도울 시간이 없다(보전협동으로 공격을 해야 하는데 전차는 항상 다른 전차와 싸우느라 보병을 도울 겨를이 없다).   포병도 마찬가지고 근접 항공 지원도 마찬가지다. 계획수립에서부터 다른 자원들은 사용이 제한될 수 있다는 생각을 항상 해야 한다. 다른 부대 및 장비에 의존하게 되는 순간 자신의 병력 및 장비의 전투력을 온전히 발휘하기 힘들 것이다.

완전한 계획이란 것도 실제로는 완전하지 않다(그대로 믿다가는 당한다). 완전한 계획은 없다. 작전실시간 METT+TC에 의한 상황판단 및 새로운 방책을 수립하는 과정은 전쟁이 끝날 때까지 지속되는 지휘관 및 참모들의 과업이다. 모든 계획은 전투 개시 후 수 초 후에 휴지와 같아진다. 일단 전투가 개시되면 모든 것이 계획대로 되지 않는다.

적과 싸우지 않고 이길 수도 있으나 그것은 매우 어렵다. 적이 당신 생각대로 해 주지는 않을 것이다(항상 상대방이 존재한다).   적도 우리와 마찬가지로 의지와 힘을 가진 집단이다. 적의 능력을 과소평가하게 되는 순간 이미 적들은 아군의 진지로 들어와 있을 것이다.

각해 봅시다   노르망디 상륙작전과 기상

노르망디 상륙작전은 1944년 6월 4~6일 사이에 실시하기로 예정되어 있었다. 그러나 예정일이 다가옴에 따라 기후는 날로 악화되어 폭풍우가 영불해협과 북부 불란서에 휘몰아쳐 왔다. 4일 그리고 5일도 포기상태였다. 만일 6일까지 놓쳐 버린다면 적어도 19일까지는 기상조건도 맞지 않고 더 오랜 기간 연기가 불가피하였다.

아이젠하워 대장은 연방 파이프를 빨아 대며 홀로 사령관실 옆 마당을 돌아다니면서 머리 위의 짙은 음운을 바라보거나 고개를 깊이 숙이고 생각에 잠기곤 했다. 이윽고 6일 아침 일시적인 호천후를 기대할 수 있다는 뉴스가 들어왔다. 그러나 기상반은 그 후에 다시 악천후가 계속될 것이라고 보고했다.

아이젠하워 대장은 몽고메리 장군을 비롯한 각 지휘관에게 의견을 구했다. 그는 극도의 피로를 보이고 있었다. 그는 약 2분간 두 손을 깍지 끼고 눈을 감은 채 기도를 드리듯이 침묵한 후에 결정을 내렸다.

"제군, 나는 결정을 싫어한다. 그러나 이젠 결정을 내려야겠다. 그럼…… 가자. 제군."

그 후 기상의 변화와 그 영향이 어떠하였던가?

6월 19일이 되자 40년 만의 최악의 해일이 노르망디 해안을 엄습하여 해변을 초토화시켰다. 상륙단정은 해안으로 팽개쳐지고 부두는 파괴되었다. 침몰하는 선박은 제외하더라도 좌초된 선박이 8백 척에 이르렀으며 수송 중인 14만 톤의 보급품과 2만 대의 차량이 발이 묶였다. 또한 연합군의 공군도 활동이 일시적으로 마비되었다. 집단군 사령관 브래들리 장군은 "이 고약한 날씨가 나를 죽인다."고 비명을 질러댔다.

출처: 육군본부(2004b).

제 **6** 장
전투스트레스

1. 전투스트레스

출처: 영화 〈허트 로커(The Hurt Locker)〉.

미국의 정신의학자 가브리엘(Gabriel, 1986)은 "미군이 참전한 20세기의 모든 전쟁에서 적의 포화로 전사할 가능성보다 정신적 사상자[*]가 될 가능성, 즉 군 생활 및 전장에서의 스트레스로 상당한 기간 동안 심신의 쇠약을 겪을 가능성이 압도적으로 많았다."고 회고한다.

제2차 세계 대전 동안 80만 명 이상의 군인들이 정신적인 이유로 군복무에 부적합한 것으로 분류되는 등급을 받았다. 정신적으로나 정서적으로 적합하지 않은 자들을 전투에 투입하지 않으려는 이러한 노력에도 미군은 정신적 · 정서적 문제로 50개 사단에 맞먹는 50만 4천 명의 병사를 잃어야만 했다. 특정 시점에는 전장에 새로 투입되는 병사 수보다 정신적 사상자가 되어 후송되는 병사의 수가 더 많기도 했다.

1973년 중동 전쟁에서 이스라엘 군 사상자의 3분의 1 정도는 정신적 사상자들이었고, 똑같은 일이 상대편인 이집트 군에서도 벌어졌다. 1982년 레바논 침공 때 이스라엘 군에서 정신적 사상자 수는 전사자 수의 두 배에 달했다.

스왱크와 마천드(Swank & Marchand, 1946)의 제2차 세계 대전 연구에 따르면, 60일 동안 쉬지 않고 지속적으로 전투를 치를 경우 생존한 군인의 98퍼센트가 다양한 정신적 손상을 입는 것으로 나타났다. 또한 그들은 지속적인 전투를 견딜 수 있는 나머지 2퍼센트 군인들의 일반적 특성, 즉 '공격적인 사이코패스 성향'을 발견했다. 즉, 지속적인 전투는 대부분의 장병에게 심대한 심리적 손상을 입힌다는 것이

---

[*] 일반적으로 정신 쇠약 때문에 계속해서 전투를 수행할 수 없는 전투원을 말한다.

다. 특히 요즘의 전장은 장기간의 작전수행 능력을 요구하고 그러한 연구결과가 제시하는 현상이 발생할 가능성이 높다고 볼 수 있다.

　수년 동안 포위 작전이 펼쳐졌던 20세기 이전의 전쟁은 무기나 전술의 한계에 따른 것이긴 하지만 병사들에게 휴식 시간을 제공했다. 병사 개인이 위기에 처하는 시간이 몇 시간을 넘기는 경우는 드물었다. 전쟁과 관련한 문제로 정신적 사상자가 발생하는 일은 늘 있어 왔지만, 전쟁을 지속시키는 물리력과 병참 역량이 전쟁을 버티는 병사들의 심리적 수용 능력을 완전히 능가해 버린 것은 오직 20세기에 들어서면서부터 생긴 현상이다(Grossman & Christensen, 2008).

　다른 나라에서만, 역사 속의 전장에서만 발생하는 현상은 아니다. 1996년 9월 북한의 상어급 잠수함이 강릉시 부근에서 좌초된 후 잠수함에 탑승했던 인민무력부 정찰국 소속 특전부대원 26명이 강릉 일대로 침투한 '강릉지역 무장공비 침투사건' 당시 육·해·공 현역을 포함하여 예비군, 경찰병력 등 총 150만명에 이르는 인원이 동원되어 거대한 작전 임무를 수행했다. 북한군 26명에 대해 수많은 병력과 장비가 동원된 작전이었음에도 아군 중 군인 12명, 예비군 1명, 경찰 1명, 민간인 4명이 사망하였고, 부상자도 27명에 달했다. 실제로 작전에 참여한 군인들의 증언에 따르면 한 달이 넘는 작전 기간 동안 장병들이 경험한 심리적 스트레스는 상당했다. 아군을 적으로 오인하여 사격하는 경우도 있었고, 적군의 출현에 지레 겁을 먹고 허공에 대고 사격을 가하는 등 심리적 스트레스로 인해 피해를 입는 경우가 많았다. 실제 북한과의 전면전을 가정한다면 전쟁에 참여하는 전쟁 비율은 북한이 우리 군의 2배 병력을 보유하고 있기에 그러한 스트레스 및 그로 인한 피해는 상당할 것으로 예측할 수 있다.

전투스트레스 반응은 개인이 전투 또는 전투와 유사한 상황에 노출되었을 때 경험할 수 있는 부정적인 스트레스 반응과 관련되고, 유사한 개념으로 포탄충격, 전투피로증, 전투탈진 등이 있다.

전투스트레스 행동은 장병이 군 경험 전반에 걸쳐 노출될 수 있는 전투 및 작전스트레스의 모든 영역을 기술하는 데 사용되는 용어이다.

전투스트레스는 모든 군사적 임무를 수행하는 동안 존재한다. 전투 및 작전의 경험은 모든 장병에게 영향을 미치고, 장병의 경력과 상관없이 군복무 기간 내내 경험할 수 있는 모든 활동에 영향을 미친다.

전투 스트레스 요인은 군사임무를 수행하는 동안 가능한 모든 것으로부터 발생할 수 있고, 작전스트레스 요인은 다양한 전투 스트레스 요인 또는 적대적인 환경에서 계획되는 작전으로 인한 장기적인 노출과 관련된다. 그러한 요인들은 전투 및 작전스트레스를 일으키는 복합적인 효과를 가진다.

지난 100여 년간의 모든 전투에서 전투 및 작전스트레스로 인한 사상자들은 높은 비율을 차지해 왔다. 미군이 수행한 최근의 군사작전(사막의 폭풍작전, 이라크 자유작전, 안정화작전 등)에서 우리는 과거와 비교하여 전투의 유형이 다양화되고, 더욱 치명적임을 확인할 수 있다. 역사적으로 미국의 군사작전에서 전투 및 작전스트레스는 전투 상황의 심각성에 따라 다르기는 하지만 모든 전장에서 사상자의 많은 비율을 차지해 왔다.

〈표 6-1〉 전투스트레스 환자 발생 비율

구분	제2차 세계 대전	6 · 25 전쟁	4차 중동전쟁	레바논 전쟁	강릉 대침투 작전
비율(%)	33	25	30	23	5.5

출처: U.S. Department of the Army(2009).

　이라크 참전 장병을 대상으로 한 설문조사에서 전쟁경험이 많을수록 PTSD(Post Traumatic Stress Disorder, 외상 후 스트레스 장애)를 포함한 정신건강 문제에 더 쉽게 영향을 받는다는 것을 보여 주었다. 주둔지 밖에서 작전을 수행한 장병들의 1/3은 전투 및 작전스트레스 노출과 관련되어 심한 부정적 증상을 경험하였고, 이것은 부대의 임무수행능력에도 잠재적으로 영향을 미쳤다.

　최근의 연구는 장병들이 재전개 후에도 오랫동안 부정적인 전투 및 작전 후 스트레스 증상으로 인해 고통 받고 있음을 보여 주고, 집으로 돌아온 후에도 빠르게 원상태를 회복하지 못하고, 퇴역장병의 17% 이상이 전역 후 12개월이 지나서도 부정적인 전투 및 작전 후 스트레스로 인해 계속 고통 받고 있음을 보여 준다.

　전투스트레스를 유발시키는 요인은 다양하다. 개인에게 특이하게 작용하는 요인(성장배경, 전입신병, 질병, 복무부적응 등)에 의한 개인적

〈표 6-2〉 전장의 환경적 요인

• 불리한 기후, 지형여건	• 수면부족, 신체리듬 파괴
• 화생방전 위협	• 전투사이의 나태함
• 전장상황의 불확실성	• 정신적 피로/고립감
• 왜곡된 언론에 의한 사기저하	• 지도력의 상실
• 지속적인 작전과 잦은 교전	• 열악한 군수지원

출처: U.S. Department of the Army(2009).

요인과 모든 사람에게 공통적으로 작용하는 요인(명분없는 전쟁, 살해에 대한 두려움 등)에 의한 사회적 요인이 있고, 〈표 6-2〉에서와 같이 전장의 환경적 요인이 작용할 수 있다.

이러한 요인들에 의한 스트레스는 분명 전장에서 임무를 수행하는 데 부정적인 영향을 미치고, 각 개인 및 부대의 전투력을 약화시키는 결정적인 원인이 된다. 이러한 요인들을 분석하고 식별하여 실시간 조치하는 것이 반드시 필요하다.

2. 전투스트레스에 따른 행동

전투 및 작전스트레스는 모든 형태의 군사작전 동안 임무를 수행하는 군 장병에게 영향을 미친다. 또한 전투 및 작전스트레스에 따른 행동은 작전과 관련된 전 영역에서 다양한 반응으로 나타나며, 이것은 적응 반응에서부터 부적응 반응까지 다양한 형태로 나타난다.

출처: 영화 〈K-19 위도우메이커(K-19 The Widowmaker)〉.

1) 일반적인 스트레스 반응

(1) 피로

신체 및 정신이 피로한 상태에서 정상적인 반응은 제한된다. 평시 하루만 잠을 자지 않아도 우리는 정상적인 판단 및 행동이 제한된다는 경험을 간혹 한다. 수십일간 지속되는 전장에서는 제대로 먹고 자는 것이 제한될 것이다. 그러한 장기간의 전투임무 수행은 우리에게 평시와는 비교되지 않는 극심한 피로를 야기할 것이다. 이러한 피로로 인해 각종 우발상황 발생 시 행동의 반응시간이 저하될 것이고, 지휘관들이 무엇을 우선적으로 해야 하는지 우선순위를 정하는 데 있어 큰 장애가 될 것이다. 또한 우선순위가 높은 임무보다 사소한 문제에 과도하게 집중하거나 전투임무 수행보다는 개인적인 이익을 위해 잘못된 판단과 행동을 할 수도 있다. 피곤과 기진맥진으로 자발적으로 창의성을 발휘하여 우발상황에서 적절한 판단 및 조치가 제한될 것이고, 상관이 지시한 업무에 대해서만 임무를 수행하는 등 자발성이 감소될 경향이 높다. 마찬가지로 전장에서의 각종 상황에 집중하는 것이 제한되어 자신이 잘하는 익숙한 임무만 수행하려는 경향을 보일 수 있고, 이는 불확실성이 난무하는 전투상황에서 큰 장애요인으로 작용할 가능성이 크다.

이러한 피로상황에서 각 장병들의 자긍심, 수치심, 희망, 비애, 감사와 같은 감정은 더 이상 중요하게 느껴지지 않는다.

(2) 근육긴장

사격훈련을 상상해 보자. 표적에 명중시키기 위한 사격술 예비훈련에서 강조하는 것은 긴장을 이완시키는 것이다. 숨의 절반 정도를 내쉬고 편안한 상태에서 표적을 조준하여 자신도 모르게 방아쇠를 당길 때 명중할 확률이 높아진다. 몸과 마음의 긴장상황에서는 사격에 대한 결과가 항상 좋지 않았다. 훈련상황에서 그러한 긴장의 이완은 생각보다 쉽지 않다. 더욱이 언제 어디서 어떠한 일이 벌어질지 모르는 전장상황에서는 긴장은 증가할 수밖에 없고 종종 두통·통증·경련이 일어난다. 장시간의 근육 긴장으로 인한 이완능력의 감소는 에너지를 소모시키고 피로를 일으킨다. 근육은 혈액순환을 원활하게 하고 영양분을 재공급하기 위해 주기적으로 이완되어야 하는데, 목숨을 담보로 한 전투상황에서는 그러한 긴장 이완의 기회는 부여되지 않을 수도 있다. 그러한 긴장은 각 장병이 평시 교육훈련으로부터 학습하였던 전시 행동을 정상적으로 발휘하는 데 장애를 일으킨다.

(3) 떨림 및 진전

전투상황에서 장병 각 개인 대부분은 떨림 증상을 경험할 수 있다. 경미한 떨림의 경우 이 증상은 빠르게 나타났다가 사라지며, 큰 위험상황에 대한 정상적인 생리적 반응으로 고려된다. 만약 활동하는 중에 심각한 떨림 증상이 나타난다면 이 증상은 개인 및 부대를 무기력하게 할 수도 있다. 만약 떨림 증상을 유발하는 자극이 중지된 이후에도 계속되거나 유발하는 자극이 없는데도 떨림증상이 있다면 의무요원의 도움을 받아야 한다.

(4) 소화기 및 비뇨기계

매슥거림은 흔한 스트레스 증상이며 구토는 총격전, 포격 또는 위험의 예측과 같은 극단적인 경험의 결과로서 발생할 수 있다. 그러한 증상은 식욕저하로 이어질 수 있다. 식욕저하는 스트레스에 대한 반응으로 만약 급격히 체중이 감소하거나 개인이 근육과 두뇌가 필요로 하는 충분한 양의 음식을 섭취하지 않는다면 이는 심각한 문제가 된다.

급성복통이 전투상황에서 발생할 수 있다. 경미한 복통은 바로 사라질 수 있지만, 지속적이고 심각한 복통은 의학적인 건강문제를 의미한다. 빈뇨가 나타날 수도 있고, 특히 밤에 나타나는 경우가 많다. 이러한 빈뇨는 수면부족 등 또 다른 스트레스 반응을 유발한다.

(5) 순환기 및 호흡기계

빠른 맥박, 흉부 압박감 및 흉통은 불안 및 공포와 함께 흔하게 나타난다. 경미하여 바로 회복되는 장애가 아닌 심하게 불규칙한 맥박 및 압박감은 의료인에게 반드시 진료를 받아야 한다.

과호흡은 빠른 호흡수, 짧은 호흡, 어지러움 그리고 질식 등의 증상을 보이며 종종 손가락과 발가락의 저림과 경련을 동반한다. 과호흡 증상에 대한 처치는 코와 입을 덮을 수 있는 크기의 종이가방을 이용하여 호흡을 시키거나 복부 근육을 이용하여 천천히 호흡(복식호흡)하게 할 수 있다. 전신 근육 약화, 기력 감소, 신체 피로 그리고 극단적인 스트레스가 결합되어 실신과 어지러운 증상이 나타날 수 있다. 가능하다면 짧은 휴식을 취할 수 있도록 해 준다.

(6) 수면장애

가장 잔인한 고문 중 하나는 잠을 재우지 않는 것이다. 이는 신체적으로도 정신적으로 극심한 스트레스 증상을 유발하는데, 전투상황에서 제대로 잔다는 것은 매우 중요하다. 때때로 강렬한 전투를 경험한 장병은 잠을 잘 수 있는 상황이 마련되어도 잠을 잘 이룰 수 없으며, 잠을 이루더라도 자주 잠에서 깨거나 다시 잠드는 것에 큰 어려움을 갖는다. 무서운 꿈, 전투상황에 대한 꿈 그리고 악몽은 수면을 유지하는 것에 장애를 초래한다.

개인은 전투와 관련된 악몽을 꾸거나 친족 또는 그의 인생에서 중요한 사람이 전투 중에 죽는 꿈을 꿀 수도 있다. 몇몇 사례에서 장병은 그들이 깨어 있을 때조차 마치 그것이 재현되는 것처럼 스트레스 상황에 대한 기억을 플래시백으로 재경험할 수 있다. 플래시백은 보통 냄새, 소리, 광경에 의해 유발되며, 플래시백을 경험한 장병이 그것이 오직 기억임을 인식하고, 부적절하게 행동하거나 압도당하지 않는다면 위험하지 않다. 그러나 플래시백이 자주 발생하거나 스트레스를 유발한다면 상담자, 군종장교, 군의관 등에게 반드시 도움을

〈표 6-3〉 수면 부족의 영향

깨어 있는 시간	영향 분석
24시간 후	• 교육이 부족했거나 또는 새로 배운 업무, 단조롭거나 부지런하게 움직여야 하는 업무는 능률 저하
36시간 후	• 정보를 숙지 및 이해하는 능력 현저하게 저하
72시간 후	• 모든 업무수행 능률이 정상에 비해 50% 감소
3~4일	• 정신적 · 신체적 요소를 포함한 강도 높은 업무 불가능 • 특히 화생방 상황하에서 착시현상이 생길 수 있음

출처: 합동군사대학교(2015).

받아야 한다.

잠을 자는 동안 소음, 움직임 또는 다른 자극들에 의해 항상 반쯤 각성되어 있는 상태라면 그 수면은 편안한 수면이 아니다. 심한 코골이는 종종 수면의 질이 낮음을 알려 준다. 너무 피곤하면 쉽게 잠에서 깰 수도 있다. 수면에 더 편안한 자세를 취하고, 수면에 지장을 주는 자극요인들을 멀리하는 것이 수면에 도움이 된다. 개인이 과도한 수면 욕구를 보이는 것은 전투 스트레스의 증상을 보이는 것일 수 있고, 과도한 수면은 물질남용 또는 우울증의 증상이다. 수면 부족의 부정적 영향은 〈표 6-3〉과 같다. 수면 박탈은 정신적인 사상자가 되게 만드는 지름길이며, 1일 7시간 수면이 이상적이다.

(7) 시청각 장애와 부분적 마비

스트레스와 관련된 시력장애, 청력장애, 다른 감각기능의 저하 그리고 신체의 부분적인 마비는 실제적인 신체 손상은 아니지만 이러한 신체 증상은 그 대상자가 참을 수 없는 스트레스 상황을 회피할 수 있게 해 준다. 이러한 증상들은 동료, 부대 의무요원이나 군의관에게 이상이 없다는 인식과 격려를 받음으로써 빠르게 좋아질 수 있다. 하지만 만약 시청각 장애와 부분 마비 같은 증상이 지속적으로 존재한다면 의사는 그 장병이 신체적 손상이 아니라는 것을 확실히 하기 위해서 반드시 신체검진을 해야 한다. 예를 들어, 레이저의 위험성은 일시적이거나 또는 부분적인 시력장애를 일으킬 수 있으며 근거리에서의 폭발은 청력손상을 일으킬 수 있다. 이러한 사례는 실제적인 신체 손상과 관련되며 그들은 그러한 증상에서 회복되기를 희망한다. 대부분의 장병은 이러한 증상에 대해서 기꺼이 대화를 나누고 검사받는 것에 대해서 전혀 거려하지 않는데, 신체적 질병으로 가장한 꾀병 환자들은 증상에 대해서 대화 나누기를 꺼려하고, 그들의 장애에 대해서 과장하며 검사받는 것을 거절한다.

시력 문제는 흐릿한 시야, 복시, 초점이 잘 안 맞거나 완전한 시력 상실을 포함한다. 청력 문제는 직접적으로 듣거나 가까운 거리에서의 대화를 수행하는 것에 대한 장애와 완전한 청력상실 등의 증상을 포함한다. 마비 또는 감각의 저하는 보통 팔이나 다리에 나타나며, 따끔따끔 쑤시거나 큰 관절 부위의 경직 증상이 발생할 수 있다. 이러한 증상들이 빨리 회복되지 않는다면 이들에게 발생할 수 있는 신경학적 또는 척추의 손상 악화를 방지하기 위해 의료시설로 이동하여 반드시 의학적 평가를 받게 해야 한다.

(8) 과민성(과도한 각성) 및 성마름

과민성은 위험신호라고 판단되는 외부자극에 대해서 과도하게 반응하는 것으로 실제로는 자극이 안전하더라도 과잉하게 반응한다. 과민성을 가진 장병은 그가 처한 환경에 적절하지 않은 반응을 보이고, 매우 예민한 상태를 보이다. 과민성을 가진 장병은 쉽게 과잉행동을 보이고 그 결과로서 단순한 소음에도 총을 발사하거나 단순한 자극에도 명확한 판단 없이 적대적이거나 위협으로 잘못 이해하는 등의 행동을 보인다. 이는 해당 장병뿐만 아니라 부대에도 심대한 부정적 영향을 미칠 수 있다.

깜짝 놀라는 반응은 경미한 외부자극에도 예민함이 증가된 상태이다. 갑작스런 소음에 노출되면 껑충 뛰어오르거나 경련하는 것과 같이 스스로를 보호하기 위한 불수의적인 동작반응을 보이는데, 이때 소음이 반드시 큰 소음에 한정된 것은 아니다. 갑작스러운 소음, 움직임과 빛은 깜짝 놀라는 반응을 초래할 수 있다. 예를 들어, 동물의 갑작스런 움직임이 총기발사를 야기할 수 있고, 인접 전우의 행동에 예민하게 반응하여 아군을 향해 공격을 할 수도 있다. 이러한 사례는 전투 사례에서 심심찮게 살펴볼 수 있다.

경도의 성마름 반응은 화난 표정부터 신랄한 단어의 사용까지 범위가 다양하나 이것은 또한 더욱 공격적인 형태로 발전할 수 있다. 경도의 성마름은 일상적인 언급이나 사건에 대해서 날카롭고 과도한 언어적 반응을 보이거나, 모욕적인 언행을 포함한 분노, 상대적으로 경미한 좌절에도 울부짖는 등의 행동 등으로 표출된다. 중증의 성마름은 산발적이고 예측할 수 없는 공격적인 행동으로 나타나며, 이는 자극요인이 없을 때도 발생할 수 있다.

(9) 불안

죽음, 통증 그리고 신체적 손상에 대한 두려움은 불안을 유발한다. 전투에서 전우의 사망을 본 후에 장병은 자신감을 잃고 쉽게 상처받거나 무능력해짐을 느낀다. 전우의 죽음은 심각한 정서적 지지체계의 상실을 일으키며, 흔히 생존자는 죄책감을 느끼곤 한다. 생존자들은 곰곰이 생각에 잠기며 자신이 동료의 죽음을 막기 위해서 다르게 행동했어야 한다고 스스로를 비판한다. 생존자는 또한 자신이 살아남은 것에 대해 안도감을 느끼는 한편, 자신이 안도감을 느낀 것에 대해 죄책감을 느낀다. 부대 내에서의 지지적인 이해와 다 같이 사망한 동료를 애도하며 슬픔을 나눈다면 생존자의 죄책감을 감소시키는 데 도움이 될 것이며 그러한 후속조치는 반드시 필요해 보인다.

(10) 집중력 저하

압박감을 가진 사람은 집중력이 저하된다. 전투 중 각 장병들은 본인이 수행해야 하는 임무에 집중하는 것이 어렵다는 것을 안다. 또한 각 장병들은 지휘관의 명령을 따르는 것에 어려움을 느끼는데, 심할 경우 장병은 다른 사람이 말하는 것을 쉽게 이해하지 못한다. 또한 주변의 전우들을 돕고, 부대의 승리를 위해 자신을 희생하며 각종 불확실한 상황에서 익숙하지 않은 임무를 수행하는 것이 어렵다.

(11) 물질남용

영화 〈고지전〉에서 소대장은 자신의 심리적 스트레스를 극복하고, 효과적인 임무수행을 위해 마약을 사용한다. 전투상황에서 효과적인 리더십을 발휘하기도 하지만 부하들에게 불가능한 임무를 강요하는 경우도 많다. 스스로도 자제하지 못하는 물질의 남용은 자신뿐만 아니라 주변의 전우들을 사지로 몰아넣을 수 있는데, 영화에서의 장면은 극소수의 사실을 일반화한 것이고, 술이나 약물과 같은 물질을 남용하는 장병들을 대부분 임무수행 능력이 저하된다. 당연히 그들에게 부여된 전투임무를 수행함에 있어 큰 제한이 따른다.

(12) 기타

평상시보다 전우들과의 대화량이 급격히 줄고, 가벼운 대화나 농담에 적절한 반응을 보이지 못하며 이유없이 눈물을 흘리기도 한다. 전투상황이 소강된 상태에서조차 긴장을 풀거나 동료와의 교제를 즐길 수 없다.

우울한 상태의 장병은 신체적 움직임이 적고, 가면처럼 표정 변화가 거의 없다. 외모가 단정하지 못하고, 위생상태가 불량하며 군인다운 태도를 보이지 않는다.

파괴적인 스트레스를 가진 장병은 그들의 임무에서 정상적인 기능을 수행할 수 없다. 몇몇 사례에서 스트레스는 두부손상을 연상시키는 징후와 증상들을 만들어 낸다. 예를 들어, 멍하게 보이거나 목적없이 여기저기 돌아다닐 수 있는데, 이런 경우 매우 혼란스럽고 자제력을 상실한 것처럼 보이거나 완전 또는 부분적인 기억력 감소를 보일 수도 있다. 이러한 상태의 장병들은 감당할 수 없는 위험상황에 대한 도피의 시도로써 자신의 안전을 위태롭게 할 수도 있다. 공황상태에 빠지거나 혼란을 느낄 수 있고, 전투상황에서 쉽게 자신의 안전을 위험으로 몰아가며 죽게 될 수도 있다. 그들의 정신력은 점차 손상되어 사고력도 떨어지고 단순한 명령을 이행하는 것도 힘들어진다. 판단력이 손상되었기 때문에 그들은 포화 속에 있으면서도 본인의 행동에 의해 발생하는 결과를 이해할 수가 없다.

공황상태에 있는 장병들은 실제로 통제력을 상실했기 때문에 자기 자신으로부터 보호되어야 할 필요가 있다. 한 명 이상의 사람이 공황상태에 빠진 사람을 통제하기 위해서 전력을 다할 필요성이 있으며 또한 중요한 것은 도움을 주는 자신을 공격하려는 것과 같은 위협적인 행동에 대해서도 피할 수 있어야 한다. 공황상태에 빠진 사람은 다른 사람들의 안전에도 영향을 미친다. 만약 공황상태가 쉽게 진정되지 않는다면 공황은 다른 사람들에게 쉽게 전염될 수 있다.

2) 적응 스트레스 반응

전장상황이 불확실하고, 모든 장병이 본인의 생명을 담보로 각종 임무를 수행하여 스트레스가 유발된다고 하여도 부대가 지휘관에 의한 효과적인 리더십과 강한 전우애로 뭉쳐졌을 때 앞에서 살펴봤던 각종 스트레스 요인들은 부적응이 아닌 적응반응을 이끌어 내고, 이는 개개인과 부대의 임무수행 능력을 향상시킨다. 그러한 적응능력을

〈표 6-4〉 적응 스트레스 반응

구 분	반 응
수평적 유대감	• 소부대에서 전우들 간 발달되는 강한 신뢰, 충성, 응집력
수직적 유대감	• 지휘관과 부대원 사이에 발달되는 신뢰, 충성, 응집력
단결(집단정신)	• 역사와 전통이 있는 부대 내의 존재감과 소속감
부대응집력	• 위험상황에서도 부대원이 함께 임무를 수행하도록 하는 결속력 • 응집력은 장병들이 동료와 지휘관을 신뢰하며, 서로에게 믿고 의지할 수 있다는 결과 • 응집력은 부대와 소속부대원에 대한 유대감과 강한 책임감으로 획득됨 • 최상의 적응 스트레스 반응은 극단의 용기와 믿을 수 없을 정도로 강력한 행동을 이끌어 내며, 이는 궁극적으로 자기희생을 하는 영웅적 행위를 포함할 수 있음

출처: U.S. Department of the Army(2009).

향상시키는 것이 전투상황에서 부여된 임무를 효과적으로 수행하는 중요한 요인이 된다. 적응 스트레스 반응의 예는 〈표 6-4〉와 같다.

3) 부적응 스트레스 반응

부적응 스트레스 반응은 훈련이 덜 되거나 군기가 저하된 부대에서 쉽게 발생한다. 평시부터 강한 지휘관에 의해 고도로 훈련되고, 강한 응집력을 가진 부대와 장병이라 해도 극심한 전투 및 스트레스 상황에서는 부적응 스트레스 행동을 경험할 수 있다. 그러한 부적응 스트레스는 부대의 명령이나 규정에 대한 사소한 위반에서부터 군법과 전쟁법과 같은 심각한 위반행위까지 다양한 행동으로 표출된다.

단결력으로 강하게 결속되고 부대에 대한 자긍심이 높은 경우에도 큰 문제가 될 수 있는데, 그러한 부대의 장병들은 스스로를 특별한 권한을 가진 것으로 인식하게 되고 불법적인 행동을 하게 되기도 한다. 아무리 전투에서 큰 성과를 달성한 장병 및 부대라 하더라도 규정과 법의 위반은 정상적인 임무수행을 가로막는 가장 큰 장애가 된다.

부적응 스트레스 행동은 스트레스 통제수단과 건전한 리더십에 의해 예방될 수 있다. 그러나 한번 심각한 부적응 행동이 발생하게 되면 장병은 규율이 더 심하게 훼손되는 것을 예방하기 위해 반드시 처벌되어야 한다. 비록 영웅적으로 전투를 수행했다 하더라도 범죄행위는 정당화될 수 없으며 범죄를 저지른 자는 책임을 피할 수 없다.

부적응 스트레스 반응은 경도의 스트레스 반응과 고도의 스트레스 반응으로 나눌 수 있다.

〈표 6-5〉 경도의 스트레스 반응

신체적 반응	정서적 반응
• 전율, 쉽게 흥분함	• 불안, 우유부단
• 식은 땀, 구강건조, 불면증	• 자극 예민성, 불평불만
• 심장 두근거림, 어지러움	• 건망증, 집중력 감소, 악몽
• 메스꺼움, 구토 또는 설사	• 소음이나 움직임 또는 빛에 쉽게 놀람,
• 피로, 허공을 응시	눈물, 울음, 분노
• 생각하거나 말하기, 의사소통의 어려움	• 자신 및 부대에 대한 자신감 상실

출처: U.S. Department of the Army(2009).

경도의 스트레스 반응은 행동 변화로 나타나고 장병 스스로 또는 가까운 전우에 의해서 식별되는데, 장병 스스로의 자기보고 없이는 스트레스와 관련된 변화를 알아내기 어렵다. 지휘관과 군의관을 포함한 의무요원은 전투 및 작전스트레스 발생 초기에 그러한 사실을 인지하고 즉각적으로 적절한 도움을 제공하기 위하여 장병 각 개인과 그의 전우들로부터 획득한 정보에 항상 관심을 기울여야 한다. 지휘관 및 의무요원들이 살펴보아야 할 경도 스트레스 반응은 〈표 6-5〉와 같다.

고도의 스트레스 반응은 부대원이 본인의 임무를 수행할 때, 개인과 인접 전우들의 안전에 악영향을 미치고, 이는 반드시 식별되어 즉각적으로 조치가 되어야 할 사항이다. 경도의 스트레스 반응과 달리 지휘관 및 주변 전우들도 확인이 가능한 사항으로 전투임무 수행 간 즉각적인 보고체계 및 그에 따른 실시간 조치가 무엇보다 중요하다. 고도의 스트레스 반응은 〈표 6-6〉과 같다.

고도의 스트레스 반응을 호소하는 장병들은 즉각 임무에서 열외시키고 지휘관 및 의무요원들에 의해 즉각적으로 평가와 도움을 받아야 한다. 만약 적절한 도움이 적시에 제공되지 않으면 이 장병들은 전투

〈표 6-6〉 고도의 스트레스 반응

신체적 반응	정서적 반응
• 계속 주변을 돌아다님	• 빠르거나 부적절하게 말함
• 갑작스런 소리나 움직임에 몸을 주춤하거나 피함	• 논쟁적임, 무모한 행동
	• 위험에 대한 무관심
• 손 떨림, 경련	• 기억력 감소
• 분명한 신체적 이유가 없음에도 신체의 일부(손, 팔, 다리 등)를 사용하지 못함	• 심한 말더듬, 혼자 중얼거리거나 말을 못함
• 보고, 듣고, 느끼는 것에 대한 어려움	• 불면, 심한 악몽
• 신체적 탈진 및 쉽게 울음	• 환시 또는 환청
• 포화 속에서 전혀 움직이지 못함	• 냉담함, 히스테리성 분노, 미친 듯 날
• 공황, 포화 속에서 이리저리 뛰거나 위축됨	뛰거나 또는 낯선 행동

출처: U.S. Department of the Army(2009).

및 작전스트레스에 의한 사상자가 될 가능성이 높고, 부대의 임무수행에도 큰 악영향을 미친다.

3. 전투스트레스 예방

부대의 단결과 사기는 부대나 조직 내에서 성공적인 임무수행 및 임무수행에 있어서 다소 미흡한 모습을 보였다 하더라도 이후 전투력 복원에 가장 중요한 요소이다. 높은 단결력을 지닌 부대는 통상 낮은 비율의 전투스트레스 반응의 사상자를 보이는 경향이 있다. 높은 단결력과 사기는 장병과 조직의 긍정적 스트레스 반응을 향상시킨다. 어떠한 스트레스 완화 프로그램이라도 기저에는 다음의 대상에 대한 신뢰와 확신을 포함해야 한다.

출처: 영화 〈300〉.

1) 지휘관에 대한 확신

마셜(Marshall) 장군은 그의 저서에서 다음과 같이 표현했다. "제2차 세계 대전에 참전한 소총병의 약 85%가 총을 쏘지 않았다. 그러나 지휘관이 현장에서 사격 명령을 내린 경우 대부분의 군인이 사격을 했다(Grossman & Christensen, 2008)."

이순신 장군의 역사적 공로는 모든 국민이 다 아는 사실이다. 규정에 의해 부하들을 통솔했고, 항상 위험한 전투의 현장 맨 앞에서 솔선수범하며 장병 및 부대를 지휘했다. 13대 133이라는 말도 되지 않는 전력의 열세를 극복하고 승리를 이끌어 낸 그의 지휘는 지금도 많은 군인뿐만 아니라 전 국민의 지지를 받고 있는 부분이다.

지휘관은 반드시 휘하 장병의 확신과 충성, 신뢰를 얻기 위하여 효과적인 리더십을 보여 줘야 한다. 지휘관은 부대의 능력과 훈련 정도에 부합하는 임무를 수행하게 하는 것, 작전을 신중하고 사려 깊게 계획하는 것, 임무를 달성하기 위해 장병 및 부대를 준비시키는 것에 대해 항상 고민하고, 실천해야만 한다. 부대의 지휘관이 무엇을·어떻게·누가 할지와 임무수행의 기간이 얼마나 지속될지 가장 잘 알고 있다고 휘하 장병들이 확신하도록 지속적으로 훌륭한 리더십을 보여 주어야 한다.

지휘관 및 상급자는 군대 계급에 의해 자동적으로 주어지는 권위를 초월한 리더십을 보여 주어야 하는데, 자신보다 부하를 먼저 생각하고, 부하들을 살리기 위한 임무를 수행하는 고민이 항상 앞서야 한다. 그러한 지휘관에 대한 권위와 존중은 부대를 성공적으로 이끄는 지휘관의 능력에 대한 확신에서부터 나타난다.

부하들이 지휘관에 대해 확신을 갖고 신뢰하는 것도 중요하지만, 전투 스트레스를 예방하기 위한 지휘관의 노력 역시 중요하다. 지휘관이 할 수 있는 예방활동은 〈표 6-7〉과 같다.

〈표 6-7〉 지휘관의 예방활동

• 지휘관에 대한 신뢰감 및 전우애 형성 • 사기 및 복지 향상을 위한 다양한 인사활동 • 전투상황을 고려한 실전적인 교육훈련 *휴가, 종교 및 체육활동, 포상 등 • 스트레스 극복을 위한 체력단련 • 최상의 장비 및 보급품 지급, 급식 • 적시적인 정보제공 (수) 지원 • 적절한 수면시간 보장

출처: 최병순(2011).

2) 훈련에 대한 자신감

훈련은 장병들이 자신의 임무를 수행하기 위해 요구되는 능력을

〈표 6-8〉 전투스트레스 예방을 위한 훈련 원칙

① 훈련 중에 부대원을 절대 '죽이지' 마라! → 생존하는 훈련
② 낙오한 부대원을 훈련장에서 절대 내보내지 마라! → 반복훈련으로 극복
③ 부대원에게 모욕적인 말을 절대 하지 마라! → 칭찬을 통해 동기부여

출처: 합동군사대학교(2015).

개발하도록 도와준다. 전투를 포함한 임무수행을 위한 장병들의 자신감은 전투를 위해 그들이 가장 최선의 훈련을 받았다는 사실을 아는 것과 완벽히 준비되어 있다는 것을 인지하는 것에서 기인한다. 이런 자신감을 얻기 위해 성공적으로 임무를 달성할 수 있는 현실감 있는 훈련, 현대전에서 생존과 성공을 이끌 수 있는 훈련, 장병들의 임무수행 간 활력을 일으켜 주는 훈련을 실시해야만 하고, 장병 개개인의 역량을 향상시키기 위한 개인훈련과 부대의 전투력을 극대화하기 위한 집체훈련을 위해 평시부터 계획에 의한 체계적인 훈련을 실시해야 한다.

3) 부대에 대한 확신

부대의 각 장병들은 부대의 다른 구성원들의 능력에 대해 확신을 가질 필요가 있다. 개개인의 신뢰를 얻으려면 전 부대원이 반드시 함께 생활하며 훈련받아야 한다. 이는 간부라고 해서 열외가 될 수 없다. 부대에 부여된 임무를 부하들에게만 떠넘기며 자신의 안위를 찾고자 하는 리더 및 간부들은 부하들과 절대 동화될 수 없다.

절대적으로 필요한 경우가 아닌 이상 부대 및 임무수행 팀은 결코 해산되거나 구성원이 섞여서는 안 된다. 같은 상급 부대 휘하의 하급

부대들은 반드시 같은 관리운용 규정과 훈련, 규칙을 적용하여 만일의 경우 사상자가 발생하여 다른 팀과 임무를 수행하거나 새로운 팀으로 재조직될 때 신속하게 적응할 수 있도록 해야 한다. 역사적으로 대부분의 장병은 부대 구성원과 형성한 유대감, 정체성과 같은 직접적인 관계를 통해 기본적으로 버티고 싸워 왔다. 장병은 자신의 안위보다 곁에 있는 전우를 위하여 싸우고, 이를 증명하는 수많은 전투사례가 존재한다. 전투상황과 같이 스트레스를 유발할 수 있는 환경에서 부대 단결력을 보장하고자 한다면 이러한 관계를 건강하고 지속성 있게 만들기 위하여 모든 노력을 기울여야 한다. 무엇보다 부대의 가장 높은 우선순위는 임무에 대한 완수이다.

4) 장비에 대한 확신

장비를 작동하고 유지하도록 배운 장병들은 장비사용에 대한 자신의 능력에 확신을 가져야 한다. 자신의 능력에 대한 믿음에 더해 장비에 대한 확신은 전투력에 대한 전반적인 확신을 증대시켜 준다.

현대의 장비들은 능력이 매우 우수하다. 장비는 거짓말을 하지 않는다는 속설을 많이 얘기하는데, 장비의 성능이 저조하거나 장비사용에 따른 안전사고의 원인은 장비에 있는 것이 아닌 해당 장비를 운용하는 장병들의 운용능력에 달려 있는 경우가 대부분이다. 전투임무를 효과적으로 달성하기 위해 장비를 운용하는 장병들은 평시 교육훈련을 통해 그 누구보다 해당 장비에 정통해야 하고, 그러한 능력이 전시행동으로 표출될 수 있도록 숙달해야 한다. 장비와 자신에 대한 확신이 있는 장병은 전투상황에서 그 누구보다 훌륭히 임무를 수행할 수 있다.

4. 개인별 예방대책

출처: 영화 〈13시간(13 Hours)〉.

　스트레스는 신체를 한계상황까지 밀어붙이고 극도의 긴장을 유발한다. 전장에서 임무를 완수하기 위해 각 장병들이 스트레스에 대처하는 것은 필수적인데, 스트레스 대처기술은 부대 훈련활동의 일환으로 이를 숙달하기 위해서 지휘관의 지원이 우선되어야 한다. 일단 장병들이 부대 단위로 스트레스 대처기술을 교육받으면 일일 부대 작전상황으로 반영되어야 하고, 스트레스 수준을 고려한 작전이 진행되어야 한다. 높은 스트레스 상황이라고 해도 일단 부대의 일상적인 작전 템포가 형성되어 있다면 보다 쉽고 빠르게 이완할 수 있다. 장병들은 자연스럽게 전투 및 작전스트레스와 그로 인해 파생된 위장의 울렁거림, 심박수, 혈압 등을 스스로 조절할 수 있어야 한다. 스트레스 대처 연습은 심호흡, 근육이완, 인지훈련 등이 포함된다. 심호흡은 간단하게 배우고 수행할 수 있는 방법이며 다른 방법은 더 긴 시간 동안의 교육과 연습시간을 요한다.

1) 심호흡 기법

명상기법에서는 심호흡을 강조한다. 심호흡이 심신을 이완시키고 정신안정에 효과가 있다는 것은 다 아는 사실이다.

심호흡(흉부와 복부를 올라가게 하는)은 깊은 숨을 들이쉬고 2~5초간 유지하는 것, 그리고 호흡한 공기를 입으로 느리게 끝까지 내쉬는 것으로 구성된다. 심호흡은 마음을 비우기 위한 방법으로 5회 실시하거나 수면을 증진시키기 위해 지속적으로 실시할 수 있다. 상부 흉부가 아닌 배로 공기를 움직이게 하는 복식 혹은 복막호흡은 스트레스 조절에 특히 효과적이며 연습 정도에 따라 집중을 요하는 임무와 동시에 행할 수 있다.

전투임무 수행 중, 그리고 임무 수행 후 휴식기간에 이러한 심호흡 기법은 극심한 스트레스를 극복하는 데 다소의 도움을 줄 수 있다.

2) 근육이완 기법

극심한 스트레스 상황에서 신체의 특정한 근육의 경직은 부여된 임무를 효과적으로 수행하는 데 장애가 된다. 그러한 경직을 예방하기 위한 근육이완은 보통 다양한 근육뭉치에 집중하고 전신을 이완시키기 위해 사지를 긴장 및 이완하는 것으로 이루어진다. 행동 중 사용 가능한 신속한 이완법은 모든 근육을 동시에 긴장시키고 15초 이상 긴장을 유지한 뒤 이완시켜 긴장을 떨쳐 버리는 것이다. 완전 이완법은 각각의 신체부위가 긴장 및 이완 뒤 따스하게 느껴지는 것을 의미하며 발끝으로부터 위로 신체 부분을 하나씩 긴장시키고 그 뒤 이완시킴으로써 이루어진다. 이러한 근육이완 기법은 스트레스로 인해 파생된 신체의 긴장을 해소하는 데 도움이 된다.

3) 인지 기법

인지 기법은 자기-암시(긍정적인 혼잣말), 상상(깊은 이완을 취할 수 있는 환경 안에 놓인 상황을 상상), 리허설(스트레스를 받거나 압력상황하에서 핵심작업을 완벽하게 실시하는 것을 상상), 명상(호흡에 집중하거나 한 단어 및 어구를 반복함으로써 잡다한 생각을 지우는 것)으로 이루어진다. 이 기법은 스트레스를 유발하는 환경의 효과를 감소시키고, 정신 집중을 일으키며 스트레스와 거리를 두는 법을 알게 해 주는 긍정적인 정신적 이미지를 구축하는 것을 수반한다. 지휘관이 중심이 되어 각 장병들은 이런 스트레스 관리 기법을 연습하고 전투나 다른 스트레스 상황에서 어떻게 사용할 것인지 의논하고 실천하는 것을 습관으로 해야 한다.

지속적인 작전에서 모든 장병, 팀, 부대는 효과적으로 수행능력을 보존하는 법을 배워야 하는데, 이 사항은 특히 지휘관에게 요구된다. 수행능력 보존방법을 배우는 것이 중요한 반면 그것이 실전효과를 반드시 보장하는 것이 아니다. 수행력을 보존하는 능력을 획득한다는 것은 높은 수준의 전투기교와 특별기술을 숙달하는 것보다 더 중요할 수 있다. 이는 장기간의 작전에서 악조건을 인식하고 대처하며, 그로 인한 영향력을 극복하는 방법을 학습한다는 것이다. 또한 수행능력이 저하되는 속도를 낮추는 방법을 배우는 것을 의미하기도 한다. 지휘관을 포함한 부대원은 반드시 수행능력을 유지하기 위한 계획과 훈련을 준비하고 실시해야 한다. 좋지 않은 환경과 여건은 점진적으로 장병의 임무수행 효과를 감소시킨다. 다행히도 수행능력이 저하되는 속도를 낮추기 위한 장기적인 개선책이 있다. 전투에 임하기 전 반드시 숙지해야 하는 이 방법은 안전, 음식섭취, 전투하중, 신체건강을 포함한다.

4) 안전

안전이란 무거운 물체를 들어 올리는 적절한 기술과 경계 및 신중함을 유지하는 것 등을 포함하며 피로에 의해 영향을 받는다. 휴식을 취한 장병보다 과로한 장병이 부상에 더욱 취약하다. 72시간 동안 지속적인 전투를 수행한 후에는 일에 요령을 피우거나 자신에게 부여된 임무를 회피하는 경향이 매우 커지며 이에 따라 사고율이 50% 이상 증가한다. 피로한 장병은 장비나 기타 군사체계 운영에 있어 위험성이 있고, 특히나 무기체계를 다룰 때는 더욱 위험하다. 무기체계에 탑

승한 승무원이 피곤한 상태(또한 경험이 부족한 상태)일 때는 치명적인 사고가 발생할 수 있고, 임무수행에 큰 제한사항을 초래한다. 장병을 보호하는 방법에는 안전에 대한 운용규정을 개발하고 준수하는 것이 포함되며, 작전을 전개하는 동안 지휘관 중심의 관리감독을 확대해야만 한다. 각 장병들에게 부여된 임무를 효과적으로 수행하기 위한 안전관리 체크리스트를 제작하여 활용한다면 사고를 예방하는 데 큰 효과가 있고, 이는 야전에서도 심심찮게 활용하고 있는 기법이다.

5) 식이섭취

만일 지나치게 바쁘고 스트레스를 받으며 장기간의 작전간 보급되는 식량을 먹는 것이 질린다면 장병의 열량섭취는 줄어들 것이다. 이는 신체적이나 정신적으로도 피로를 느끼게 하며 수행능력을 저하시키는 원인이 된다. 예를 들어, 비행 피로가 존재한 것으로 판명된 항공사고에서는 사고발생 이전에 조종사들이 불규칙하게 음식을 섭취하거나 한 번 이상 끼니를 건너뛰었다는 사전 징후들이 있다.

전투 및 작전스트레스 조절에서 영양은 핵심요소이다. 영양부족은 스트레스와 연관된 문제에 매우 취약하게 하고 임무수행 능력을 전반적으로 저하시킨다. 영양섭취를 유지하는 능력은 스트레스 대처능력과 임무생산성을 향상시킬 뿐 아니라 사기를 증진하고 긍정적인 강화의 근간이 된다. 한 예로 의미 있는 성과를 거두거나 휴일 행사 간 전투식량이나 특수식량 대신 조리된 식사를 제공하는 것은 큰 도움이 된다. 충분한 영양섭취는 매우 중요한데, 야전에서 끼니를 거르지 않고 세끼 식사를 하면 일반적으로 신체가 요구하는 염분량을 충족하게 된다. 전투식량은 일일 권장 미네랄과 전해질을 공급해 준다. 의학적으로 필요한 경우가 아니라면 식사 때 염분을 추가섭취하지는 말아야 한다.

부적절한 식단은 업무수행 능력과 질병에 대한 저항력을 저하시키며 병과 부상으로부터 회복을 더디게 만든다. 전투식량은 전투 임무수행 기간 거의 유일한 영양 섭취원으로 사용될 수 있는데, 21일이 지난 후에는 장병들이 절차에 따라 더욱 나은 식단을 제공받거나 대체식량을 제공받아야 한다. 지휘관은 장병들이 적절한 음식과 음료를 섭취하도록 조치해야만 한다. 지휘관은 전투근무지원이 제대로 되지 않은 상태에서 무리한 임무수행은 결국 임무의 실패로 귀결된다는 사실을 명심해야만 한다.

야전에서 활동을 하는 데 따른 자극, 스트레스, 신속한 전개는 장병들이 음료를 섭취하는 것을 잊어버리게 할 수 있고, 장병들이 초기 작전임무를 수행하는 데 수분이 부족한 상태로 임할 수 있다. 특히 작전초기 특정 거점을 공격하거나 빠른 전개를 요구할 때 탈수증이 유발될 수 있다.

전투식량에는 수분이 부족하기 때문에 탈수증 악화를 초래한다. 뿐만 아니라 탈수증을 겪는 장병은 식욕을 잃고, 식사량까지 줄어들게 된다. 이는 탈수증과 함께 복합적으로 전투임무 수행능력을 저하시킨다. 지휘관은 장병들이 충분하게 수분을 섭취한 상태에서 전투에 나가도록 음료섭취의 중요성을 재차 강조해야 하고, 덥거나 추운 기후에서 장병들이 수분을 섭취하게 하고 수분섭취량을 실시간 확인해야 한다. 만일 목이 마를 때만 물을 섭취하는 인원이 있다면 그들은 쉽게 탈수증을 겪을 수 있다. 장병 각 개인들이 전투 임무 시 한 개가 아닌 두세 개의 수통을 지참하여 임무수행을 하도록 하는 것도 필요할 것이다.

6) 전투하중

전투에서 장병들이 들고 다녀야 하는 짐의 무게는 때로 최적의 권장수준을 초과한다. 보병의 경우 권장 무게의 두 배까지 전투하중이 부과될 수 있다. 단순한 신체단련으로는 이 정도의 초과량을 보상하긴 힘들다. 이때 장병들은 장기간의 전투에서 쉽게 피로해지고 피로회복을 위해서는 더 많은 시간이 소요된다. 늘어난 피로와 체력적 부담의 효과는 추가적인 스트레스 반응을 일으키고, 개인과 부대에 전투 및 작전 스트레스 반응의 비율을 증가시킨다. 장병들의 부담을 줄이기 위해서는 전투장구의 단계화 개념을 채택하는 것을 고려해야만 하는데, 이 개념에서는 각 개인의 장구를 '전투용'과 '훈련용' 두 부류로 나눌 수 있다. 부대가 목표물에 다가가면서 무게가 더 나가는 '훈련용'의 부하를 감소시키고 보다 가벼운 '전투용' 장구로 임무를 지속 수행하도록 조치해야만 한다.

7) 신체 조건

신체 건강은 전투 및 작전스트레스에 대한 저항력을 높여 준다. 좋은 신체 조건하에서는 육체적이고 심리적인 이점을 갖고 임무를 수행

하게 된다. 좋은 신체 조건을 갖게 되면 피로는 늦게 나타나고 자신감
을 지니며 질병과 부상으로부터의 회복시간이 단축된다. 신체 조건
이 향상된 상태에서는 자존감이 높아지고 고된 작업을 완수해 내는
개인적인 능력을 향상하게 된다. 좋은 신체 컨디션은 개인이 스트레
스로 인한 심리적 부담에 보다 용이하게 대응할 수 있게 해 준다. 엄
격한 신체에 대한 컨디션 조절은 장기간 지속되는 작전의 스트레스로
부터 장병을 보호해 준다. 폐활량 증대, 근력 강화, 유연성 강화를 위
한 규칙적인 신체 단련 프로그램은 전투 준비태세의 핵심요소다. 유
산소 운동은 임무수행 능력과 스트레스를 견디는 능력을 강화시켜 준
다. 지휘관은 평시 교육훈련부터 부하들의 신체능력을 증진시키기
위한 프로그램을 계획하여 실천하도록 해야만 한다.

8) 체력 단련

꾸준하게 주기적으로 행해진 체력 단련을 통해 육체적으로 고된
임무에서도 빠르게 회복하는 능력이 길러진다. 그러나 체력 단련이
일반적으로 필요한 수면량을 유의미하게 줄여서 잔다거나 수면부족
에 따른 인지기능상의 부정적인 결과를 보상해 준다는 근거는 없다.
부대 훈련에는 규칙적인 신체 컨디션 조절이 반드시 포함되어야 한
다. 이는 모든 스트레스 유발 요인에 대한 장병의 내성을 높여 준다.
체력 단련 프로그램은 부대의 전투임무와 부대가 운용되는 환경에 특
화되어야만 한다. 운동속도, 지속시간, 달리기 형태, 행군, 기타 활동
들은 부대에서 요구하는 바와 일치해야 한다. 지원부대에 비해 보병

부대는 더 고되고 긴 행군을 실시해야 할 필요성이 있다. 신체활동은 건강상 이점에 더하여 단결심의 배양을 강조하는 집단 체육활동을 포함해야 할 필요가 있다. 김민종 등(2016)은 군대에서 이루어지는 축구 등의 집단 체육활동이 집단의 응집력과 긍정적인 상관이 있음을 밝혀내었다. 이 연구는 일과 이후에 실시되는 여가활동에서 집단적 활동을 독려하여 시행한다면 부대가 전투임무 수행 간 단결력과 사기를 향상시키는 효과가 있음을 보여 준 것으로, 많은 시사점이 있다. 평시 및 전투 중에도 그러한 집단 체육활동은 임무수행의 효과를 증진한다. 이러한 프로그램은 유산소 운동을 통해 지구력을 강화할뿐만 아니라 육체적 부하훈련과 웨이트 트레이닝을 통해 근력을 기르고 집단 응집력을 포함한 부대의 단결력을 향상시킨다는 이점이 있다. 신체 컨디션이 향상되면, 장병은 스스로에 대해 더 좋게 느끼고 자신 및 부대에 대해 더 큰 신뢰를 느끼게 된다.

〈표 6-9〉 전투스트레스 치료

간결성	대부분 특별한 치료가 필요 없으며, 부대와 가까운 장소에서 초기 휴식 및 환기 　*1~3일
즉시성	조기 치료할수록 더 간단한 방법으로 회복 　*최대한 빠르게 조치
접촉 유지	항상 부대원과의 접촉 유지 　*자신이 전투요원이며 환자가 아님을 인지
기대성	곧 회복되어 정상임무에 복귀할 것이라는 긍정적인 기대 부여
근접성	부대와 가까운 곳에서 치료 시 복귀율 현저히 상승
단순성	단순하고 간결한 방법으로 치료 　*전투복, 무기를 휴대한 채로 가벼운 운동

출처: 합동군사대학교(2015).

각해 봅시다   **전장에서의 공포**

전쟁터에서 죽음과 부상에 대한 공포를 느끼지 않는 사람은 단 한 사람도 없다. 공격 때나 주간 행동 시는 잘 나타나지 않지만 방어 시 진지에서 적을 기다릴 때, 특히 적진 깊숙이 침투하여 매복작전 시 무서움은 누구나 느끼기 마련이다. 단지 공포와 무서움의 정도가 적어서 행동으로 나타나지 않을 뿐이다. 이러한 환상과 착각이 나타나는 원인은 죽음과 부상에 대한 불안과 두려움 때문이다.

전투에서 적을 많이 사살하고 나서 피비린내 나는 비참한 현장을 본 신병은 근무를 설 때 적의 주검이나 전우의 주검이 환상이 되어 나타난다. 드라큘라와 같은 귀신이 피를 흘리며 너울너울 날아오고, 짝사랑하던 아가씨가 흰 치마를 입은 해골 귀신이 되어 눈앞에 나타난다. 이때 옆에서 부스럭 소리나 산짐승이 움직이는 발자국 소리가 난다거나, 음산하고 으스스한 바람이 '휘익, 획~' 지나가면 근무를 서는 병사는 반쯤 돌아버린다. 그러한 상태가 지나치고 정도가 넘으면 소위 심리적 공황 단계까지 도달한다.

이때는 머리를 흔들어도 보고, 때려도 보고, 얼굴과 허벅지를 꼬집어 보아야 한다. 그래도 정신이 맑아지지 않을 때는 이미 전쟁공포증을 느끼는 상태로 들어선 것이다. 인접 전우의 가면한 모습이 죽은 시체로 보이고, 잘려 나간 나무등걸이 총을 들고 걸어오는 적으로 보이며, 음산한 바람소리가 귀신이 부르는 소리로 들리고, 동물의 발자국 소리는 적이 접근하거나 귀신이 다가오는 소리로 들린다. 마침내 정상적인 판단을 못하고 무서워서 부들부들 떨다가 환상과 착각에 빠지게 된다. 이것이 바로 전장 공포증세인 것이다.

출처: 서경석(2013).

제 **7** 장

전장심리

1. 전장과 공포

출처: 영화 〈진주만(Pearl Harbor)〉.

전장환경이 인간행동에 미치는 가장 일반적이고 중요한 영향은 공포의 유발이다. 공포는 사람이 자신의 안전에 위협을 느낄 때 나타나는 정서반응으로 복잡한 외적 환경에 적응하면서 생활을 해 나가야 하는 인간에게는 불가피한 정서반응이다. 위험이 밀어닥칠 때 피하는 행동이나 피하려고 하는 충동이 없다면 우리는 어떻게 될까? 높은 절벽 위에 또는 깊은 물가나 사나운 짐승 곁에 아무런 두려움 없이 접근할 수 있다면 사람은 아마 빈번하게 그런 위치에 서게 되고 언젠가는 한 번의 실수로 큰 피해를 입게 될 것이다. 그런 곳에서 정상적인 사람들은 공포를 느끼기 때문에 접근하기를 꺼리게 되고 이로 인해 위험으로부터 보호를 받게 되는 것이다.

깁슨(Gibson) 등에 의하면(1960), 사람의 공포반응은 선천적인 듯하다. 기어 다닐 정도(약 6개월 정도)의 신생아라고 하더라도 시각절벽(visual cliff)에 가져다 놓으면 절벽으로 보이는 곳을 피하여 안전한 곳으로 기어간다는 사실이 밝혀졌다.

그러나 후천적인 학습에 의해서도 공포반응은 얼마든지 형성된다. 고양이에 대해 아무런 공포반응을 보이지 않는 아이라고 하더라도 고양이의 출현과 동시에 강하게 급작스런 자극 "에비"하는 소리와 함께 옆구리를 찌른다든가 하는 등의 자극을 함께 제시하면 아이는 곧 고양이를 무서워하는 반응을 습득하게 된다.

반대로 공포반응은 조건형성 과정에 의해 없앨 수도 있다. 고양이와 거리가 멀지만 유사한 자극을 제시하고 보상을 해 주는 과정을 반복하면, 아이는 결국 고양이와 친근해져 고양이가 출현해도 더 이상 놀라지 않게 된다.

공포는 명백한 대상이 있다는 데서 불안과 구별된다. 공포에 떠는 사람은 그를 놀라게 만드는 자극이 있으며 그것을 제거하면 공포도 사라진다. 높은 데서 무서워 떠는 사람은 낮은 곳으로 내려 보내면 공포가 없어지며, 적을 보고 놀란 군인은 적이 없는 곳으로 보내면 공포를 느끼지 않는다. 공포는 또 모든 사람들에게서 나타날 수 있는 정상적인 반응으로 공포증(phobia)과도 차이가 있다. 공포증은 지속적이고 비합리적인 공포를 말한다. 고층건물의 옥상에 올라서면 어느 정도의 공포는 누구나 느끼지만 공포 때문에 심한 현기증을 일으킨다거나 옥상에 서 있을 수조차 없다면 그것은 비합리적인 것이다. 전투가 끝났는데도 공포에서 벗어나지 못한다면 이것 역시 공포증이다.

공포가 지나치면 무모하고 분별없는 행동이 나타난다. 안전하리라고 느끼는 곳으로 무조건 치닫거나, 무모하게 고개만 숨기려 한다거나, 심하면 그 자리에 얼어붙은 듯이 꼼짝 못하는 상태에 빠지기도 하는데 이러한 상태를 공황(panic)이라고 한다. 이 상태에 이르면 전투력은 발휘하기 어렵게 되며 이성적인 호소에 의해서 이를 통제하기가 어렵게 된다.

공포는 주관적 반응이고 또 수치스러운 것이어서 사람들은 이런 감정의 지배를 받아 실패했던 경험을 잘 얘기하려 하지 않는다. 때문에 전사에서 공포가 전투를 하는 병사들에게 어떻게 영향을 미쳤는가를 찾아보기가 어렵다. 단지 실전에 참가한 병사들의 꾸밈없는 얘기와 전사기록의 유추해석을 통하여 전투에서 공포의 중요성을 추측할 수 있을 뿐이다. 1950년 6월 27일 미아리 방어선에 배치되어 있던 병사들은 서울 시민들의 애절한 호소와 참모총장의 격려를 받으면서 진지고수를 다짐하였다. 그러나 그날 저녁 폭우 속에서 적 전차가 출현하자 산발적인 저항을 하였을 뿐 도로 좌우측에 배치되어 적 전차의 접근을 목격한 병사들은 겁에 질려 진지를 이탈하고 도주하였고 북괴군은 큰 저항 없이 서울 시내에 진입할 수 있었다. 이로 인해 군 수뇌부도 혼란에 빠져 한강교를 폭파시킴으로써 한강 이북의 국군은 조직적인 철수도 못한 채 병력을 분산시켜야 하는 혼란에 빠지게 되었다.

8일 후인 7월 5일 오산 북방에 최초로 투입된 미군 스미스 특수임무부대는 적 전차의 공격을 받고 11시간 만에 붕괴되었으며, 이때 포병대에서는 적 전차를 보고 병사들이 다투어 전투이탈을 하였기 때문에 장교들이 직접 탄약을 운반하고 부사관들을 소집하여 사격하는 사태가 전개되었다. 이런 것들은 모두 공포정서 때문에 일어난 일들이었다. 적과 맞서 물러서지 않고 용감히 싸울 수 있는 장병을 육성하는 것이 정신전력 강화의 기본목표라고 한다면 정신전력의 본질적인 문제는 병사들이 아무리 치열한 격전장에 서 있더라도 공포에 떨지 않고 맡은 임무를 침착하게 완수할 수 있는 공포의 극복에 초점이 맞추어져야 한다.

공포의 극복은 공포정서의 이해에서 출발한다. 공포의 본질적 특성과 그에 대한 극복방법은 다음과 같다.

1) 같이 있고 싶어짐

공포상태에 놓이게 되면 사람은 다른 사람과 함께 있고 싶은 충동을 느낀다. Schachter(1959)는 피험자들에게 전기충격을 예고하여 공포정서를 유발하고 그들의 행동을 관찰한 바, 그들의 상당수가 다른 피험자들과 같이 있고 싶어 하는 경향이 있음을 밝혀냈다. 반대로 여러 사람과 같이 있으면 공포를 비교적 덜 느끼게 된다. 알렉산더 대왕의 마케도니아 방진은 개인거리가 3ft였고 시저의 로마군단은 개인거리가 4.5ft로 대단히 밀집된 전투대형을 취했는데, 이는 병력의 공포감정을 감소시켜 전투이탈을 방지하기 위한 것이었다. 또한 실제 참전경험이 있는 지휘관들은 포탄이 떨어지면 병사들이 소대장이나 중대장의 주위로 몰려드는 경향이 있다고 말한다.

이러한 심리상태를 극복하는 방법은 실제 사람들이 같이 있도록 만들어 주거나 같이 있다고 느끼게끔 만들어 주는 것이다. 적의 위협이 절박한 상황에서 보초나 잠복조는 가능한 한 복초를 배치 운용함이 좋은 것도 바로 이 때문이다. 실제 병력을 같이 있게 만들어 줄 수 없을 때에는 병사들이 같이 있다고 느끼게 만들어 주는 것이 좋다. 중·소대장들이 잘 보이는 곳에서 큰소리로 부대를 지휘하는 것은 병사들에게 우리 지휘관이 바로 옆에 있다는 느낌을 줄 수 있기 때문에 긍정적으로 작용한다.

그러나 발달된 무기가 사용되는 현대전에서 병력은 가능한 한 분산 배치하도록 요구받기 때문에 실제 병력의 물리적 밀집배치에 의한 공포의 감소는 실질적으로 기대하기 어렵다. 이럴 때 이에 대신하여 병사들이 같이 있다고 느껴지게 만들 수 있는 방법은 전우애와 신앙심이다. 비록 몸은 떨어져 있더라도, 생사를 같이 할 수 있는 전우가 옆에 있다는 느낌과 신이 함께하고 지켜줄 것이라는 신앙은 병사들의 외로움을 극복할 수 있게 해준다. 실제 제2차 세계 대전을 통해서 미군이 조사한 바에 의하면 전투 시 신앙심과 전우애가 큰 도움이 되었다고 한다.

2) 감각 및 지각기능의 저하

치열한 전투에서 공포상황에 놓이게 되면, 사람의 행동은 이런 강한 공포상황에서 벗어나려고 하는 충동의 지배를 받기 때문에, 공포의 대상은 크게 확대되어 지각되고, 그 외의 것들은 잘 지각되지 않는다. 이것은 우리의 주의가 어느 한 대상에 과도하게 집중되기 때문에 일어나는 현상이다.

스미스 특수임무부대 포병대의 에바솔 중사는 최초로 접근해 오는 적 전차가 전함처럼 크게 보였다고 기술한다. 또한 참전경험이 있는 고급 지휘관들은 병사들이 소수의 적이 출현했는데도 '적이 새까맣게 몰려온다.'고 보고를 하기 때문에 상황판단을 그르치는 경우가 많았다고 말한다. 적의 모든 것은 공포의 대상이 되기 때문에 적 병력은 많아 보이고 적 전차는 커 보이며 또 가까이 있는 것으로 지각된다. 그러나 그 외의 것은 주의가 거의 기울여지지 않기 때문에 작아 보이고 잘 들리지 않게 되는 것이다. 전투 시 소대장의 목소리가 잘 들리지 않고 아군의 전투력이 열세하게 느껴지는 것은 바로 이 때문이다.

이와 같은 공포의 상황을 극복하는 방법은 병사들에게 적에 대한 정보를 많이 알려주어 그들이 모든 사실을 정확히 알도록 정보를 제공해 주는 것이다. 고참병이 용감한 것은 많은 것에 대해 알고 있기 때문이다. 적은 특별한 사람이 아니라 우리와 같은 평범하고 약한 인간이며, 포성은 요란하나 별 피해가 없는 것이고, 적이 치열하게 사격을 해도 일제히 돌진해 들어가면 다치는 경우가 별로 없다는 등 모든 상황에 대해 고참병은 많은 것을 경험으로 알기 때문에 신병보다는 훨씬 과감한 행동을 할 수 있는 것이다.

또한 통계적 지식도 공포를 극복하는 데 도움이 된다. 제2차 세계대전에서 "4년 동안 줄곧 전선에 배치되어 근무한 장병들은 8명 중 겨우 1명 정도의 비율로 피해를 입었을 뿐이고, 비행기에서 낙하하는 것이 위험해 보이지만 사실은 자동차를 타고 고속도로를 타고 달리는 것보다 안전하다."와 같은 통계적 지식을 제시하여 전투가 아주 치열해 보이지만 사실은 그렇게 위험하지 않음을 주지시켜 장병들의 공포감을 덜어 줄 수 있다.

3) 자기보존의 행동욕구

공포정서의 지배를 받으면 사람의 몸은 공포자극에 대처하기 위해 적절한 준비를 갖추게 된다. 우리 몸의 자율신경계의 교감신경 기능에 의해 콩팥에 붙어 있는 부신선에서 혈관에 아드레날린이라고 하는 호르몬이 분비되며, 이것이 인체의 각 기관에 영향을 미치게 되는데, 내장근육은 이완되어 수축운동이 중단되며, 표피혈관이 확장되고 심장박동이 증가하여 혈액순환이 빨라지고, 이로 인해 수경근의 피로가 빠르게 해소되어 공포자극에 대처할 수 있는 행동을 준비하게 된다. 또한 간에 저장된 당분의 분비가 증가되고 혈장에서 적혈구의 생산량을 배가시켜 피로의 해소를 돕는다. 이와 같은 일련의 생리적 반응들은 결국 위기에 대처하기 위한 몸의 준비라고 볼 수 있다.

이러한 생리적 반응은 자기보존욕구의 지배를 받기 때문에 대부분의 경우 도피 또는 은신행동을 위한 에너지가 된다. 때문에 전투 시병사들이 공포에 사로잡히면 전투지역을 이탈하고 싶은 강한 충동을느끼게 되며 이와 같은 충동을 억제하지 못하고 행동으로 옮길 때 전투이탈이 된다. 전투 시 병사들이 하늘을 향해 상향사격을 하거나 좌우로 두리번거리는 수색행동을 많이 하는 것도 바로 병사들이 공포에사로잡혀 있기 때문이다. 이러한 행동욕구에서 벗어나는 방법은 병사들로 하여금 적절한 행동을 하게 만들어 주는 것이다. 활발한 행동은 생리적인 행동욕구를 해소시켜 줄 뿐만 아니라 행동하는 동안 우리의 의식은 그 행동에 주의를 기울여야 하기 때문에 공포자극에 대한 의식의 일부를 잊게 하여 비교적 공포를 덜 느끼게 한다.

또한 자기보존을 위한 행동에너지는 공격의 에너지로 전환되어 역이용될 수 있다. 공포정서의 심층에는 공포를 일으킨 대상에 대한 분노와 이를 제거하고 싶은 일종의 공격성이 내재되어 있으며, 다른 어떤 방법으로도 공포의 대상을 피할 수 없다고 느낄 때에는 자기보존을 위한 모든 에너지가 공격적 행동으로 전환되어 나타난다. 막다른골목에 처한 쥐가 고양이에게 덤비려고 하는 자세를 취하는 것이 바로 그것이며, 부대지휘에 이를 적용하여 성공한 지휘관도 많이 있다.배수진은 바로 이러한 심리현상을 이용한 전법이다.

카르타고의 명장 한니발은 로마군과의 결정적 전투에서 자신이 스스로 아우피두스 강의 만곡부에 병력을 배치하고 로마군을 이곳으로유인하여 전투를 전개하였다. 한니발의 병사들은 앞에는 적이요 뒤에는 강이며 또 설사 전투를 이탈한다고 하더라도 로마의 영토 내이기 때문에 갈 곳이 전혀 없는 절박한 상황을 전개하여 병사들로 하여금 필사적으로 적에 대항하는 정신무장을 만든 것이다. 그리하여 불과 42,000명의 병력으로 72,000명에 달하는 로마군을 거의 완벽에 가깝게 섬멸하는 사상 유례없는 대섬멸전을 이끌었다. 전투에서 병사들이 인접 전우의 사상을 목격하고 용감해지는 것도 공포정서의 에너지가 분노로 전환되어 표현되기 때문이다.

4) 공포의 전이

사람들은 다른 사람에게 강력한 의사전달을 하려 할 때 감정에 호소한다. 울면서 애원할 때 사람들은 이에 동조하기 마련이다. 이것은 정서가 갖는 감염성, 곧 전이의 성질 때문이다. 시위군중의 지도자가 군중을 선동하는 것도 어떤 논리와 이성이 아니고 다분히 그의 감정적인 어투에 의존한다. 전투 시 한 병사가 공포에 질려 소극적이거나 떨게 되면 인접 병사들도 같은 기분에 사로잡히게 되는데, 이때 누군가가 전투이탈을 제시하거나 전투이탈을 감행하면 봇물이 터지듯 병사들의 행동은 걷잡을 수 없이 와해되고 만다. 스미스 특수임무부대의 포병대에서 병사들이 전투이탈을 한 것도 최초에 행동에 옮긴 한두 명의 병사가 있었기 때문이다. 이런 이유 때문에 전투 시 공포증을 나타내는 병사는 즉시 격리 조치해야 한다.

공포정서도 전이되지만 침착한 행동 역시 전이된다. 전투 시 병사들의 모든 행동은 지휘관에 의해 통제되기 때문에 병사들은 지휘관의

일거수일투족에 주목하게 되는데, 지휘관이 공포에 떤다면 그 부대
는 임무수행이 매우 어렵게 된다. 병사들이 공포에 떨고 있을 때 지휘
관은 침착하고 여유 있는 태도를 보여 병사들의 공포를 진정시킬 수
있어야 한다. 제1차 세계 대전 중 어느 독일군 중대장은 적진 내에서
작전 대기 중 적 포탄이 산발적으로 부대배치 지역에 떨어져 병사들
이 공포에 사로잡혀 임무수행이 어렵게 되자 여유 있는 태도로 이발
병을 불러 이발을 함으로써 병사들의 공포를 진정시키고 임무를 완수
할 수 있었다고 한다.

5) 공포 감정의 유발

방어가 공격보다 어려운데 그 이유는 바로 방어는 아무것도 하지
않는 가운데 적을 기다려야만 하기 때문이다. 방어간에 병사들은 적
을 기다리면서 단지 적에 대해서만 생각하게 되나, 공격 시에는 적에
대한 생각뿐만 아니라 자신의 현재 행동에 대해서도 계속 생각해야
하기 때문에 공포를 덜 느끼게 된다. 뿐만 아니라 공격 시에는 활발한
몸의 움직임에서 기인되는 신체적 적극성이 심리적인 적극성을 유발
하여 공포를 제거할 수 있는 기능이 강화됨으로써 병사들은 쉽게 공
포를 극복할 수 있게 된다.

전투 시 병사들이 이와 같은 공포상태에 놓이지 않도록 지휘관은
계속적으로 병사들에게 일을 지시하는 것이 좋다. 공격준비를 완벽
하게 종료했다고 해서 공격시점에 불필요하게 많은 시간을 병사들이
할 일 없이 기다리게 하는 것은 좋지 않으며, 방어 시에도 계속적인

임무의 지시와 빈번한 확인으로 무료하게 시간을 보내는 일이 없도록
하여야 한다. 비행기 조종사나 잠수함에 근무하는 장병은 전투 시 비
교적 공포를 덜 느낀다고 한다. 그것은 그들이 전투 시 해야 할 일들
이 너무 많아서 공포를 생각할 겨를이 없기 때문이다.

병사들이 움직일 수 없거나 움직이기 어렵게 되면 공포를 크게 느
끼는데, 이것은 공포자극이 닥쳐오면 속수무책이 될 수밖에 없다는
생각이 예견되기 때문이다. 너무 피로해서 몸을 움직일 수 없거나, 부
상으로 몸을 움직일 수 없을 때 병사들은 자포자기에 빠지든지 아니
면 공포감을 크게 느끼게 된다. 반대로 자기의 건강상태에 대해 자신
을 갖게 되면 같은 이유로 공포를 비교적 덜 느끼고 건전한 사고와 행
동을 하기 때문에 지휘관은 병사들이 최선의 건강상태를 유지할 수
있도록 노력해야 한다.

6) 야음에 의한 공포의 배가

야음이 공포정서에 미치는 영향은 감각정보량의 감소에서 오는 상
상이나 환상 또는 환각작용 때문이다. 시야가 어두워져 눈에 들어오
는 시각정보의 양이 감소되고, 또 모든 유기체의 활동이 정지되는 데
서 오는 정숙으로 청각정보의 양도 감소되면 우리의 지각작용은 감각
정보의 처리업무로부터 해방되어 자유로워지기 때문에 여러 가지 상
상과 환각을 발전시킨다.

감각정보의 차단과 우리의 지각작용에 관한 연구는 헤론(Heron,
1956)에 의해 수행되었다. 그는 피험자를 아무것도 볼 수 없게 눈을

가리고 손발을 붕대로 감아 만질 수도 없게 하여 방음이 잘된 아주 조용한 방의 침대에 눕게 함으로써 감각정보의 많은 양을 차단한 다음, 연상되는 것을 보고토록 하였다. 이때 피험자는 6~7시간 후부터 심한 환상과 환각에 빠지기 시작하여 72시간 정도 경과했을 때는 쉽게 지워지기 어려울 정도의 정서적 혼란상태에까지 이르렀다. 야간에 적을 앞에 두고 전투 중인 병사가 머릿속에 떠올리는 상상은 대부분 적과 죽음에 대한 것으로, 그에게 공포감정을 유발하는 것뿐이다. 그는 이전에 보았던 전사자의 처참한 모습, 그런 잔인한 행위를 했던 경우, 그리고 그런 적이 언제 어떤 방법으로 접근해 올지 모른다는 데 대해 깊이 생각하고 겁을 먹게 되며, 이런 적으로부터 자신을 보호하기 위하여 주위의 환경 변화에 모든 주의를 집중한다.

처음 전투에 임하는 병사라면 더욱더 그렇다. 그래서 그는 가랑잎 날리는 소리, 전방에 어른거리는 사람 모양의 희미한 윤곽에 신경을 곤두세우고 조바심을 하게 되며 사소한 일에도 깜짝 깜짝 놀라게 된다. 때문에 야간에는 소수의 병력으로 대규모의 적을 혼란시킬 수도 있는 것이다. 상상이나 환상은 주위의 사소한 자극과 결부되어 우리의 지각작용을 오도하게 한다. 1952년 6월 수도고지에서는 전방에 매복을 나가 있던 한 병사가 동물이 지나가는 소리를 적의 움직임으로 오인하고 적 발견 신호를 올리면서 사격을 개시하였는데, 이로 인해 그가 속한 소대는 물론 인접 소대로 사격이 확산되어 약 1시간 동안 치열한 사격을 퍼부음으로써 결국 중대의 모든 탄약이 고갈되는 상태에까지 이른 적이 있었다. 전투 시 지휘관은 야간에 병사들이 이러한 환각이나 환상에 빠지지 않도록 하기 위하여 빈번한 순찰 및 확인으로 병사들의 현실감을 촉구하여야 한다.

결론적으로 공포는 인간의 생존을 유지하기 위해 필요한 정상적인 정서반응이며, 심리학적 지식을 이용한다면 충분히 이를 극복하여 적의 위협에 굴하지 않고 용감히 맞서 싸울 수 있는 병사를 육성할 수 있다. 공포를 극복하는 가장 빠른 방법은 실제 공포상황하에서 많은 경험을 쌓는 것이다. 종소리만 울리고 고기를 계속 주지 않으면 개의 타액분비 반응이 소거되듯이 치열해 보이는 전투를 많이 치르면서 계속 살아남게 되면 사람은 적의 위협에 대해 공포반응을 하지 않게 될 것이다. 그러나 전쟁은 항상 있는 것이 아니며, 또 경험을 목적으로 전쟁을 일으킬 수도 없기 때문에 실전경험을 통한 공포의 극복은 사실상 기대하기 어렵다. 따라서 권장될 수 있는 또 다른 방법은 평시에 가능한 실전과 유사한 상황을 조성하여 훈련함으로써 실전의 효과를 거두는 것이다. 즉, 실전과 같은 모의전투(전투사격하의 공방훈련 등)를 통하여 병사들이 피해를 받지 않는 범위 내에서 시각, 청각 등에 모든 강한 자극을 경험토록 하는 것이다. 그러나 훈련만으로는 장병들의 공포감정을 궁극적으로 극복하게 할 수는 없다. 훈련이 아무리 실전을 방불케 한다 하더라도 병사들은 실제 적이 없기 때문에 절실한 공포를 느끼지 않게 된다.

전투 동안 병사들의 공포감 통제의 열쇠를 쥐고 있는 사람은 바로 병사들과 호흡을 같이 하면서 병사들을 통제하는 중·소대장이다. 병사들은 전투경험이 없고 전투상황에 대해 잘 모르기 때문에 자연적으로 소대장이나 중대장의 행동을 주시하게 되는데 그때 소대장이나 중대장의 침착하고 믿음직한 부대 지휘 자세는 병사들의 공포감을 진정시키고 자신감을 불어넣는 역할을 한다. 반면에 지휘관의 당황한 모습에서 병사들은 불안을 느끼게 되고 이러한 불안은 공포감을 가속화시켜 병사들의 전투의지를 크게 위축시키는 요인이 된다. "전투 시 소대장은 고개를 좌우로 돌려서도 안 되고 소변을 보려고 뒤로 돌아서는 일이 있어서도 안 된다."는 말은 전투 시 지휘관의 자세를 환기시키는 표현이다.

2. 살해

출처: 영화 〈론 서바이버(Lone Survivor)〉.

영화 〈론 서바이버〉는 아프가니스탄에서 작전임무를 수행하는 네이비씰 대원들의 실제 이야기를 다룬다. 미군을 사살한 탈레반 부사령관을 체포하기 위해 4명의 팀원들이 작전에 투입되는데, 적진이 잘 보이는 곳에 자리를 잡고 임무수행을 위해 잠복하던 중 산으로 올라

온 민간인 일행에게 정체가 발각된다. 결국 그들을 살려 주고, 그들의 폭로로 탈레반에게 추격을 당하게 된다. 4명 중 3명이 전사하고, 그들을 구하기 위해 지원된 인원 및 장비 역시 큰 피해를 입었다. 실제로 전투현장에 투입된 장병들은 적을 포함하여 적과 연관이 있는 인원들을 살해하기를 꺼린다. 적을 죽이기 위한 고도의 훈련을 장시간 받았다고 하여도 막상 전장에서는 살해가 쉽지 않다. 살기 위해 그리고 부여된 임무를 달성하기 위해 적을 사살했다 하여도 그 살해행위에 대한 충격은 좀처럼 가시지 않는다.

제1차 세계 대전 당시 가자(Gaza)에서 첫 전투를 벌였던 호주군 참전용사는 총검 전투를 '광폭한 도살 행위'라고 묘사했다. 그는 분명 총검으로 적을 찔러 죽이지는 않았지만 현장에서 '돌진하는 터키군의 거친 숨소리, 이를 가는 소리, 우리를 노려보는 눈, 총검이 급소를 찌르자 소슬한 비명소리'를 들었다. 여기서 우리는 적나라한 전투현장을 보게 되는데, 자신과 마주하고 있는 사람을 총검으로 찌를 때, 살해자는 '소슬한 비명 소리'와 입에서 숫구치는 피, '새우처럼' 불룩해지는 눈을 평생 기억 속에 간직하고 살아야 한다. 바로 이것이 날붙이 무기를 사용한 살해의 본질이고, 따라서 현대전에서 이러한 무기를 이용한 살해가 극히 드물다는 사실은 하등 이상한 일이 아니다 (Grossman & Christensen, 2008).

한 가지 사례를 살펴보자. 전쟁이 난 상황에서 부대에 새로운 신병이 들어왔다. 신병은 며칠간 기지 내에서 동화기간을 거친 후 첫 매복을 나가게 되었다. 신병이 속한 분대는 교통호에서 매복 임무를 수행하였는데 매복 중 적을 발견하여 30여 명의 적을 교통호로 유인해 몰살시켰다. 전투가 끝난 후 신병에게 전장정리 임무가 주어졌다. 신병은 차마 눈뜨고 볼 수 없는 피비린내 나는 현장에서 적의 신체를 한 곳으로 모으고 갈기갈기 찢겨진 옷 속에서 피범벅이 된 소지품을 수집하여 첩보의 가치가 있는 문서와 기록물을 찾았다. 이때부터 신병은 겁에 질려 떨기 시작했다. 음식을 먹으면 자주 토하고 아예 제대로 먹지 못했다. 또한 밤만 되면 악몽에 시달렸다. 무서워서 잠에 들지 못해 며칠 사이에 신경이 극도로 쇠약해져서 피로가 극에 달했으며 점점 야위어 가더니 끝내는 자기감정을 통제할 수 없는 지경에까지 와버렸다. 그런 신병의 모습을 고참들은 꾀병으로 간주하여 그의 호소를 전혀 받아주지 않았다. 오히려 자기집단의 수치로 생각하고 윽박지르기만 했다. 결국 신병은 다시 야간매복을 나갔을 때 자신의 우측 발에 대고 총을 쏘고 말았다(서경석, 2013).

1) 타인의 생명을 빼앗을 때 나타나는 정서적 반응

그로스먼과 크리스텐션(Grossman & Christensen, 2008)은 그의 저서에서 타인의 생명을 빼앗을 때 나타나는 일련의 정서적 반응 단계를 제시했다.

기쁨과 의기양양함을 느끼는 도취 단계 심리학 용어로는 '생존자 도취감'으로, 전투에서 살아남은 사람들은 상대를 쓰러뜨리고 자신이 생존하는 데서 큰 안도감과 만족감을 얻을 수 있다는 사실을 안다.

자책과 혐오가 나타나는 반발 단계   많은 군인들이 첫 번째 살인을 한 뒤에 구토를 한다. 때로는 이런 말을 내뱉는다. "이런, 방금 적을 죽이니 기분이 좋은데 내가 왜 이러지?"

평생 지속되는 합리화와 혐오 단계   이 단계를 극복하지 못하면 외상 후 스트레스 장애(Post Traumatic Stress Dissorder: PTSD)가 나타날 수 있다. 실제로 이러한 사례를 담은 수많은 전쟁영화를 우리는 알고 있다.

전장에 투입된 장병들을 합법적으로 적에 대한 살인행위를 용인받고 투입되는 인원들이다. 그리고 조직에 부여된 임무를 달성하기 위해 평상시부터 적을 죽이는 훈련을 지속적이고 반복적으로 수행한다. 하지만 실제 살해행위와 그로 인한 심리적 스트레스는 상당하다는 것을 우리는 직접 경험해 보지 않았지만 간접경험으로 알고 있다. 지휘관은 적에 대한 살해행위와 그로 인해 발생할 수 있는 전투 및 작전 스트레스를 건전하게 다룰 수 있어야 한다. 정신적 사상자 또한 비전투손실로써 부대의 차후 임무에 큰 영향을 미치는 결정적인 요인이 되기 때문이다.

2) 사상자 처리

사상자 처리는 전투에 같이 참가했던 전우뿐만 아니라 후방에 있는 그의 가족이나 국민들의 사기에도 큰 영향을 미친다. 그 점에 관한 한 부상자는 누워서 입으로 말하고 전사자는 몸으로 무언의 말을 한다고 해도 지나치지 않을 것이다. 수차례의 공격이 교차된 전투의 어느 집결지에 지금까지 실시된 전투에서 전사한 장병들의 사체가 평탄한 집결지의 중앙에 있고, 개인호 및 교통호마다 압박붕대를 누더기처럼 감고서 처참하게 일그러진 얼굴로 단말마에 가까운 신음을 내는 전상자들이 도처에 누워 있으며, 다음 공격을 위해 타 지역에서 새로 투입되는 병력들이 헬기로 그 집결지에 도착한다. 이런 상황 속에서 새로운 공격을 위해 도착한 병사들은 그 장면을 보고 무엇을 느끼겠는가? 이들은 사상자들의 모습에서 앞으로 몇 시간 후에 당할지 모를 자신의 모습을 발견하고 의기소침하게 될 것이다.

전투 중 사상자들을 보는 병사들은 처음에는 강한 적개심을 일으켜 복수의 감정에 사로잡히는 게 사실이나, 그것은 일시적인 감정으로 곧 사라지고 보다 더 강하게 지속적으로 그의 행동에 영향을 미치는 감정은 앞으로 있을 전투에서 자신이 그렇게 될지 모른다는 비참한 감정이다. "앞으로 몇 시간 후면 나도 저렇게 될지 몰라. 몸조심해야지."하는 생존의 욕구가 그의 행동을 지배해 병사들의 행동은 아주 소극적으로 움츠려 든다. 그래서 그들은 소대장이 선두에 서서 아무리 악을 쓰고 소리를 질러도, 아무리 강한 화력지원이 그들을 위협하는 적의 머리 위에 퍼부어져도 고개를 들고 일어서 전진하려 하지 않으며 자기 생명의 안전만을 추구하는 존재가 된다. 의기양양한 병사, 패배를 모르는 병사를 만들려면 사상자의 처참한 모습을 가능한 보이지 말아야 한다. 특히 안면이 처참하게 일그러진 사상자의 모습은 병사들에게 어떤 악몽과 같은 강한 인상을 심어 줄지 모른다.

　부상자는 정중히 취급되어야 한다. 부상자는 아주 무력한 상태에 빠져 생명의 위협을 느끼게 되므로 의타심과 이기심이 대단히 커지며 이것이 충족되지 않을 때 원망과 폭언을 늘어놓게 된다. 그래서 지휘관은 부상자의 요구가 자기 능력으로서는 어쩔 수 없는 것이라 하더라도 태도만은 따뜻하고 온화하게 어린아이들의 응석을 받아주듯 그들의 호소에 귀를 기울여 주어야 한다. 그리고 적절한 시기에 그 부상병의 공적을 공정히 평가하여 합당한 보상을 해 주어야 한다. 그와 같은 일련의 보상은 곧 그를 보게 되는 전우들을 고무하고 격려해 주는 긍정적인 자극이 될 것이다.

　전사자의 영현 또한 정중히 취급되어야 한다. 상황이 아주 긴급한 경우를 제외하고는 최선을 다해 그 영현을 따뜻한 곳으로 운구해야 하며, 상황이 긴급해 허락지 못할 경우에는 차후에라도 최선을 다하여 영현을 안전한 곳으로 옮겨야 한다. 죽은 자에 대한 관심은 곧 살아 있는 자에 대한 관심을 의미한다. 한 구의 시체를 찾기 위해 지휘관이 최선의 노력을 기울일 때 병사들은 자기의 생존에 일종의 안도감을 느끼게 된다. 전사자의 공적기록은 후방 국민의 사기에도 중대한 영향을 미친다. 돌아온 영현은 말이 없으나 주위 사람들은 그의 죽음에 얽힌 상황에 많은 궁금증을 갖게 된다. 그의 공적이 정확히 기록되어 그의 장렬한 전사의 정황이 이웃 사람들에게 전달될 때 그의 가족들은 비록 한 가족을 잃었지만 국가에 충성을 다하고 간 그에 대해 긍지를 갖게 되며, 이웃들도 그의 숭고한 희생을 찬양하며 본받으려 노력할 것이고 최소한 병역을 기피하려는 것과 같은 행위가 부끄러운 일인 줄 알게 될 것이다.

아무 말 없이 한 줌의 재만 돌아왔을 때 그의 가족들은 가족 하나를 잃고도 주위의 이웃들에게 죽었다는 사실 외에는 말할 게 없다면 얼마나 서글플까? 그리고 그 이웃들은 전쟁에 대해서 어떤 생각을 갖게 될까? 〈챈스 일병의 귀환(Taking Chance)〉*이라는 영화가 그 답을 제시한다.

3. 집단 사고

집단 사고(groupthinking)는 집단 의사결정 상황에서 집단 구성원들이 집단의 응집력과 획일성을 강조하고 반대 의견을 억압하여 비합리적인 결정을 내리는 왜곡된 의사결정 양식을 말한다. 1961년 미국 케네디 대통령의 특별 자문위원회는 만장일치로 쿠바에서 미국으로 탈출한 난민들을 훈련시켜 쿠바의 픽스 만을 침공했다가 실패하여 미국에 커다란 국가적 손실을 안기는 결과를 낳았다. 심리학자 제니스(Janis)는 이 사건을 계기로 명백한 실패로 이끌어 가는 집단의 의사결정 과정에 관심을 갖고 연구를 진행했는데, 픽스 만 침공의 의사결정 과정에서 다음과 같은 특성을 발견할 수 있었다. 우선, 대통령과

---

* 이라크에서 전사한 군인의 시체를 가족에게 인도하는 과정을 그린 영화다. 영화는 다른 전쟁영화와는 달리 잔잔하고 조용하다. 그 잔잔한 사이에 군인들, 운송자들, 그리고 우연히 만난 민간인들이 보이는 행동은 엄숙하다. 전쟁을 찬성하는 것도, 이라크에서의 전쟁을 정당화하려는 국가의 주장에 동의하는 것도 아니지만, 전쟁에서 죽은 젊은 영혼만을 생각하면 사후 이런 대우를 받으면서 고국에 돌아온다면 그 죽음이 그렇게 쓸쓸하지만은 않을 것이란 생각이 든다. 죽은 당사자는 아무것도 모를지 모르나 죽은 군인의 가족의 입장에서 보면 상당한 위안이 될 만 하다.

참모들 사이에 강한 응집력이 형성되어 있었으며, 높은 사기와 집단에 대한 과신이 자신들이 세운 계획에 대해 자만하게 했다. 집단 내에서 좋은 감정을 유지하기 위해 집단에 반하는 의견은 직접적인 압력이나 자체 검열을 통해 억제했으며, 그 누구도 강력하게 이의를 제기하지 않았으므로 마치 제시된 결정사항에 대해 만장일치가 이루어진 것처럼 느껴졌다. 그 이후의 연구들도 제니스의 연구결과를 지지하는데, 집단의 구성원들이 집단에 대한 긍정적 관점을 함께 가지고 유지하려는 집단주의적 욕구가 강하면 집단 사고를 가질 가능성이 높다. 이러한 이론을 현 상황에서 증명하는 것은 어렵지 않다. 우리가 돈을 벌기 위해 일하는 직장에서나 가정에서 비일비재한 현상이기 때문이다. 집단에 소속되어 있다는 느낌과 나에 대한 좋은 이미지를 유지하기 위해 결국 집단에 동조하게 되고, 내 생각이 그들과 다를 경우 나를 억누르는 것은 하루에도 우리가 몇 번씩이나 하는 짓이다.

출처: 영화 〈라이언 일병 구하기(Saving Private Ryan)〉.

1) 집단 응집력

응집력이란 '집단의 성원을 집단에 머물도록 작용하는 힘들의 총합'이라는 정의가 오랫동안 설득력 있게 사용되어 왔고, 집단발달단계를 오리엔테이션, 갈등, 응집, 과제수행, 해체의 5단계로 구분하였다. 세 번째 발달단계에서 구성원 간 갈등은 집단 통일성의 느낌, 우정, 단결심으로 구성되는 응집성으로 대치된다고 하였다(권순일, 2002). 그리고 집단 응집성 증가와 관련되는 변화로 통일성, 안정감, 소속감, 구성원 만족, 내부 역동을 들었다.

카트라이트(Cartwright, 1968)는 응집성을 '집단원들이 그들의 집단에 남으려는 욕망의 정도'로 정의하는데, 이는 집단 응집성 증가와

〈표 7-1〉 집단 응집성 증가와 관련되는 변화

속 성	변화의 유형
통일성	• '우리' 혹은 집단의식의 증가 • 높은 수준의 우애 및 단체의식 • 집단 정체의 발달
안정된 소속감	• 낮은 이직률 • 낮은 결근율 • 구성원들의 높은 관여 • 조직 활동에 높은 참여
구성원 만족	• 구성원들의 만족도 증가 • 자존심과 안전감의 증가 • 불안 감소
내부 역동	• 집단의 강한 영향력 • 구성원들이 집단목표, 결정 및 규범을 더 잘 받아들임 • 의견차를 잘 참지 못함 • 동조 압력 증가

관련되는 변화들 중 안정된 소속감으로 분류할 수 있다.

앞의 정의들을 종합하여 볼 때, 결국 집단 응집력은 집단 구성원들로 하여금 집단을 떠나지 않고 머무르게 하는 힘 또는 매력으로써, 집단활동에서 구성원들의 욕구나 동기부여에 영향을 미쳐 구성원들을 하나로 통합시키는 요소라고 할 수 있다. 군이라는 집단은 장병 개개인의 존엄성 및 자율성이 극도로 제한받는 곳이고, 전장상황에서는 그러한 특성이 극대화된다. 궁극적으로 군은 전쟁에서 승리하여 국가와 국민의 생명과 재산을 보호해야 한다는 존재목적을 달성하기 위하여 각 부대 단위의 집단 역량을 키우기 위해 노력하는 집단이다. 그리고 그러한 집단 역량을 키우기 위한 필수적인 요인으로 구성원들의 단결력과 결속력은 무엇보다 중요하고, 이는 크게 보아 국가 전체의 방위력을 가늠하는 중요한 척도가 될 수 있다. 이러한 논리로 미루어 보아 집단 구성원들의 욕구나 동기부여에 영향을 미쳐 구성원들을 하나로 통합시키는 집단 응집력이라는 개념은 군이라는 집단에 반드시 필요한 개념이라고 할 수 있다(김민종, 2007).

2) 익명성과 집단 면죄

집단은 책임감을 형성할 뿐 아니라, 구성원들에게 익명성을 발달시켜 줌으로써 살해를 가능하게 하고 더 나아가 폭력에 기여하도록 한다. 몇몇 상황에서 이러한 집단 익명성의 과정은 동물의 왕국에서 볼 수 있는 것처럼 원시적인 유형의 살해 히스테리를 촉발시키는 것 같다.

1964년 3월, 미국 뉴욕에 사는 20대 여성 키티 제노비스는 야근을 마치고 집에 가는 중에 정신이상자에게 붙잡혀 아무 이유없이 칼부림을 당한다. 그녀는 그 와중에도 용기를 내어 큰소리로 살려달라며 구조를 요청하지만, 35분 동안이나 지속된 잔혹한 칼부림 속에서도 그 누구도 도와주는 사람이 없었다. 더욱 충격적인 사실은 사건 현장 근처에는 아파트가 있었고, 이 사건을 직접 목격한 사람만도 무려 38명이나 되었다는 것이다. 38명 중 한 명이 불을 켜고, 사건 장소로 내려오는 대신 "그녀를 내버려 두고 그냥 가시오."라고 소리를 질렀고, 범인은 놀라서 바로 도망을 쳤다. 제노비스는 수차례의 칼부림으로 만신창이가 된 몸을 이끌고 가까운 가게 앞에 몸을 피해 드러누웠으나 범인이 다시 나타나 제노비스의 온몸에 다시 칼부림을 하였고, 제노비스는 계속 소리를 지르며 구조를 요청했으나 이번에도 어느 누구 하나 도와주는 사람이 없었다. 결국 범인에게 강간까지 당한 제노비스는 목숨을 잃고 만다. 지금도 회자되는 이 사건은 '제노비스 신드롬' '방관자 효과'라는 이론으로 많은 연구를 파생시켰다.

심리학자들은 군중이 유발하는 익명성에 의해 책임이 희석될 수 있다는 것을 오래전부터 알고 있었다. 구경꾼들이 상황을 목격하고 있는 사람들과 직접적인 관계를 맺으며 상황에 개입할 가능성이 적다고 밝힌 연구는 문자 그대로 수십 개에 달한다. 따라서 군중이 운집한 가운데서 끔찍한 범죄가 일어날 가능성은 많지 않지만, 만약 일어나더라도 구경꾼이 개입할 가능성은 매우 낮다. 하지만 구경꾼이 책임을 희석시킬 다른 사람이 아무도 없는 상황에 직면하게 될 경우, 그가 상황에 개입할 가능성은 아주 높아진다. 집단은 이 같은 방식으로 무리 안의 개인과 군부대 안의 군인이 개인으로서는 절대 꿈도 꾸지 못할 행위, 이를테면 피부색이 다른 사람을 살해하거나 다른 나라 군복을 입은 사람에게 총을 쏘는 행위를 감행할 수 있도록 책임을 희석시켜 버린다(Grossman & Christensen, 2008).

집단 사고 및 집단 응집력은 군이 부여된 임무를 달성하는 데 필수적인 요소이다. 장병 한 개인의 능력보다는 조직의 통합된 능력의 합이 더욱 중요하게 적용되고, 집단의 통일된 능력을 향상시키기 위해 평상시부터 지휘관 및 부대는 많은 노력을 한다. 하지만 집단으로 대처되는 각 개인의 익명성과 집단 면죄로 인해 전장에서는 많은 문제점이 발생하기도 한다. 지휘관 등 한 개인의 판단 및 행동으로 인해 모든 것이 결정될 수 있는 상황은 한 개인의 오판으로 조직 전체에 큰 피해를 줄 수 있고, 다양한 의견이 수렴되지 않은 집단사고는 다양한 우발상황이 발생되는 전장상황에서 실시간 창의적인 전투 임무수행을 불가능하게 만든다. 지휘관은 평시부터 부대의 단결력을 향상시키기 위해 노력함과 동시에, 모든 부대원이 자신의 의견을 자유롭게 피력하고 그에 대한 충분한 토의가 이루어질 수 있는 분위기를 만드는 것 또한 주저하면 안된다.

4. 군대에서의 조건형성

현대 전투 훈련 프로그램에서 활용되는 살해 강화 기법 중 핵심은 둔감화이다. 군의 대부분의 부대들은 각종 훈련 시 많은 구호를 외친다. 적개심을 고취시키고 적을 거리낌 없이 살해하기 위해, 집단의 존

재 이유를 부각시키고 부대의 단결력을 향상시키기 위해 장병들을 세
뇌시키기도 한다. 평상시부터 이러한 반복적인 학습은 실제 부대원
들을 훌륭한 전투원으로 양성하기 위해 강력한 도구로 사용된다.

출처: 육군3사관학교.

신병훈련소에서는 청년들을 적을 사살할 수 있는 전투원으로 만들
기 위해 노력하고 있다. 병사다운 정신상태를 만들기 위한 이러한 노
력은 일방적으로 이루어진다. 군대는 몇 십 년간 그 기능을 발달시켜
온 반면, 그들의 훈련 대상자들은 인생 경험이 20년도 되지 않는다.
군대는 국가의 자원과 기술을 체계적으로 활용하여 군인이 전장에서
살해하고 생존할 수 있도록 역량을 강화하고 모든 준비를 갖추게 한
다. 현대적인 군대에서 이러한 기술의 적용은 전통적인 조작적 조건
형성의 혁신들을 훈련 기법에 통합하는 새로운 단계에 도달했다.

조작적 조건형성은 고전적 조건형성보다 높은 단계에 있는 학습이
다. 이는 스키너가 개척했고 우리가 알고 있듯이 주의학습 실험과 관

런되어 있다. 이 영역에 대한 스키너의 연구는 먹이를 얻기 위해 막대를 누르는 법을 학습하는 스키너 상자 속의 쥐라는 고전적 이미지를 남겼다. 스키너는 성격 발달에 관한 프로이트와 인본주의이론을 거부하고 모든 행동은 과거의 보상과 처벌의 결과라는 입장을 견지했다. 스키너에게 아동은 타불라 라사(tabula rasa), 즉 '백지'로, 아주 어린 시절부터 환경을 충분히 통제한다면 무엇이든 될 수 있는 존재다.

현대의 군인들은 원형 표적지에 사격하지 않고 그 대신 지정된 사로에서 단시간 동안 튀어 올라오는 사람 모양의 표적지에 대고 총을 쏜다. 군인들은 표적을 맞출 시간이 매우 짧다는 것을 학습하게 되고, 제대로 사격하여 표적이 쓰러지면 이들의 행동은 즉각적으로 강화된다. 충분한 수의 표적을 쓰러트린 군인은 특등사수로 임명되고 포상휴가도 주어진다. 소총 사격장에서의 훈련이 끝나면 이런 식으로 자동성이라고 불리는 자동적이고 조건형성된 반응이 들어서고, 군인들은 적절한 자극에 기대되는 방식으로 반응하도록 조건형성된다. 이 과정은 단순하고 간단해 보이지만 이것이 제2차 세계 대전에서 15~20%에 불과하던 사격 비율을 베트남전쟁에서 90~95%까지 끌어올린 기법의 핵심 요소 가운데 하나임을 보여 주는 증거가 있다 (Grossman & Christensen, 2008).

사격훈련을 포함한 병 기본훈련, 부대 단위의 전술훈련을 반복하여 숙달하는 이유도 전장상황에서 그러한 행동이 굳이 생각하지 않고도 자동적으로 나오도록 하기 위함이다. 적시적으로 주어지는 보상과 처벌은 쥐가 먹이를 받아먹는 것과 마찬가지로 학습효과를 극대화시키는 방법임을 우리는 알고 있다.

생 각해·봅시다　　　　　　　　　　　　**전장 속에서의 우직함**

　아침 일찍 먼동이 트기도 전, 나는 중대원을 인솔하여 지역수색을 병행하면서 매복지점에 도착했다. 현장에 도착해 보니 밤새 예상했던 것과 같았다. 적의 접근을 확인하고 나서 앞서가는 첨병을 통과시킨 후 짐을 짊어지고 산으로 들어가는 적의 본대를 살상지대로 유인하여 완전히 사살했던 것이다.

　무전기는 송신기가 고장이 나 있었다. 적이 던진 수류탄이 선임하사 호 앞쪽에서 폭발하여 무전기의 송화유니트가 수류탄 파편에 맞아 깨져 버렸던 것이다. 또한 선임하사는 수류탄을 투척하려고 상체를 일으키는 순간, 적이 던진 수류탄 파편에 맞아 우측 복부에 작은 파편이 박혀 버렸다. 본인 판단에 큰 부상이 아닌 것 같아 미련스럽게도 긴 밤을 버틴 결과 얼굴이 몹시 창백했다. 그의 우직스러운 충성심과 책임감에 깊은 존경심을 느꼈다.

　그날 아침 일찍 매복현장에 부연대장님과 대대장님이 헬기로 날아오셨다. 어젯밤에 있었던 벙어리 같은 교신내용을 모두 들으셨고, 심지어 참모들에게 그와 유사한 상황에서 그 같은 교신방법을 발전시키라는 지시도 하셨다며 칭찬해 주셨다. 그 후 벙어리 교신내용은 참모들에 의해 더욱 발전되었으며, 예상되는 조치요령도 잘 정리되어 교육회보를 통해 하달되기도 했다.

　매복현장까지 찾아와 주신 부연대장님과 대대장님은 성공적인 매복작전보다도 부상을 당했으면서도 끝까지 책임을 다한 충성스런 부하를 만난 것에 큰 감명을 받으신 것 같았다. 따갑고 아픈 배를 움켜잡고 밤새 대원들과 고난을 함께한 박 중사의 우직한 책임감과 충성심을 보면서 함께 싸웠던 대원들이 훌륭한 전투원이었던 이유를 깨달았다. 그는 부연대장님과 대대장님이 타고 오셨던 헬기를 타고 병원으로 후송되었다.

출처: Grossman & Christensen(2008).

제 **3** 부

심리전

들어가며……

심리전은 평시와 전시 군사작전을 위해 가장 강력한 위력을 발휘한다. 흔히 심리전을 전시 전투의 한 가지 방법, 또는 보조 수단 정도로 매우 제한적으로 이해할 수 있지만, 오늘날에는 전·평시 자국의 이익과 안전보장을 위해 무력을 사용하지 않은 모든 전략과 전술로 이해하고 있다.

전략 사상가인 루퍼트 스미스(Ruppert Smith)는 군사력을 심리전의 승리를 지원하기 위한 핵심요소로 평가하면서, 향후 군대의 조직과 운영은 심리전의 승리에 초점을 맞춰 개선되어야 한다고 주장하였다. 이는 일반적인 전쟁 차원의 보조적 수단으로서의 심리전을 궁극적 승리 차원의 수단으로 재평가한 것이다.

이처럼 심리전은 전쟁의 승패에 결정적 역할을 하는 중요한 요소이다. 하지만 그 이론 및 실제적 준비는 중요성에 비해 턱없이 부족하다.

제3부에서는 심리전의 개념을 이해하고, 한반도에서 이루어지고 있는 심리전을 소개하려고 한다. 그리고 최근 심리전 양상인 사이버 심리전에 대해 소개하고자 한다.

제**8**장
심리전

　전쟁은 단순한 군사적 충돌만이 아니다. 매우 복잡하고 다양한 작전과 활동이 포함된다. 전쟁은 정치적 목적을 달성하기 위해 승리해야만 하며, 무수히 많은 수단이 혼용되는 연속이다. 즉, 정치적 목적을 달성하기 위한 수단으로, 전쟁을 일으키기도 하고 억제하기도 하며, 수행하기도 한다.

　라인버거(Paul Linebarger, 1954)는 전쟁이 없는 이 평화의 순간에도 총격전 못지않은 무서운 전쟁이 진행되고 있는데, 이 전쟁이 바로 심리전(Psychological Warfare)이라고 말하고 있다.

　오늘날의 전쟁은 정치, 경제, 사회, 문화, 과학, 군사 등 총체적인 역량을 동원하는 국가 총력전의 형태로 수행되고 있으며, 특히 핵무기와 같은 파괴력과 정밀성을 지닌 현대적 무기체계로 군사적 충돌이 일어날 경우, 제3차 세계 대전은 인류의 멸망이라는 재앙을 불러일으킬 수 있다. 그래서 여러 핵보유국들은 공포의 균형을 이루기 위해 노력하며, 상대적 우위를 점하려고 매 순간 심리전을 수행하고 있다. 즉, 심리전은 현대 전쟁의 중추인 셈이다.

미국 군사심리학 기록을 보면, 미국 역사상 처음으로 심리전이 사용된 전쟁은 미국 독립전쟁이다. 당시 적용된 작전은 영국의 식민지 주민들이 영국군의 탈영을 조장하기 위해 광고 전단을 살포한 것이다. 그 광고 전단을 살펴보면, '프로스펙트 힐'에 오면 한 달에 7달러를 벌 수 있고, 식량이 충분하며, 농장에서 건강, 자유, 평안함과 함께 풍요를 누릴 수 있다는 내용을 담고 있다. 영국군은 이에 맞서 '식민지 주민은 겁쟁이이고, 규율도 없으며, 위스키만 마시는 볼품없는 배신자들'이란 내용을 만화로 만들어 전단을 살포하였다. 이를 계기로 미군은 이른바 심리전을 조직적으로 발전시키게 되었고, 제2차 세계 대전 이후 '심리전 연구소(Psychological Warfare Service)'를 만들어 전쟁의 승패를 좌우하는 주요 전략으로 삼았다(김형래, 양난미 역, 2016).

현대사회에서 심리전은 전단, 방송 등의 매체를 통해 시각과 청각 등 감각기관에 직접적인 영향을 주는 방식으로 수행되었으며, 지식정보사회에서 심리전은 기술의 발달과 함께 인터넷, 스마트폰 등 새로운 수단으로 수행되고 있다. 이에 따라 심리전의 대상 표적도 전장의 전투원에서 상대국 전 국민으로 확대되었고 그 범위도 군사적 차원을 넘어 정치·경제·사회·문화 등 모든 분야에서 광범위하게 적용되고 있다.

이 장에서는 심리전의 개념과 태도 및 설득에 관한 이론, 그리고 전사(戰史) 속 심리전의 사례를 살펴보도록 하겠다.

1. 심리전의 개념

심리전을 흔히 전시 전투의 여러 방법 중 하나, 또는 전투를 수행하기 위한 보조수단 정도로 생각한다. 그러나 최근에는 전·평시를 막론하고 자국의 이익과 국가안전보장을 위해 무력 없이 상대의 의지를 꺾거나 항복을 시키고, 이를 위해 상대 국론을 분열시키거나 반대로 자국 국론을 단합시키는 기본 전략과 전술 또는 수단으로 사용되고 있다.

심리전이란 주최 측이 대상 표적—상대 정부나 기구, 단체, 개인 등—의 지식, 감정, 의지, 태도 등 심리적 요소를 자극하여, 의도에 따른 목표를 달성하도록 계획하는 프로그램과 활동을 의미한다.

심리전 활동을 군사업무에 한정시킨다면, 군사적 임무를 완수하는 데 도움을 줄 수 있는 선전을 특정 집단에게 전달하는 활동이고, 심리전을 국가 차원으로 확대시킨다면, 한 나라가 정치·경제·군사 등 모든 자원을 동원하여 다른 나라의 정부나 국민의 의견이나 행동을 우리가 바라는 방향으로 움직이기 위한 총체적 노력이다.

심리전에 사용되는 용어는 광의의 개념인 심리전(Psychological Warfare), 군사작전에 적용되는 협의의 개념으로서 심리작전(Psychological Operation), 군사 외의 일반적인 심리적 변화를 위해 전개되는 심리활동(Psychological Action) 등이 있다.

군대에서의 심리전은 전·평시 고유하면서도 강력한 자산을 군 작전에 제공한다. 심리전을 수행하는 목적은 중립적, 우호적, 또는 적대적 관계의 국가들의 정서, 행동, 태도, 인식을 우리 측의 목적과 의도대로 변화시키는 데 있다. 이를 위해 심리전은 정책과 결정에만 영향을 미치는 것이 아니라, 대상 표적의 리더십(Leadership; 조직 장악력, 추진력 등)과 팔로우십(Followship; 지지력, 응집력, 추종/반대 세력의 움직임), 구성원 및 체계 전반에 영향을 미친다. 심리전 매체와 활동은 대상 표적의 내면을 변화시켜 우리 측 국가의 목표와 군사적 전략, 작전 및 전술 수준의 의도에 부합하게 만든다.

이러한 심리전은 모든 갈등의 해결수단으로, 전시에는 무형전력으로 운용되어 왔으며, 지식정보화사회에서는 군사적 충돌뿐만 아니라 정치, 경제, 사회, 문화, 스포츠 등 전 영역에 적용되고 있다. 단지 그러한 제 활동들이 '심리전'이라는 용어를 사용하지 않기 때문에 심리전의 기능이라고 인식되지 않을 뿐이다.

심리전의 역할과 기능을 살펴보면 다음과 같다.

국제관계 속 영향력 강화   국제관계에서 심리전은 일반적으로 자국에 대한 보다 좋은 이해를 촉진시킬 수 있도록 하며, 자국 국민과 외국 국민들 간에 상호이해를 증진시켜 국가이익을 얻고자 하는 데 있다. 전쟁을 하고 있는 국가나 가상 적국에 대해서는 상대방의 침략성을 억제하고, 자국에 대한 국제 여론을 유리하게 유도하며, 상대방의 국가기구 및 전투수행에 필요한 조직과 질서를 파괴 또는 혼란스럽게 하고, 구성원들의 싸우려는 의지를 약화시켜 상대방 국가 정책을 변경하도록 만든다.

군사전략 및 작전의 촉진효과　대상 표적의 심리적 요소를 자극하여 '전쟁 억제' '심리적 마비' '적 중심 파괴' 또는 '기만과 기습', '충격과 공포'의 효과를 기대할 수 있다. 주최 측의 힘을 과시하여 대상 표적 지도자의 전쟁의지를 말살하거나, 시민을 선동하여 국가 시스템과 응집력 와해를 유도하며, 구성원들의 관심을 엉뚱한 곳으로 집중시켜 의도적으로 약점을 만들어 집중적으로 공격할 수 있는 여건을 만들 수 있다.

이데올로기의 제공 및 강화　역사적으로 위대한 리더들은 구성원들을 하나의 이데올로기로 묶기 위해 많은 노력을 하였다. 자국의 강점을 선전하고 상대의 약점을 확대하여 자국 구성원들의 마음을 결집시키고 상대 구성원들의 응집을 와해시키기 위해 노력하였다. 이를 위해 심

출처: 영화 〈데이브(Dave)〉.

리전 요원들은 대상 표적과 지휘부의 감정, 동기, 의지, 태도 등을 움직여 행동에 영향을 주기 위해 의식화 및 여론형성을 주도한다.

리더십 발휘와 조직관리 수단   조직관리의 효율성을 높이기 위해서는 솔선수범, 신상필벌, 공감과 소통 등 여러 방법이 있다. 이러한 리더십은 인간 마음의 문제이다. 조직 구성원들의 욕구를 정확히 파악하고 동기를 유발해 효과적으로 이용해야 한다. 집단 내 응축된 심리적 에너지를 활용하기 위해 공격성, 적개심, 분노 등을 고조시킬 필요가 있으며, 상징(구호/마크)을 이용하여 비전을 제시할 수 있어야 한다. 또한 의식 행사(ritual)를 적시적으로 활용하여 조직 내 일치된 충성심을 이끌어 낼 수 있어야 한다.

여론 형성의 기능   여론이란 사회적 쟁점이나 문제에 대한 사회대중의 공통된 의견을 의미한다. 따라서 정치, 경제, 외교, 전쟁 등 관 같은 사회 전 구성원들의 지원을 필요로 하는 곳에서, 여론은 중요한 전략적 요소가 된다. 그러므로 심리전 주최 측은 여론을 형성하고 관리하면서도 여론에 순응해야 하는 이중적 상황에 놓여 있다. 여론을 왜곡, 조작하기도 하면서 관리해야 하지만, 자신들이 조작한 여론에 의하여 심리적 역전이(counter transference)되는 현상을 경계해야 한다.

전투원의 태도 변화   사실 심리전의 가장 중요한 기능이 피아 전투원의 태도 변화이다. 심리전은 보이지 않는 무형 전투력인 정신전력, 즉 사기의 주도권을 확보하기 위해 활용된다. 아군의 전의를 고취시키고, 상대방의 공황을 확장시켜 전의를 상실시켜 투항을 유도하는 것이다. 실제로 북한군은 '염전사상(厭戰思想)'을 가장 경계한다. 염전사상을 북한 사전 뜻대로 해석하면 전쟁을 회피하는 사상이다.

심리전이 이러한 다양한 역할과 기능을 수행하기 위해서는 선전과 선동, 기만과 공작, 외교/경제활동, 테러 및 대량살상무기 보유, 무력과시, 민사활동, 내부 개발과 방어, 우호 및 적대주민 활용 등의 활동이 동반되어야 한다.

2. 태도와 태도 변화

태도(attitude)는 사회심리학 용어로, 초창기 심리학부터 중요한 관심주제로 다루어져 왔다. 심리전이 상대방의 태도를 자기 측에 유리하도록 유도하는 것이 목적이기 때문에 태도에 대한 심리학적 이해는 심리전을 수행하기 위해 반드시 필요하다. 그 이유는 태도가 행동에 영향을 미치는 중요한 심리적 요인이며, 상대의 행동을 예측하거나 변화시키려고 할 때 가장 많이 고려해야 될 요인이기 때문이다.

태도는 사람들이 대상에 대해 지니는 마음의 자세, 양태다. 태도는 태도 대상과 상황에 관련된 소지자의 반응에 직접적이거나 역동적인 영향력을 주는 심리적이고 생리적인 준비상태로서 경험을 통해 형성된다.

고대 그리스 시대부터 인간의 마음을 지(知), 정(情), 의(意)라는 3요소로 분석하였기 때문에 태도도 이러한 세 가지 요소로 구성되어 있다고 본다.

지(知)는 인지요소이다. 어떤 대상에 대하여 우리가 가지고 있는 모든 표상과 지식을 말한다. 예를 들어, 북한의 김정은에 대해서 우리가 가지고 있는 모든 부정적, 긍정적 태도를 모두 의미한다. 서구식 사고 (+), 젊은이(+), 개방노력(+)이라는 중립적이거나 긍정적 이미지가 있지만, 고모부인 장성택 처형 이후 잔인한 숙청을 거듭하면서 독재자(-), 잔인함(-), 공포정치(-) 등 그에 대한 태도에 상당히 많은 변화가 일어났다. 태도의 인지요소가 갖는 특징은 복잡성과 가변성에 있다.

정(情)은 평가요소이다. 대상에 대한 전반적 평가로 태도 대상에 대하여 지닌 호오적(好惡的) 평가를 말한다. 이는 태도 대상에 대한 인지요소에 대한 종합적인 면이기도 하다. 인지요소가 복잡성과 가변성을 특성으로 한다면 그에 반해 평가요소는 단순성을 특징으로 한다. 태도 대상에 대해 알고 있는 인지요소는 좋은 면과 나쁜 면을 모두 포함하고 있지만 그 복잡성에도 불구하고 사람들이 느끼는 호오의 감정은 한마디로 표현될 수 있다. 동시에 평가요소는 지속성을 특징으로 한다. 인지요소가 망각된 후에도 평가요소는 지속되며, 행동에 지속적인 영향력을 발휘한다. 평가요소는 후광효과적인 특성을 가지고 있어 태도 대상에 대해 전반적인 영향을 준다.

마지막으로 의(意)는 행동요소이다. 이는 태도 대상과 관련된 친근하게 또는 적대적으로 취하는 행동, 즉 인지와 평가요소의 외적 표현을 의미한다. 대상에 대해 반대운동을 한다던가, 투표를 하는 등의 자신의 태도에 대한 표현행위를 의미한다. 흔히 태도가 행동을 결정하는 것으로 여기지만, 사실 행동을 결정하는 요인은 여러 가지이며, 태도는 그중 하나일 뿐이다. 따라서 우리는 태도가 행동에 대한 예측력이 적거나 없음을 경험한다. 외부로 확인된 태도가 행동과 연결되지 않은 경우도 많다. 담배를 싫어한다고 해서 무조건 금연하는 것은 아닌 것도 마찬가지이다.

3. 태도의 형성과 태도를 바꾸는 이유

우리는 북한에 대해 어떠한 태도를 지니고 있는가? 왜 그러한 태도를 지니게 되었는가? 태도는 호의적이기도 하면서 적대적일 수도 있다. 태도가 획득되고 변화하는 심리적 과정은 매우 복잡 다양하다. 태도는 주로 학습경험과 심리적 일관성을 추구하기 위해 형성된다. 최근에는 태도의 형성에 유전적 요인도 작용한다는 연구결과도 있다. 분리되어 자란 쌍둥이의 태도가 유사하게 나타나고, 특히 특정 대상을 접하고 별 이유 없이 좋아하거나 싫어하는 태도도 유사하게 나타난다는 보고가 있다. 이러한 현상은 유전적 요인이 사람들의 일반적 성향에 영향을 주고, 이것이 다양한 태도 대상에 대하여 정서적인 영향을 미치기 때문일 것이다. 활동성이 높은 쌍둥이들은 활동적 행위, 즉 운동이나 등산 등에 대해 유사한 태도를 가지기 쉬울 것이다.

학습에 의한 태도 형성   첫째, 태도는 경험과 학습과정을 통해 형성된다. 태도는 먼저 연합에 의해 형성되는데, 하나의 자극이 다른 자극에 선행하는 과정이 반복되면 두 자극이 연합된다. 선행하는 자극이 나오면 후행하는 자극이 예견되고, 후행하는 자극에서 느껴지는 정서나 반응이 연합 후에는 후행자극이 없이도 발현될 수 있다. 이것을 고전적 조건형성의 원리라고 한다. 태극기와 김연아 선수가 감동의 눈물을 흘리는 장면이 반복 연합되면, 나중에는 태극기만 보아도 감동이 느껴지는 것이 그 예이다.

둘째, 강화에 의해서 태도가 형성된다. 목마른 사람이 물을 마시면 갈증해소라는 보상을 얻는다. 이러한 보상은 물에 대해 호의적 태도를 형성하게 된다. 전단에 달려나 유용한 물품을 동봉하는 것이 예이다. 전단을 주우면 돈이나 물건이 보상이 되어 전단의 내용에 호의와 신뢰를 갖게 되는 것이다. 이를 조작적 조건형성 원리라고 한다. 북한의 핵미사일에 대하여 이미 지니고 있는 태도가 보상을 받게 되면 지속되고 강도가 강해지지만 처벌을 받게 되면 약화될 것이다.

셋째, 모방에 의해 태도가 형성된다. 우리는 힘이 있거나, 영향력 있거나 존경하는 사람을 모방하는 것처럼 태도를 모방하여 습득할 수 있다. 부모님이 특정 지역을 비판하면, 그 자녀들도 특정 지역에 대해 비판적인 태도를 지니게 되는 것이 그 예이다. 이를 사회학습 원리라고 한다. 그래서 영향력 있는 사람들의 한마디 발언이 매우 중요하기 때문에 SNS 등의 게시에 신중을 기해야한다.

심리적 일관성 추구를 위한 태도 형성 우리는 심리적으로 평온함과 일관성을 유지하려는 경향을 가지고 있다. 균형과 일관성을 유지하는 과정에서 태도가 형성되기도 하고 변화하기도 한다.

　자신이 가지고 있는 정서적 평가와 인지적 요소들 간의 일관성을 유지하려고 한다. 즉, 대상에 대해 부정적 정서(불안, 화, 두려움 등)를 지니고 있으면 인지요소(핵무기, 숙청, 독재 등)도 부정적인 것을 많이 가지고 있으며, 인지적 요소가 긍정적인 것이 많으면 정서적 평가도 긍정적이 된다. 즉, 부정적 이미지를 가지고 있으면, 추후 인지적 내용도 부정적인 것만 받아들이려 한다는 것이다. "그것 봐. 내 느낌이 맞았다니까!" 처럼 말이다.

　특히 태도와 행동이 불일치할 경우 인지부조화가 발생하게 된다. 이것은 부조화 감소 동기에 의해서 조화 또는 균형을 회복하는 방향으로 변화를 가져 온다. 조화의 회복은 행동을 바꾸거나 태도를 바꾸는 것, 어느 것에 의해서도 가능한데, 중요한 것은 자신이 이미 한 행동은 바꾸기 어렵기 때문에 태도를 바꿈으로써 평형을 유지하려고 한다는 것이다. 예를 들면, 북한 주민들을 일단 행동적으로 자유민주주의를 지지하게 만드는 데 성공하면 이후 그들의 이념과 사상을 바꾸는 것은 의외로 쉬울 수 있다.

손익계산에 의한 태도 형성　우리는 자신에게 주어지는 유인가의 긍정성과 부정성을 저울질하여 유리한 결과에 따라 태도를 바꿀 수 있다. 이를 기대-가치이론이라고 하는데, 어떠한 선택에 따라 자신에게 미치는 결과와 각각의 결과들이 발생할 확률(주관적이고 비합리적일 수 있는 판단일지라도)의 득실을 따져서 자신의 태도를 결정한다는 것이다. 이 이론은 인간을 적극적이며 계산적이고 합리적인 존재로 바라보는 입장이다. 개인은 과거의 경험보다는 현재 계산된 유인가에 의해서 태도가 결정될 수 있음을 의미한다. 이 이론에 따르면 북한의 고위층 간부들이 자신에게 주어질 보상이나 처후에 따라 계산적으로 태도를 형성할 수 있다는 것이다. 북한의 태영호 영국 주재 북한 대사관 공사가 가족과 함께 망명한 사건이 가장 대표적인 기대-가치 이론의 사례일 수 있다.

> 다른 종류의 설득 도구들과 마찬가지로 일관성의 법칙도 우리 마음 속 깊이 자리 잡고 있으면서 소리 없이 우리에게 영향력을 행사하고 있다. 이 새로운 법칙은 우리가 지금까지 행동해 온 것과 일관되게 혹은 일관되게 보이도록 행동하려 하는, 거의 맹목적인 욕구를 말한다. 일단, 우리가 어떤 선택을 하거나 입장을 취하면, 그러한 선택이나 입장과 일치되게 행동해야 한다는 부담감을 느끼게 된다. 그리하여 그러한 부담감은 우리로 하여금 우리가 이전에 취한 선택이나 입장을 '정당화'하는 방향으로 행동하게 만들고 있다.
>
> 출처: Cialdini, Martin, & Goldstein(2015).

설득하는 방법을 알아보기 전에 메시지 수신자가 상대의 설득 노력을 수용하여 자신의 태도를 바꾸는 이유를 이해할 필요가 있다.

정교화 가능성 모형(elaboration likelihood model)에 의하면, 설득 메시지 내용이나 구성보다는 수신자의 개인적 사고가 태도 변화의 여부를 결정하는 데 더 큰 요인으로 작용한다고 한다. 사람들은 어떤 경우 쟁점에 대해 크게 관여하지 않고 신속하게, 그리고 심사숙고하지 않고 대충 태도를 결정하기도 하며, 반대로 어떤 때에는 별것 아닌 일에 크게 심사숙고하고 세심하게 주의를 기울여서 설득 메시지를 분석하기도 한다.

수신자의 주의가 분산되어 있고 피곤하거나 설득 메시지에 관심이 없다면, 메시지의 쟁점이나 내용의 진위 여부, 핵심내용 등에 크게 주의를 기울이지 않는다. 즉, 정보를 처리하기는 하지만 크게 심사숙고하지 않는다는 것이다. 그런데 놀랍게도 사람들은 메시지에 크게 관여하지 않고 심사숙고하지 않을 경우에도 의외로 쉽게 태도를 바꿀 수 있다. 물론 메시지에 크게 관여하지 않는다는 것이 그것에 완전히 신경을 쓰지 않는다는 것은 아니다. 신체적 매력이나 긍정적 정서를 유발하는 가벼운 자극 등에 기초한 설득이라면 메시지의 피상적인 측면을 인식하게 된다. 낮은 수준의 정보처리가 일어나는 것이다. 이것을 말초경로에 의한 설득이라고 부른다. 이런 경우에 설득이 되어 태도가 변화하는 것은 사실 매우 일시적일 수 있어서 태도 변화가 확고하게 일어나지 않는다. 즉, 변화는 했어도 다시 원래의 태도로 돌아가기 쉽다는 것이다. 이 과정을 심리학 용어로 '**휴리스틱 처리**'라고도 한다.

말초경로에 의한 설득은 **우리 편 휴리스틱, 전문가 휴리스틱, 메시지 휴리스틱** 등 세 가지 경로에 의해 이루어진다.

우리 편 휴리스틱은 수신된 메시지가 수신자가 속한 집단의 지배적이고 다수의 의견이라고 여겨진다면, 그 메시지의 내용이나 논리에 대해 깊이 관여하지 않고 그대로 자신의 태도로 받아들인다는 것

출처: 영화 〈약장수〉.

약장수는 물건을 팔기 위해 전문성, 유머, 유사성 등 모든 말초경로를 활용하여 수신자의 휴리스틱 처리를 촉진하려고 노력한다.

이다. 이는 동조압력과 유사성 및 호감에 의해 일치하려는 관성, 즉 일관성 원리가 작용하기 때문이다.

전문가 휴리스틱은 수신자 자신이 잘 모르는 분야의 내용이나 경험이 없는 영역의 메시지에 대하여 발신자가 전문가인지 아닌지에 따라 내용의 수용 여부를 결정한다는 것이다. 나를 설득하려는 사람이 전문가의 특징을 보이는 경우 수신자는 내용에 대해 논리적으로 따지려 하지 않고 휴리스틱에 의해 정보를 처리한다는 것이다. 그래서 말을 잘하거나, 실력이 있어 보이거나, 자신감 있어 보이거나, 전문가적 차림새를 하고 있을 경우 사람들은 발신자를 쉽게 믿는 경향이 높다. 이는 일방적 내용 전달보다는 양방적 내용 전달을 모두 제시하는 것이 설득력을 높이는 것과 일맥상통한다. 양방적 내용을 모두 설명할 수 있다는 것이 전문가적 소양을 지녔다고 여기도록 만들기 때문이다. 전문가 휴리스틱은 수신자의 주의가 논점에 집중되지 않은 상황에서 더욱 효과가 크다. 그러나 수신자가 논점에 대해 직접 경험을 해 본 경우에는 전문가 휴리스틱이 덜 작용한다.

메시지 휴리스틱은 수신자가 메시지를 접했지만 내용의 주제를 이해할 만한 능력이 부족하거나 메시지 내용에 대한 관심이 떨어질 경우, 또한 주의를 기울이기 어려운 상황에 처해 있다면, 논지의 강약에 관계없이 말초경로에 의해 태도를 변화할 수 있다. 즉, 메시지에 담긴 주장의 길이, 논리적 순서 등이 영향을 미칠 수 있다는 것이다. 이를테면, 논점이 듣는 이의 관심사가 아닐 경우에는 전달하는 메시지를 길게 하고 많은 내용을 제시하는 것이 설득에 더욱 효과적이다. 이 경우 논점의 강약은 문제가 되지 않아 정보처리가 체계적으로 이루어지지 않았다. 크게 중요하지 않은 일에 대해서는 이유 같지 않은 이유라도 길게 늘여서 설득하는 것이 훨씬 설득효과가 크다는 것이다.

이처럼 말초경로에 의해 가벼운 설득이 되는 경우도 있지만, 또 다른 경로인 핵심경로에 의해 설득이 되는 경우가 있다. 핵심경로의 경우 수신자들은 쟁점에 대해 타당하고 중심적인 핵심의 논리와 이득에 관해 생각함으로써 설득 메시지를 매우 주의 깊게 처리한다. 즉, 수신자는 메시지를 논리적이고 합리적으로 정교화하려고 노력한다. 사람들이 메시지를 심사숙고해서 평가하고 그에 대해 일단 호의적으로 평가하기 시작하면, 긍정적 태도 변화가 매우 강하고 견고하게 일어난다. 물론 비호의적 평가가 일어난다면 부정적 태도로 변화하게 만든다. 실제로 메시지 내용 자체보다는 내용에 대한 인지적 정교화(심사숙고)가 태도 변화의 방향과 강도를 결정짓는다.

[그림 8-1] 육군3사관학교 선발면접 장면

지원자는 자신을 선발할 수 있도록 설득메시지를 논리적으로 전달하려고 노력하고, 면접관은 인지적 정교화 과정을 통해 지원자를 평가한다.

말초경로가 아닌 핵심경로로 설득이 이루어지기 위해서는 두 가지 조건이 선결되어야 한다.

첫째, 수신자가 설득 메시지에 대해 심사숙고하기 위한 핵심경로 동기가 있어야 한다. 핵심경로 동기는 사람들이 쟁점에 흥미가 있을 때, 개인적으로 쟁점에 관여되어 있을 때, 그리고 심사숙고할 수 있는 충분한 시간과 심리적 에너지가 있을 때 촉진된다. 즉, 자신의 신변에 크게 관여되어 있어야 동기가 유발된다.

둘째, 수신자는 메시지를 파악하고 이해할 수 있는 여건과 능력이 마련되어야 한다. 즉, 메시지는 수신자가 충분히 내용을 이해할 수 있도록 간결하고 쉽게 만들어져야 하고, 수신자의 처지 자체가 산만하거나 주의가 분산될 수밖에 없는 상황이어서는 안된다는 것이다. 특히 피곤하거나 메시지 자체에 흥미가 없거나 메시지가 자신의 신변과 무관하다고 생각되면 사람들은 메시지에 크게 주의를 기울이지 않고 피상적인(말초적인) 단서들에만 주의를 기울이게 된다.

셋째, 전달내용의 논지가 탄탄하게 구성되어 있어야 한다. 논리적 구성이 많을수록 설득력이 높다. 반면에 논지가 약하게 구성되어 있다면, 적은 수의 논지보다 많은 수의 것이 역으로 작용하여 부메랑 효과를 가져올 수 있다.

심리전 대상 표적을 나의 의도대로 설득하기 위해서는 체계적이고 세밀한 계획을 세워야 한다. 대상 표적이 자신의 태도를 바꾸게 되는 계기를 이해한다면, 계획을 세울 때, 말초경로와 핵심경로에 의한 태도 변화 과정을 이해하여 체계적이고 복합적인 계획을 세워 설득해야 한다.

4. 설득과정

우리는 매일 설득을 통해 우리의 태도를 바꾸려는 시도 속에서 살아가고 있다. 수많은 상업 광고 속에서 살고 있기 때문이다. 조직 내 구성원들 간의 대화도 사실은 설득의 연속이다. 단지 설득이 성공적이냐 아니냐의 차이만 있을 뿐이다.

설득(persuasion)은 다른 사람의 태도를 변화시키기 위해 의도한 주장과 정보의 소통이다. 태도는 앞서 알아본 바와 같이 어떠한 대상에 대한 감정과 신념이다.

설득과정은 네 가지 기본 요소로 이루어져 있다. **출처 요인**(누가,

[그림 8-2] 설득의 과정 개관

source)은 통신을 전달하는 사람이고, **수신자 요인**(누구에게, receiver)
은 메시지를 받는 사람이다. 우리가 북한으로 전단을 살포했다면, 우
리는 출처 요인이 된다. 전단을 발견하고 확인한 북한 주민 또는 북한
군인들은 이러한 설득과정에서 수신자가 되는 것이다. 전단 속 **메시
지**(무엇을, message)는 출처가 전달하는 정보이며, **채널 요인**(수단,
channel)은 전달하는 매체, 즉 전단이 되는 것이다.

　　출처 요인을 살펴보면, 설득은 수신자가 출처에 대해 신빙성(credi-
bility)이 높고 믿을 만하다고 여길 때, 성공적일 수 있다. 사람들은 누
군가를 설득하기 위해 자신의 학위, 훈련 및 경험을 언급하거나 쟁점
에 관한 인상적인 통계결과를 제시함으로써 전문성을 전달하려고 한
다. 이러한 출처의 신빙성은 신뢰성(trustworthiness)에 좌우된다. 북
한 주민들에게 자유민주주의의 우월성에 대해 이야기를 할 때, 한국
의 대기업 사장이 이야기하는 것과 일본의 정치학 교수가 이야기하는
것 중 당신이 북한 주민이라면 누구의 말을 더 신뢰할 것인지 생각해
보자. 아마 후자일 것이다. 신뢰성은 대기업 사장과 같이 이윤을 추구
하는 사람이 설득을 할 때 손상되기 쉽다. 또한 대조적으로 사람들이
자신의 이익과 반대되는 주장을 하는 것처럼 보일 때 신뢰성은 강해
진다. 그래서 '우리나라에서 두 번째로 맛있는 음식점'에 손님이 많

[그림 8-3] 신뢰성

다소 모자람, 순수함, 솔직함이 신뢰성을 높일 수 있다.

은 것이다.

호감과 매력도 출처의 신빙성을 높이는 데 도움이 된다. 높은 호감은 사실 신체적 매력이 가장 크게 작용한다. 한 심리학 연구에서 매력이 적은 학생들보다 매력적인 학생들이 청원서에 서명을 받는 것에 더욱 성공적임을 발견하였다. 사람들은 또한 자신과 유사성을 많이 가지고 있는 출처에 대해 더욱 호감을 지닌다. 정치인들이 선거에서 승리하기 위해 학연, 지연, 혈연 등 유사성을 강조하는 이유가 바로 여기에 있다.

수신자 요인은 어떠한가? 어떤 사람이 설득당하기 쉽고, 어떤 사람을 설득하기 어려운가? 매우 복잡한 문제다. 설득을 하려는 의도가 확연히 보이는 '사전 경고' 또는 쟁점에 대해 수신자가 최초에 어떤 태도를 가지고 있는지와 같은 일시적 요인들은 수신자의 성격보다 영향력이 더욱 크다. 설득자가 나의 태도를 바꾸려고 노력하려는 의도를 가지고 있다는 것을 확실하게 감지하게 되면 수신자는 설득을 위한 영향력을 저항하게 된다. 이것을 '사전경고효과'라고 한다.

또한 자기존중감(self-esteem)이 낮은 사람은 높은 사람에 비해 흔히 쉽게 설득당할 수 있다. 그러나 이것은 일반적이지 않을 수도 있는데, 자기 존중감이 낮은 사람이 자기 존중감이 높은 사람보다 쉽게 설득되는 것은 맞지만, 사실 자기 존중감이 높은 사람도 설득을 당한다. 다만 그것을 인정하기 싫어하는 경향이 더욱 클 뿐이다. 즉, 자기 존중감이 높은 사람은 낮은 자기 존중감을 가진 사람보다 태도 변화를 훨씬 덜 경험하는 것처럼 보이지만, 사실 이 효과는 설득의 성공 여부를 떠나서 자존감이 높은 사람이 자신의 태도 변화를 어떻게 해석하느냐의 차이가 더 큰 것이라고 할 수 있다. 북한의 고위급 인사들(자기 존중감이 높을 가능성이 큰 사람들)이 탈북 및 망명하는 것은 그들이 자존감이 낮아서 쉽게 설득당했다고 해석하는 것보다는 스스로 자신의 앞길을 선택했다고 보는 것이 더 적합할 것이다.

[그림 8-4] 자존감을 찾아 탈북한 북한의 고위급 인사

2016년 8월 대한민국으로 망명한 태영호 영국주재 북한 대사관 공사. 그는 대한민국의 자유민주주의 체제에 대한 동경, 자녀의 장래문제 등의 이유로 귀순동기를 밝혔다.

메시지 요인은 어떻게 설득에 작용하는가? 우선 일방적으로 설득자의 주장을 담을 것인지, 아니면 설득자가 주장하고 싶은 내용과 반대되는 내용을 양방적으로 노출시켜야 하는지 고려할 수 있다. 자칫 설득자가 주장하는 내용에 부정적 영향을 미칠 것을 고려하여 '일방적 주장'을 메시지로 담는 것이 효과적이라고 생각할 수 있다. 그러나 전문가들은 대체로 설득자의 입장 속 약점을 노출하는 '양방적 주장'이 더욱 효과적이라고 말한다. 왜냐하면 수신자에게 사실 쟁점의 양면이 있다는 것을 인정하고 언급하는 것이 수신자로 하여금 설득자의 신빙성을 증가시킬 수 있기 때문이다.

물론 일방적 메시지 전달도 효과가 없는 것은 아니다. 일방적 메시지는 수신자가 쟁점에 관해 아는 것이 없거나 또는 이미 설득자의 관점에 매우 호의적인 태도를 지니고 있을 때에만 효과적으로 작용한다.

또한 설득자들은 수신자의 태도를 변화시키기 위해 정서적 호소를 메시지에 담아야 한다. 수신자의 감정이 움직일 수 있도록 모든 감각적 노력을 다해야 한다. 희망, 기쁨, 행복, 당혹감, 두려움, 슬픔, 화 등 여러 감정 요소가 있는데, 특히 공포 유발이 설득을 증가시킨다는 의견이 많다. 핵 정책, 교통 안전, 건강 등의 주제에 대해서는 공포 정서를 이용한 설득이 효과적이다.

그러나 공포 정서를 사용할 때, 고려해야 할 요소도 있다. 공포 호소는 수신자 자신이 메시지를 지나치게 혐오스럽거나 불쾌한 것으로 받아들이면서 궁극적으로 해결방법이 없이 절망을 느끼게 될 경우에는 효과가 떨어진다. 즉, 공포 설득 메시지에 노출된 다음 수신자가 설득을 받아들이지 않고 직접적으로 부정적 결과가 자신에게 일어날 가능성이 높을 때, 동시에 설득자의 충고를 수용해서 그 부정적 결과를 회피할 수 있다는 예상이 될 때 가장 효과적일 수 있다는 것이다. 만약 메시지가 해결방법이 없이 공포 유발만 강조한다면, 수신자는 공포만 유발되기 때문에 설득보다는 더욱 강하게 방어를 하게 된다. 수신자가 쟁점에 대해 스스로 통제하고 관리할 수 있는 해결책을 제공하지 않고, 수신자에게 높은 수준의 공포만을 유발하게 된다면, 수신자는 방어적이 되고 따라서 설득은 실패하게 된다. 예를 들어, 전단 내용이 '지금 즉시 항복하지 않으면, 큰 폭격으로 죽을 수 있다!'로 끝나는 것이 아니라, '이 전단을 가지고 전단에서 안내하는 방법으로 투항하면 보호받을 수 있다.'는 해결책도 동시에 제시되어야 설득이 더욱 효과적일 수 있다는 것이다.

긍정적 감정의 유발은 어떤 설득효과가 있을까? 긍정적 감정 유발 전략의 예는 상업광고에서 많이 찾아볼 수 있다. TV광고에서 매력적인 모델을 사용하거나, 듣기 좋은 음악을 사용하는 것, TV프로그램에서 웃음소리를 배경으로 사용하는 것 등이 그 예이다. 또한 미국에서는 9.11 테러 이후, 애국적 주제와 이미지가 광고에서 급격하게 증가하였다. 여러 연구에 의하면 사람들을 설득하기 위해 긍정적 감정을 유발하는 것은 매우 효과적이다. 긍정적 감정의 유발이 설득 쟁점과 관련하여 너무 과도하게 주목을 끌지만 않는다면 매우 효과적일 수 있다. 그리고 긍정적 감정 유발효과는 설득 쟁점이 너무 민감하지 않을 경우에 효과가 있다. 만일 수신자가 주제에 관해 크게 관심을 가져야만 하는 쟁점이라면, 그들을 설득하기 위해서는 단순 긍정 감정 유발 이상의 전략을 준비해야 한다. TV 상업광고의 음악 사용은 시청

출처: 미국 드라마 〈2010 V〉

외계인 지도자인 애나는 지구 각국 정상들과 만나고, 기자회견을 하면서 지구인을 설득하기 위해, 중성적이며 매력적인 모습으로 위장한다. 자신들의 우월한 과학 및 의료 기술을 지구인을 위해 사용하겠다고 약속하며, 신뢰와 권위를 획득한다. 여론주도층과 지속적으로 접촉하며 제3자를 활용하여 지지를 얻는 전략을 구사한다.

자 설득에 분명한 효과가 있지만, 메시지가 사소한 주제일 경우에만 효과적이었다는 연구결과가 있다.

　심리전 방송의 경우, 중요한 설득 쟁점을 방송할 때, 무분별한 긍정 감정 유발 자극을 보내는 것은 효과가 떨어질 수 있다. 긍정 감정 유발 자극을 사용하는 용도는 송신자가 수신자와 라포(rapport)형성을 할 목적으로 사용될 때 효과적이다. 즉 무거운 주제를 제시하여 설득을 할 때에는 1차적으로 장기적으로 긍정적 감정 유발을 통해 신뢰관계를 형성한 후, 다음 단계의 전략을 계획(공포 조성 및 해결책 제시 등)하는 등의 다양하고 체계적인 설득 계획을 수립하는 것이 바람직하다.

생각해 봅시다   응종기법

다음의 응종기법들이 실제 심리전에서 어떻게 활용되고 있는지 생각해 봅시다.

문간에 발 들여놓기 기법(foot in the door technique)은 타인에게 들어주기 쉬운 작은 요구를 한 후에, 나중에 더 큰 요구를 들어줄 수 있는 기회를 만드는 기법이다. 쉽게 말해 방문판매원이 물건을 팔기 위해서는 "잠깐 이야기 좀 할 수 있을까?"라고 쉬운 제안을 시작으로 일단 집 안으로 들어가는 것을 허락받아야 한다는 것이다. 이 기법은 응종률을 평균 약 13% 증가시키며, 최초 요구가 너무 작아도 효과가 없으며, 본론의 요구가 과도하게 클수록 효과가 떨어질 수 있다.

낮은 공 기법(lowball technique)은 타인에게 숨겨진 목적을 밝히기 전에 매력적인 제안에 빠져들도록 하는 것이다. 기법의 이름은 야구에서 투수가 타자를 속이기 위해 높은 볼을 하나 보여 준 후, 낮은 공을 던져 스윙을 유도한다는 의미이다. 예를 들어, '찜질방 무료'라고 광고를 해서 사람을 들어오게 한 후, 찜질복 대여비, 옷 보관비 등을 받아내는 상술로 많이 사용된다. 일단 매력적인 제안에 빠져들게 되면, 점차 늘어나는 부담을 쉽게 거절하기 어려워진다.

문전박대 기법(door in the face technique)은 사람들이 거절할 수밖에 없는 큰 요구를 한 후, 더 작은 요구를 들어주도록 만드는 기법이다. 예를 들어, 아이가 엄마한테 스케이트 보드를 사달라고 하기 전에 비싼 자전거를 사달라고 조르고, 그것이 거절되었을 때, 진짜로 원했떤 스케이트 보드를 사달라고 하는 방식이다. 순간적으로 상대의 부담을 줄여줌으로써 작은 것을 얻을 때 유용하게 쓰이는 기법이다.

죄의식 유발 기법(the guilt technique)은 타인에게 죄의식을 유발시키고, 그 죄책감을 해결할 수 있는 기회를 제공함으로써 나의 요구를 들어주도록 유도하는 기법이다. 사람들은 죄책감을 느낄 때 이를 감소하려는 동기를 지니고 있다. 잘못을 뒤집어 씌운 후, 질책을 하고, '잘못을 용서해 줄테니 부탁을 들어달라'는 절차로 진행되는 응종기법이다.

제**9**장
심리전의 실제

심리전의 중요성은 수많은 전사(戰事)를 통해서도 알 수 있다. 제1
차 세계 대전 후 독일 육군의 전투 결과 보고서에 따르면, 연합군의
전단작전에 대해 '적의 전단작전(傳單作戰)이 우리를 패배시켰다. 적
은 전장에서 인간 대 인간, 무력 대 무력으로 우리를 격퇴시킨 것이
아니라 빈약한 종이에 엉망으로 인쇄한 서투른 내용으로 우리의 전력
을 격감시켰다.'라고 반성하였다. 이는 심리전이 제1차 세계 대전 전
반에 지대한 영향을 미쳤음을 의미한다.

전쟁은 단순한 군사적 충돌만이 아니다. 매우 복잡하고 다양한 작
전과 활동에 의해 승패가 결정된다. 기원전 525년 페르시아와 이집트
의 전쟁에서 페르시아가 강력한 이집트를 손쉽게 정복할 수 있었던
이유도 심리전에서 승리했기 때문이다. 당시 심리전 수단으로 활용

된 것은 고양이였다. 이집트인들은 고양이를 매우 신성시 여긴다. 이 승과 저승을 이어 주는 사자로 인식하고 있었다. 페르시아 군은 이러 한 사실을 활용하였다. 페르시아군은 투석기로 고양이를 이집트 성 벽에 던지기 시작했고, 고양이를 신성시 여기는 이집트 군은 처참하 게 죽어가는 고양이를 보지 못해 결국 항복하게 되었다. 페르시아가 승리할 수 있었던 결정적 요인은 이집트인이 고양이를 사랑하고 신성 시 여기는 심리를 역이용한 것이다.

1. 전사 속 심리전

역사 속, 주요 전쟁에서 심리전이 중요한 역할을 한 사례를 살펴보 면서 심리전의 중요성을 확인할 필요가 있다.

1) 임진왜란 진주대첩

진주대첩은 임진왜란 당시 진주에서 조선군과 왜군이 벌인 두 차 례의 싸움으로, 한산도대첩, 행주대첩과 함께 임진왜란 3대 대첩으로 불린다. 진주대첩은 일본에게 씻을 수 없는 치욕으로 여겨지고 있다. 그 이유는 일본이 처음으로 육지에서 참패한 전쟁이기 때문이다. 당 시 일본군은 신식무기인 조총이 주 무기였던 반면, 조선군은 활이나 창이 주 무기였다.

진주대첩의 주역인 김시민 장군은 왜군과 맞닥뜨리기에는 병력의 수가 매우 부족했다. 김시민 장군은 3,800명의 병사를 이끌고 방어에 나서 성곽 위에서 활을 쏘는 모습의 허수아비를 세워 두고 왜군을 속이는 등 심리전과 지략에 능통했다. 왜군들은 사람과 비슷한 인형에게 오사격을 하게 되었고 이를 통해 왜군의 화력을 분산시키는 효과를 가져 왔다.

또한 김시민 장군은 악공(樂工)을 시켜 문투(門套)에 올라 피리를 불게 하였다. 피리 소리를 통해 아군에게는 불확실한 전장상황에 대한 심리적 안정을 제공하였으며, 반대로 적군에게는 성 안의 조선군이 충분한 전투 준비가 되어 있다는 심리적 안정감을 보이는 효과를 가져 왔다.

2) 소련-핀란드 겨울전쟁

겨울전쟁은 제2차 세계 대전 중인 1939년 11월 30일 소련이 핀란드를 침공하여 발발한 전쟁이다. 거대한 스탈린의 소련에 비해 핀란드는 전력이 열악했다. 소련의 일방적 공세에 핀란드는 속수무책이었다. 이때 전세를 역전한 계기가 '스키부대'라는 특수부대의 역할이다.

스키부대는 핀란드인 기업인이며 예비역 대령인 파보 탈벨라(Paavo Talvela)에 의해 만들어졌다. 탈벨라는 핀란드 군의 총 사령관 마네르하임을 설득하여 스키부대를 창설하여 게릴라전을 실시한다. 자정 직전에 야간 기습공격을 했으며, 스키로 무장하여 얼어붙은 산지와 호수를 은밀하게 기동하였고, 소련군을 기습공격한 후 곧장 숲속으로 사라지기를 반복했다. 기습에 놀란 소련군이 대응 사격을 해 보지만 핀란드 군은 곧장 사라져 소련군의 사상자만 늘어났다. 신출귀몰한 스키부대의 이동과 사격술에 소련 병사들은 핀란드 스키부대를 '하얀 주검'이라는 공포의 상징으로 여기기 시작했다. 당시 소련군 병사의 편지를 보면 그들이 겪었던 불안한 심리상태를 알 수 있다.

'지독하게 추운 밤이 오면, 별도 반짝이다 말고 얼어붙어 버립니다. 눈은 소리 없이 내려 내 몸을 덮어 버리고, 적들의 총소리는 마치 관 속에서 나는 것처럼 멀리서 길게 메아리치며 들려옵니다.'

3) 이라크전 작전명 충격과 공포

2003년 3월 19일, 이라크 공습에 나선 미군의 군사전략 작전명은 '충격과 공포(Shock and Awe)'였다. 그 작전명이 이라크 전역은 물론이고 전 세계에 보도되었다. 미국의 압도적인 화력을 집중시켜 이라크 군을 충격과 두려움에 휩싸이게 만들려는 미군의 의지가 담긴 프로그램이었다.

'충격과 공포' 계획은 미군이 개전 48시간 이내에 800여기의 크루즈미사일을 포함한 수 십 만발의 정밀유도폭탄을 이라크 통신시설과 군사시설 등에 퍼붓는 것이었다. 사실 계획과 달리 실제 초기 공격은 제한된 수준에 그쳤다. 하지만 작전명만으로 이라크군은 전의를 상실했고, 미군은 신속하게 이라크 군 지역으로 전개할 수 있었다. 이는 물리적 충격과 심리적 공포의 효과를 극대화한 현대전의 새로운 양상이라 할 수 있다.

이 작전명은 전 해군사령관 출신의 군사전략가 할렌 울먼과 제임스 웨이드 전 국방부 차관보가 1996년 펴낸 책『충격과 공포: 신속한 승리를 위해(Shock and awe)』에서 원용한 것이다. 저자는 '충격과 공포' 전략을 '본격적인 공격전에 첨단무기로 주요 군사시설에 대한 대규모 공습을 감행하여 사전에 적의 저항의지를 꺾는 전략'이라고 설명하였다.

4) 6·25 전쟁 물라작전

6·25 전쟁 당시 유엔군 사령관을 지낸 마크 클라크(Mark Clark)는 물라작전을 두고 가장 위대한 심리전의 승리라고 했다. 이 작전은 1952년 초 한 종군기자가 술자리에서 가볍게 던진 이야기가 정식 심리작전으로 발전된 것이다. 물라(Moolah)는 돈을 뜻하는 속어로, 작전명처럼 소련의 미그기를 조종하여 귀순하는 조종사에게 5만 달러를 지급한다는 것이었다. 특히 첫 번째 귀순자에게는 추가로 5만 달러를 더 준다는 내용을 담아 전단을 살포하였다.

1953년 4월 27일 미군은 한국어, 중국어, 러시아어로 된 '미그 15기 조종사에 대한 호소'라는 삐라를 압록강 유역에 살포했다. 그러자 그 후 8일 동안 모든 미그기는 지상에 머물렀으며, 6월이 되어서도 소련의 미그 15기 전투기 출격은 21%로 감소했다. 미그기 조종사의 이탈을 유도한 작전은 북한군에게 커다란 부담을 줬고, 가장 필요한 시기에 유엔군에게 큰 도움이 되었다. 왜냐하면 북한군은 전투기의 이륙을 막기 위해 압록강 지방의 은신처로 전투기를 이동시켰기 때문이다.

2. 심리전 매체의 이해

심리전은 많은 전사를 통해 중요성이 입증되었다. 제1차 세계 대전에서 영국군은 독일군의 제국주의의 부당함을 알리는 전단을 제작하여 독일군에게 살포함으로써 전쟁 말 독일군의 사기를 크게 저하시켰다. 당시 미국은 기구를 통해 유사한 전단을 살포하였다.

제1차 세계 대전에서 전단의 효과를 맛본 미국은 제2차 세계 대전에서도 유럽지역에 총 80억 장의 전단을 살포하였다. 항공기와 기구 살포는 물론이고 박격포를 활용하는 방식으로 살포방법을 발전시키기도 하였다. 일본군 점령지역을 넘어 본토까지 살포한 결과 당시 일본군 포로의 90% 이상이 미군이 살포한 전단이나 물품을 소지하고 있었다. 영국군도 마찬가지로 독일군에게 연합군의 정당성과 위용을 과시하고자 백색 전단을 제작·살포하여 심리전 효과를 확대시켰다.

당시 독일군과 일본군도 연합군에 대한 비방을 담은 흑색 전단을 살포했지만, 연합군의 정보가 더욱 개방적이고 빠르게 전파되어 큰 효과를 보지는 못했다.

우리나라의 경우 태평양전쟁 당시 임시정부의 광복군이 중국에서 일본군을 상대로 살포한 전단이 최초의 전단작전으로 평가되고 있다. 당시 광복군의 전단은 한국어와 일본어로 제작되었으며, 정사각형으로 가로/세로 20cm 크기의 종이에 '조선동포들에게' '일본의 병사들이여'라는 제목이 쓰여 있었다. 당시 광복군은 중국뿐만 아니라 버마에서도 영국군과 함께 일본군을 대상으로 방송 및 전단작전을 활발히

[그림 9-1] 전쟁에서 사용된 안전보장증 전단

출처: psywarrior 홈페이지.

전개하여 일본 장교(소위) 등 27명이 항복하는 결과를 이끌었다. 이는 당시 버마에서 작전 중인 일본군들에게 광복군의 심리전 활동이 적지 않은 심리적 타격을 주었다는 것을 의미한다.

6·25 전쟁 시에는 매주 약 2천만 장 이상 전단을 살포하였으며, 특히 효과가 컸던 전단은 유엔군의 공습예보 전단과 현상금 전단인 것으로 나타났다.

걸프전에서도 다국적군은 여러 목적의 심리전을 병행하였으며 기구 및 항공기를 이용하여 2,900만 장(약 29톤)의 전단을 살포하여 이라크 군의 전쟁의지를 상실시키고 투항을 유도하는 효과를 거두었다. 또한 다국적군은 이라크 군을 투항시키기 위해 확성기를 효과적으로 활용하였다. 당시 파일라카 섬 작전에서 총 아홉 번의 확성기 방송을 통해 심리전을 전개하여 1,405명의 이라크 군인 전원을 투항시켰다.

당시 미군은 단 한 발의 총알도 사용하지 않고 작전에서 승리했던 것이다.

걸프전에서 다국적군은 전단, 방송, 확성기 등 여러 심리전 수단을 통합하여 활용하였다. 이 결과로 약 89,000여 명의 이라크 군을 투항시켰다. 당시 이라크 군 지휘관은 "우리는 전쟁에 지쳤고, 부하들이 전부 죽는 것을 참을 수 없었다."라고 하였다. 이처럼 심리전은 적의 전쟁 의지를 꺾는 데 유형 전투력 못지않게 결정적 역할을 한다.

심리전을 계획하고 진행하는 과정에서 전달하고자 하는 메시지 개발에서부터 전달하는 각종 매체수단에 대해 알아보자.

1) 메시지 개발

대상 표적에게 신뢰감을 주면서 동시에 설득력 있는 심리전 메시지를 생산하기 위해서는 창의력과 민감성이 동원되어야 한다. 심리전에 활용되는 메시지는 대상 표적들의 주의를 끌 수 있어야 하며, 동시에 그들의 뇌리에 선명하게 기억되어야 효과를 기대할 수 있다. 특별히 주의를 끌 수 있는 주제가 없다면 메시지를 지속적으로 만들고, 다듬고, 반복 활용해야 가치가 높아질 수 있다. 심리전은 반드시 전문요원만 활동해야 하는 것이 아니라 민간 자원을 활용할 수 있어야 한다. 그래야 현실적이고 창의적인 아이디어가 접목될 수 있기 때문이다. 물론 전문요원들은 민간 자원의 지원을 받는 과정에서 최대한의 효과를 볼 수 있도록 노력해야 하며, 이에 맞도록 훈련을 받아야 한다. 물론 메시지 구성이나 배포 매체수단 결정 등은 관련 정부에서 제공해야 한다.

메시지를 개발하기 위해 활용되는 자원은 '고위층 인사의 개인 소유 정보' '첩보 수집요원에 의해 획득된 정보' 그리고 '인터넷 정보' 등 세 가지이다.

고위층 인사의 개인 소유 첩보를 얻기 위해서는 상당한 수준의 외교 전문기술이 있어야 한다. 이는 정부 및 비정부 기관 상호 교류, 회의, 국제적 또는 국가 간 협력을 통해 획득할 수 있다.

첩보수집 요원이 수집한 첩보는 메시지 개발에 가장 전통적으로 활용되는 자원이다. 심리전 수행에 가장 중요한 첩보들은 종종 비밀 수집에 의해 획득된다. 상당 부분의 필요한 정보는 공공기관이나 개인의 자료에서 얻어지며, 그것들은 다시 질적 가치를 평가받아야 한다. 이를 위해 정보기관 및 국가기관 사이의 협조가 매우 중요하다. 필요한 정보를 요구하는 단계부터 정보를 얻어 내는 수집가들이 효과적으로 임무수행을 할 수 있도록 임무가 부여되어야 한다. 특히 이들이 수집해 온 자료는 심리전 요구에 부합하도록 분석되고 생산되어야 한다.

마지막으로 개인 소유의 정보나 비밀 정보 외에도 심리전 메시지를 개발하기 위해 활용되는 상당량의 첩보는 인터넷을 통해 얻을 수 있다. 물론 인터넷에서 획득한 첩보들이 정보로 가공되어 질적 수준을 보장받기 위해서는 고급 인력들에 의한 작업이 필요하다. 이렇게 작업된 정보는 단일 기관 내에서 가공되어 여러 다른 기관으로 전파되는 것이 바람직하다.

2) 품질의 동일성과 효율성

심리전 생산물을 대상 표적에게 전달하기 위해서는 상당한 기초가 사전에 계획되어야 한다. 일반적으로 배포수단을 사전에 계획해야 하며, 배포될 생산물의 품질도 동일해야 한다. 이 두 가지는 사전에 정기적으로 훈련이 되어 있어야 하며, 동시에 시장 침투력을 갖추고 있어야 한다.

채널 확보와 품질의 동일성 확보는 하늘의 방송국이라 불리는 코만도 솔로와 같은 기술적 전파수단만큼이나 중요하고 그들의 운용 및 정비도 똑같이 중요하다. 프로그램을 선택할 수 있는 폭이 다양하면 다양할수록 심리전 생산물의 중요성은 커진다. 케이블 방송, 위성 TV, 라디오, 특히 인터넷은 과거 살포에 제한되었던 수단들에 비해 훨씬 효율적이다. 물론 품질의 동일성은 외교적 주제들과 맞물려 개발되어야 한다.

효율성은 전파력, 청취력, 수용력 등 크게 세 가지 기준으로 측정될 수 있다.

전파력이란 보내고자 하는 메시지가 대상 표적이 있는 물리적 지점에 정확하게 도달하는 수준을 의미한다. 예를 들어, 전단이 살포되어야 할 지점으로 정확하게 의도대로 이동하고 있는가에 대한 문제이다. 특히 자연 및 인공장애물로 인해 중간에 방해를 받지는 않는지 확인할 필요가 있다.

청취력이란 대상 표적이 우리가 전달하고자 하는 메시지를 듣기위해 매체수단을 사용 및 활용하는 수준을 의미한다. 방송을 하더라도 해당 주파수가 잡히는 라디오가 없으면 전달하는 메시지를 대상 표적들이 들을 수 없다. 전달이 되더라도 얼마나 자주 대상 표적들이 우리의 메시지를 듣기 위해 라디오를 켜는지, 전단이라면 읽을 수 있거나 내용을 이해하였는지, 언어는 그들이 해석하는 데 문제가 없는지 등을 고려해야 한다.

마지막으로, 전파력과 청취력 수준이 높아서 대상 표적들에게 노출이 되었음에도 우리의 의도대로 반응이나 변화가 얼마만큼 일어났는지를 확인하기 위한 수용력이 측정되어야 한다. 대상 표적들이 메시지에 어떤 반응을 보이는지와 그들의 행동이나 태도에 변화가 일어났는지를 확인해야 한다.

심리전은 효율성을 반드시 측정해야 한다. 효율성 측정을 통해 작전의 변화 양상을 빠르게 판단할 수 있다. 전장에서는 단순한 측정으로도 효율성을 판단하기 쉽다. 그러나 거부지역에 대해서는 즉각적 측정이 불가능할 수 있다. 가장 중요한 것은 대상 표적 구성원들이 메시지를 확인한 후 어떠한 반응을 보였는지, 즉 수용력 문제이다.

3) 매체의 정의 및 분류

매체(媒體)란 심리전 의도를 상대방에게 전달해 주는 매개물이다. 즉, 전달 수단을 의미한다. 심리전 주체가 대상 표적에게 의도한 반응을 일으키기 위해 전달하고자 하는 주제와 내용을 포함한 전달수단이다. 여기서 심리전 주체는 작전을 실시하는 인원들이며, 관리자, 실무자, 연구 및 분석요원, 기술요원 등을 의미한다. 매체의 종류는 다음과 같다.

- 전파매체: 인터넷, TV, 라디오, 위성방송, 확성기, 케이블 TV 등
- 인쇄매체: 신문, 소설, 유인물, 전단, 팜플렛, 간행물, 잡지, 신문, 만화 등
- 대화매체: 회담, 대면, 브리핑, 인터뷰, 토론, 성명, 훈시, 공보, 성명 등
- 물품매체: 쌀, 생필품, 의복, 깃발, 배지, 스카프, 기호품, 모자 등
- 문화예술매체: 영화, 연극, 음악, 사진, 그림 등
- 시설/조형매체: 건축물, 기념비 동상, 벽화, 조각품, 유적지 등
- 협력/협동매체: 경제협력, 의료지원, 선교활동, 자매결연, 대민지원, 원조 등
- 게시/전시매체: 대자보, 전광판, 게시판, 전시대, 플랭카드 등
- 행사/집회매체: 시위, 캠페인, 종교행사, 의식행사, 행진, 박람회 등
- 조직매체: 군대, 지하조직, 위문단, 공연단, 청년단, 선거조직 등
- 폭력/강경행위: 테러, 침투, 간첩, 납치, 학살, 전략 폭격, 방화 등
- 상징매체: 표식, 기호, 선언, 제스처, 호칭, 명칭, 문자 등
- 소리매체: 피리, 나팔, 꽹과리 소리, 지하음, 포성 등

4) 매체 운용 시 고려사항

심리전 매체를 운용할 때, 효과를 극대화하기 위해 다음과 같은 사항을 고려해야 한다.

출처: 영화 〈의지의 승리(Triumph des Willens)〉

이 영화는 나치즘과 나치당 대회를 선전하는 독일 선전영화다. 독일 외에도 여러 유럽 국가들과 미국에서 큰 선전효과를 거둔 영화로, 히틀러가 개인소장한 영화로 유명하다.

수용성과 신뢰성   심리전 매체는 목표 대상이 수용하고 신뢰할수록 효과가 커진다. 대상 표적이 매체의 메시지를 수용하게 하기 위해서는 내용이나 형식이 대상 표적의 마음을 움직일 수 있어야 하고, 그 내용에 대한 신뢰도를 지속할 수 있도록 정확하고 진실한 내용을 활용해야 한다.

집중성과 조화성   심리전 목적을 달성하기 위해 각종 매체의 기능이 조화될 수 있도록 통합 및 집중시키는 노력이 필요하다. 예를 들어, 방송을 통해 메시지를 전달하더라도 전단과 대면 작전을 통합 운용한다면 더욱 큰 효과를 기대할 수 있다.

적시성과 신중성   메시지를 전달할 때에는 계절, 기상 등 시기에 맞춰야 하며, 목표 대상의 성격, 취향 등 개인적 특성을 고려할 수 있어야 한다.

충분성과 다양성   표적 구성원들이 매체를 접하기 용이하도록 충분한 물량을 전달해야 한다. 또한 한 가지 매체만을 고집하면 시간이 지날수록 목표 대상은 권태감, 지루함, 싫증, 거부감을 느낄 수 있으므로 다양한 매체를 통해 전개해야 한다.

적합성   대상 표적 구성원들 또한 다양한 계층, 교육수준, 종교, 직업, 취미, 연령, 성별이 존재하므로 메시지를 받아들이는 정도나 영향을 받는 민감도 수준이 다양할 수 있다. 목표 대상에 따라 적합한 매체를 선택하는 것은 매우 중요한 과제이다. 예를 들어, 일반 주민을 대상으로 할 경우 어려운 내용을 방송을 통해 전달하는 것보다는 단순한 전단, 만화, 사진 등으로 만들어진 전단이 더 효과적일 수 있다.

3. 매체 유형과 개발

효과적이고 양질의 매체를 개발하기 위해서 매체 개발에 참여하는 인원은 매체를 접하는 대상 표적과 충분히 일치해야 하며, 기술과 가용자산을 창의적으로 활용해야 한다.

매체 유형 중 방송, 전단, 확성기 등 대표적인 수단에 대해 개발기법과 개발 시 유의사항에 대해 알아보자.

1) 방송작전

심리전 방송작전은 심리전 주체가 문장(글)을 중계자인 낭독자를 통해 청취자에게 소리나 영상으로 표현하여 메시지를 전달하는 것이다. 방송은 동시에 수많은 대중을 상대로 신속하게 메시지를 전달하기 때문에 가장 강력한 심리전 수단이 될 수 있다. 특히 라디오는 대상 표적에게 심리전 메시지를 전달하면서 뉴스나 광고, 음악 등 오락을 제공하여 심리작전 의도를 위장할 수 있다. 하지만 방송작전의 효과는 대상 표적의 라디오 보급률과 청취율, 주파수 범위 등에 따라 크게 좌우된다. 그러므로 수신이 어려운 곳이거나 라디오가 없는 지역에는 대상 표적 구성원들이 라디오를 청취할 수 있도록 여건을 만들어 줘야 한다. 수신기를 보급 및 투하하거나 여론을 형성할 수 있는

C-130J를 개조한 EC-130J 코만도 솔로. 하늘의 방송국이라 불리며 군 통신 주파수 대역에서 정보작전 및 민사심리전을 수행, 걸프전에서는 걸프만의 목소리를 방송해서 수많은 이라크 군의 항복을 유도하였다.

출처: lockheedmartin 홈페이지.

목표를 설정하고 선별하여 작전을 진행해야 한다.

방송작전은 방송원고 제작에 주의를 기울어야 한다. 일반적인 집필 기법은 다음과 같다.

오프닝은 솔깃하게 만들고, 주요 논점이나 주장은 앞 부분에 포함시켜야 한다.   대상 표적은 방송을 주목하지 않는다. 그래서 첫 문장을 못 듣는 경우가 많다. 중요한 메시지를 맨 앞에 넣으면 메시지 전체를 이해하지 못하는 경우가 발생할 수 있다. 그러므로 청취자의 주목을 끌어서 다음 내용에 관심을 기울일 수 있도록 귀를 기울이게 하는 표현이나 어구를 맨 앞에 넣어야 한다. 예를 들면, "친애하는 ○○주민 여러분" 등 대상 표적의 지역을 넣을 수 있다. 또는 "저는 ○○에 소속되어 있는 ○○○라고 합니다."처럼 방송하는 사람이 자신의 소속이나 이름을 밝히면서 방송을 시작하면 주의를 집중시킬 수 있다. "UN(국제연합)은 다음과 같은 성명을 발표했다."와 같이 권위가 있는 기관을 사용하는 것도 좋다. 그리고 대상 표적의 적대적 태도나 시간 등을 고려하여 중요한 내용을 방송 앞 부분에 신속하게 포함시키고, 부연 설명은 뒷부분에 넣는 것이 좋다.

문장 길이는 간결하게, 내용은 적절하게 작성한다.   군사작전이 진행 중일 때, 특히 전과 확대 시 방송은 가능한 간결하게 작성되어야 한다. 통상 최대 90초를 넘지 않도록 만들어야 한다. 후퇴 또는 안정화 작전 시에는 해당되지 않는다. 특히 확성기 방송은 대상 표적이 흥미를 잃지 않고 핵심 메시지를 포착할 수 있도록 간결하게 제작되어야 한다. 또한 메시지는 청취자의 상황에 직접적으로 적용될 수 있어야 한다. 청취자가 처해 있는 군사 및 작전상황, 조건, 주변상황, 어려움 등이 내포된 내용으로 간결하게 전달해야 한다.

문장은 단순하게, 내용은 반복적으로 만들어야 한다.　방송의 기회가 많지 않을 수 있다. 내용을 반복하지 않아도 이해될 수 있도록 문장을 단순한 형태로 만들어야 한다. 복잡하거나 논쟁이 포함된 메시지는 피해야 한다. 생각을 유도하는 메시지도 전달 효과가 떨어진다. 예를 들어, "당신들의 정책이 과연 여러분을 진정으로 위하는 것일지 고민 할 필요가 있다."처럼 생각을 유도하는 것보다는 "당신들의 정책은 잘못되었다. 국민을 위한 정책이 아니다."처럼 단순하게 반복되어야 한다. 왜냐하면 전자의 예는 설득시킬 힘이 적으며 방송 내용 전체를 모두 이해해야 효과가 발생할 수 있기 때문이다.

권위를 가지고 지시해야 한다.　방송으로 전달하는 메시지는 권위 있는 문구로 작성해야 한다. 또한 메시지가 어떠한 활동을 요구한다 면 대상 표적이 행동해야 하는 요령을 권위 있는 어조로 상세하게 알 려 주어야 한다. 특히 투항이나 항복을 권유할 때일수록 더욱 그렇다. 예를 들어, 투항을 유도하는 방송은 투항 방법을 자세히 알려 주어야 하며, 방법대로 투항하면 안전을 보장하고, 그렇지 않으면 생명이 위 험하다는 것을 정확하게 알려 줘야 한다.

출처: 영화 〈더 테러 라이브〉.

방송작전은 원고 제작에 주의를 기울여야 한다. 독자성과 주체성, 목적의식, 시사성, 정확성, 생동감에 초점을 맞추어야 하며, 비방, 선전, 기만하는 것처럼 들리지 않도록 내용을 제작해야 한다.

방송작전은 무엇보다 원고 제작이 중요하다. 방송원고 작성 시 유의사항은 다음과 같다.

방송원고 유의사항 및 방송의 장·단점

1. 방송원고 작성 시 유의사항

 1) 원고 작성 기본원칙
 - 목적의식이 분명해야 한다.
 - 독자성과 주체성을 견지해야 한다.
 - 시사성에 민감해야 한다.
 - 정확성을 기해야 한다.
 - 생동감 있는 소재로 구사해야 한다.

- 비판 논조가 비방처럼 들리지 않고, 홍보 논조가 선전처럼 들리지 않으며, 심성순화 논조가 대상 표적을 기만하는 것처럼 들리지 않게 전개해야 한다.

2) 원고 작성 시 피해야 할 사항
- 아군에 대하여 복수심 또는 적개심을 조성할 만한 요소
- 대상 표적을 멸시하는 내용으로 일관하는 내용
- 대상 표적을 추종하거나 강점에 대해 인정하는 내용
- 근거 없는 과장 선전이나 아군의 단점을 변명하는 내용
- 이해하기 어려운 문구나 지루한 내용, 지나친 수식어 사용
- 욕설 및 비속어 사용, 은어나 유행어 사용
- 아군에 동조하는 대상 표적 특정인에 대한 찬사
- 발생한 사건에 대한 성급한 판단 및 역 선전 자료의 제공
- 대상 표적이 사용하지 않는 용어나 외래어, 줄임말 사용

2. 방송의 장·단점

1) 장점
- 속보성: 광범위한 지역에 신속하게 메시지를 전달할 수 있다.
- 광범위성: 국경 등 경계선의 제한 없이 넓은 지역의 많은 대상에게 동일한 내용을 동시에 전파할 수 있다.
- 용이성: 청취와 이해가 쉽다. 목표 대상이 특별한 노력을 필요로 하지 않으며, 문맹자에게도 쉽게 메시지 전달이 가능하다.
- 융통성: 음악, 뉴스 등 다양한 프로그램을 방송하여 흥미 유발을 유도하며, 선전·선동 의도를 감추기 용이하다.
- 정서 유발: 아나운서의 유능성에 따라 목소리, 감정 등을 조절하여 목표 대상의 감정에 호소할 수 있다.
- 친밀성: TV나 라디오는 사용이 습관화되어 있어 방송 내용에 신뢰감과 친밀감을 가지기 쉽다.

2) 단점

- 전파방해 및 통제: 고의적 전파방해 활동에 취약하다. 또한 방송 청취 시 처벌, 금지조치는 방송 청취 기회를 박탈하기 때문에 효과를 감소시킬 수 있다.
- 기상 및 지형의 영향: 전파는 기상과 지형에 크게 영향을 받는다. 방송 상태가 고르지 못하고 잡음이 크면 메시지 전달이 불가능할 수 있다.
- 수신기 필요: 전파는 TV나 라디오와 같은 수신기가 반드시 있어야 한다. 수신기가 없으면 시청 및 청취 자체가 불가능하다.
- 영구성 결여: 전파는 문자와 달리 유형적으로 메시지가 남는 수단이 아니다. 시간의 경과에 따라 방송 내용은 잊기 쉽다.

2) 전단작전

전단은 가장 대표적인 심리전 매체다. 전단을 뜻하는 '삐라'는 광고지, 벽보를 뜻하는 영어 'bill(빌)'의 일본어 발음 'ビラ'를 그대로 사용한 것이다. 주로 상업적인 목적으로 만들어지지만, 정치적 내용이나 주장을 전달하기 위한 목적으로 만들어진다. 특히 전단은 선전(宣傳) 또는 프로파간다(propaganda) 등의 의미가 내포되어, 일정한 의도를 가지고 여론을 조작하여 사람들의 판단이나 행동을 특정 방향으로 이끌어 가는 목적을 가지고 있다. 이처럼 전단은 적의 마음을 공격하는 '종이 미사일'이라 할 수 있다. 대상 표적의 심정을 움직여 적을 아군으로 만들 수 있는 효과적인 매체인 것이다.

일반적으로 군사작전에서 사용되는 전단은 한 장의 작은 종이 양면에 심리전 주체의 선전 내용을 문자, 사진, 그림 등으로 표현하여 대상 표적 지역에 살포한다.

역사적으로 살펴보면, 제1차 세계 대전 시에는 약 6,500만 장의 전단이 살포되었으며, 제2차 세계 대전 시 아이젠하워 장군은 지중해 및 유럽의 전선에서 약 80억 장의 전단을 살포하였다. 6·25 전쟁에서도 미군은 약 25억 장 이상의 전단을 살포하였다.

전단 제작방법을 살펴보면 다음과 같다.

주장 형식으로 제작한다.   전단 내용은 협상보다 주장하는 내용 위주로 만들어야 한다. 전단은 짧은 글이나 사진, 그림 등으로 설득을 해야 하기 때문에 제작이 까다롭다. 전단 속 표현은 긍정적 표현을 통해 강한 호소력을 지녀야 한다.

객관적 정보가 효과적이다.   전단 제작자는 개인의 선입관과 편견보다는 객관적 정보를 가지고 문구를 만들어야 한다. 글의 출처를 밝히거나 인용한 근거를 제시하는 것이 바람직하다.

전단의 크기는 작게, 활자는 크게 제작한다.   특히 적대적 대상 표적에게 살포할 목적으로 제작할 경우, 전단을 직접 주지 않아도 내용을 식별할 수 있도록 활자를 크고 간결하게 제시해야 하며, 주더라도 소지가 쉽고 감추기 쉽도록 작은 종이로 만들 필요가 있다. 습득자가 전단을 숨겨서 은밀히 읽기 쉬어야 한다.

대상 표적 지역의 환경을 정확하게 반영해야 한다.   제작자는 해당 지역의 정치 문화적 특성, 방언, 관용어, 은어 등을 정확하게 반영해야 하고, 일반적인 대상 표적의 집단적 욕구, 편견, 반감 등을 포함한 사회적·감정적 배경을 인식해야 한다.

철저한 계획을 통해 제작되어야 한다.   전장정보분석을 적용하여 제작해야 한다. 대상 표적 지역의 특성, 기상, 구성원들의 성향 등에 대한 정보를 분석하고 구체적 대상 표적을 선정한다. 이를 기초로, 살포방법, 살포량, 살포지역 등을 판단한다. 대상 표적의 상황, 약점, 접근성, 민감성 등에 대한 분석이 동반되어야 한다.

출처: 영화 〈인천상륙작전〉.

4. 북한의 대남 심리전

북한에서는 심리전이란 용어를 일반적으로 사용하지 않는다. 대신 정치사업 또는 조직과 선전공작 등의 개념에 포함시켜 사용하고 있다. 북한은 대남심리전을 '적군와해공작(敵軍瓦解工作)', 줄여서 '적공(敵工)'이라 부른다.

특히 최근 김정은의 지시로 조선인민군출판사가 북한군 전체를 대상으로 정신무장과 대남심리전 강화를 위해 대남 심리전 학습제강(우리의 정훈교육)을 제작 하달하였다. 여기에는 "조국통일을 위한 싸움에서 적군와해사업이 가지는 의의와 중요성을 옳게 인식하고 적공부문 싸움준비를 철저히 갖출 데 대하여"라는 제목으로 학습자료가 제작되었다.

그 내용을 살펴보면 다음과 같다.

우선 적군와해사업의 구체적인 실천방안으로 '함화(喊話; 큰소리로 하는 정치군사적 선동)공작' '삐라공작' '대적 직관공작' 등 세 가지 방안을 제시하였다. 함화공작은 '가까이 맞선 적군을 와해하기 위해 들이대는 정치선동'으로 "총 한 방 쏘지 않고 많은 적을 투항시킬 수 있다."는 김일성의 발언을 인용하였으며, 첫째, 타격을 강하게 해 적을 혼란에 빠뜨릴 것, 둘째, 적의 심금을 울릴 수 있는 내용·간단명료한 구호들을 들이댈 것, 셋째, 적들이 똑똑히 알아들을 수 있게 발음이 정확할 것, 넷째, 적의 간담이 서늘해질 수 있게 당차고 기백 있게 할 것 등 네 가지 공세방안을 제시하였다.

삐라공작은 '특히 중요한 무기'라고 언급하면서 "우리의 총포성이 미치지 못하는 곳에서 적들을 공포에 떨게 하고 반항을 포기하게 하는 위력한 무기"라고 규정했다. 동시에 삐라는 조성된 정황과 적의 사상동향에 맞게 만들어야 한다. 적들이 잘 볼 수 있는 장소에 뿌려야

한다. 삐라를 뿌릴 때에는 우리의 작전 전투기가 드러나지 않게 해야
한다. 전쟁이 일어날 경우 직접 삐라를 뿌리거나 주민들을 이용해 보
급하는 게 우선이다. 비행기, 포, 기구 등으로 살포할 수도 있고, 활이
나 연을 만들어 뿌릴 수도 있다. 우체통이나 기차, 자동차, 장갑차 등
수송수단도 이용하고 바람, 강물 등으로 날리거나 떠내려 보내는 방
법도 있다. 실제로 2016년 7월 김포 인근 한강에서 수거된 북한의 대
남 전단은 비닐봉지에 싸여 있었다. 바람이 북쪽으로 불자 풍선으로
날리지 못하고, 만조 때 흘러 들어오는 조류(潮流)를 이용하여 한강을
통해 떠워 보낸 사례가 있다.

   대적 직관공작은 '적들을 와해시키기 위한 구호, 속보, 벽보, 선전
화 등을 적들이 잘 볼 수 있는 장소에 붙이는 작전'을 의미한다. 실천
방법은 우선 습격전투 때에는 적들을 습격소멸하고 철수하면서 그곳
에 다시 기어드는 적들이 볼 수 있게 구호, 속보, 벽보, 선전화 등을

출처: 영화 〈태양 아래〉

북한은 체제 선전과 의식 통제를 위해 선전과 구호를 생활화하고 있다. 구호와 선전화
가 들어가도록 가족사진을 찍는 모습.

붙여 놓거나 백묵, 숯 같은 것으로 적군을 와해하기 위해 글을 써 놓을 수 있다. 또 적들이 도망칠 수 있는 길목에 대적 직관물을 붙여 놓을 수 있다. 방어전투 때에는 적들이 잘 볼 수 있는 고지 돌출부나 산능선 등에 구호나 선전화를 내걸 수 있다.

다음으로, "적군을 사상적으로 무장해제 시키는 것이 전투와 혁명의 승리를 앞당기는 데 매우 중요한 의의를 가진다. 어느 시대, 어느 군대를 막론하고 적과의 싸움은 무력에 의한 싸움과 정신, 사상에 의한 싸움 두 가지가 있는데, 적들을 정신적으로 와해시키기만 하면 그 수가 아무리 많고 현대적 무장을 갖춘 적이라도 승리할 수 있다."라고 하여 적군와해사업의 중요성을 강조하고 있다.

또한 "현대전은 최신무기와 전투기술 수단이 다 동원되어 전선과 후방이 따로 없이 격렬하게 진행되는 최고의 지혜가 발양되는 머리싸움이다. 이러한 현대전에서는 어떤 군대든지 상대를 사상·심리적으로 와해시키는 데 커다란 힘을 넣고 있다. 현대전에서 사상·심리적 타격은 과거 전쟁들과 비할 바 없이 커지고 있다. 사격에서 사수의 조준점이 적의 심장이라면 적군와해사업에서 과녁의 중심부는 적군장병들이 가장 아파하는 문제, 또는 절실히 바라는 문제들이다. 이러한 문제들을 반영한 적군와해사업이 성공하면 적들을 순간에 불안과 공포에 떨게 만들고 염전사상에 빠뜨려 우리와의 싸움을 포기하게 할 수 있다."고 강조하고 있다.

3대 혁명역량 강화의 실행전략 및 전술로서의 심리전   북한은 대남전략 기본과업인 '민족해방, 인민민주주의 혁명'을 달성하기 위하여 대남 전략 기조를 '3대 혁명역량 강화'에 두고 있다. 3대 혁명역량론은 '북조선 혁명역량 강화' '남조선 혁명역량 강화' '국제적 혁명역량 강화'이며, 이를 실행하는 전략 및 전술로서 심리전을 전개하고 있다.

북한의 전략목표는 '한반도 적화통일'이며, 이를 위한 대남전략 기본과업은 '민족해방, 인민민주주의 혁명'이다. 이를 위해 대내 심리전은 북한 사회를 혁명기지화로 만들기 위해 북한 인민을 김일성 주체사상으로 무장시키는 것을 목표로 한다. 이를 토대로 대내 심리전 목표를 독제 체제를 강화하는 것에 두고 있다. 대남 심리전은 남한 내 혁명역량을 유지 · 강화하기 위해 무장공비와 간첩 침투, 테러 및 여론 조작 등을 통해 한국 내부의 혼란을 조성하여 폭력을 유도하는 것을 목표로 한다. 대외 심리전은 북한에 유리한 국제 정세를 조성하여 한국을 주변국으로부터 고립시키면서 북한의 국제적 위상을 제고시키기 위해 전개한다. 이를 통해 궁극적으로 대외 심리전을 통해 국제사회를 남한 적화통일의 지원군으로 활용하는 것을 목표로 한다.

생각해 봅시다   북한군의 정신연령

우리에게 '반갑습니다'라는 북한 노래를 전한 것으로 유명한 전 북한 공군선전대 작가 탈북자 임홍군 씨가 2010년 6월 17일자 『국방일보』에 '북한군의 정신연령'이라는 기고문을 실었는데, 그 내용은 다음과 같다.

경제성장은 군사전력과 비례해 북한군의 대칭 무기는 한국군에 비하면 현저히 떨어지는 것으로 평가되고 있다. 나는 북한군에서 다년간 근무하면서 이른바 '실전'을 방불케 한다는 종합군사훈련에 수없이 참가해 봤다.

북한군은 자기들의 열세에 처한 전투력을 메울 수 있는 가장 큰 무기가 정신무장이라고 보고 세뇌교육을 철저히 수행한다. 철없는 17세 청소년들을 징집해 세뇌교육을 시켜 광적인 '자폭군인'으로 만드는 것이 북한군 운영방식의 골자이다. 북한군은 공휴일이나 명절을 빼놓고 하루도 거르지 않는 것이 정훈교육이다. 있지도 않은 '남한의 북침 위협설'과 '온몸이 그대로 폭탄이 되고 총알이 되자'는 식으로 세뇌교육을 한다.

장병은 눈만 뜨면 강요하는 정훈교육에 얼이 빠져 누가 물어보면 "자나 깨나 전장에서 수류탄 묶음을 안고 적진에 뛰어들 생각만 하고 있습네다."라고 일제히 대답한다. 북한 군인들이 남한에 대해 교육받는 내용은 '눈알 빼 가는 자본주의 세상' '거지가 많고 실업자가 거리마다 넘쳐나는 세상' 같이 왜곡된 것들이다.

북한 군인들은 가난한 땅에서 17세에 군에 입대해 군 생활을 10년 하다 보니 사고방식이 꽉 막혔고 생각도 경직돼 있다. 정신연령이 훨씬 앞선 어른이 아이하고 싸움하는 격이니 높은 정신력으로 압도해야 하는 것이 우선이다. 북한 군인들의 허를 찌를 가장 효과적인 수단은 북한 통치배들의 실체를 폭로해 그들이 허탈감에 빠져 모든 의욕을 상실하게 만드는 것이다.

현재 북한군이나 주민들은 김정일 통치집단이 자기들과 같이 허리띠를 졸라매고 생사고락을 같이하고 있다고 믿고 있다. 자기들이 죽을 먹으면 같이 죽을 먹는다고 생각하지, 프랑스에서 수백 년산 와인을 직수입해 마시고 전 주민을 배불리 먹일 엄청난 돈을 개인 자금으로 외국은행에 저금하고 산다는 것을 모른다. 배신당하면 그 분노는 몇 배로 커진다. 뼈만 앙상하게 남도록 몸을 바치며 그토록 믿었던 통치집단의 허위와 기만을 알면 스스로 총구를 돌려 버릴 것이다.

그러니 우리 국군 장병 모두가 이것을 알릴 능숙한 선전자로서의 역할도 겸비해야 하지 않을까 생각한다. 이런 점에서 이번에 재개될 예정인 대북심리전 방송도 환영할 만한 조치다. 끝으로 우리 국군 장병들이 높은 정신력으로 무장된 안보의식을 키워 북한을 움츠러들게 해야 할 것임을 국민의 한 사람으로 당부해 본다.

제 10 장

사이버 심리전

전 세계는 사이버 공격으로 몸살을 앓고 있다. 보이지 않는 곳에서 보이지 않는 방법으로 상대방에게 충격적인 공격이 이루어지고 있다. 전통적인 심리전이 사이버 공간을 만나서 사이버 심리전이라는 새로운 전쟁양상을 만들어 냈다. 이 장에서는 사이버 심리전의 상위 개념인 사이버전의 개념과 사이버심리전의 활동체계, 수단 및 방법, 그리고 사례 등에 대해 알아보겠다.

1. 사이버전 개념

사이버전은 컴퓨터에 의해 조성되는 가상현실의 세계(cyber space) 와 가상 인간의 영역과 같이 인공지능체계가 운용되는 공간에서의 전쟁이다. 이는 정보화사회의 과학기술 발전을 역이용하여 대상 표적의 취약점을 공격하는 것이다. 가상공간에서 대상 표적의 정보 마비를 추구하는 전쟁수행 방식으로 물리적인 군사시스템 파괴보다도 더욱 결정적인 손실을 강요할 수 있다. 최근 급속한 과학기술의 발전과 정보혁명에 따라 국제 안보환경이 새롭게 변화해 가면서 전 세계적으로 연결된 경제·사회·문화·에너지 등 확장된 국가안보 영역에서 사이버전은 현실적이고 실제적인 안보위협으로 급부상하고 있다.

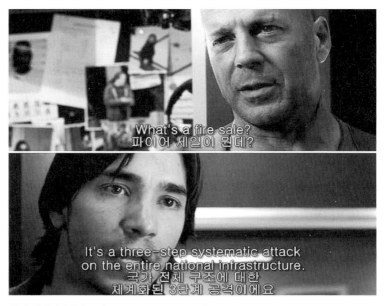

출처: 영화 〈다이하드 4(Live Free Or Die Hard)〉

〈다이하드 4〉에서는 국가 전체 구조에 대한 체계적인 사이버 공격 3단계를 일컫는 용어인 '파이어 세일(Fire Sale)'이 등장한다. 이는 컴퓨터에 의해 제어되는 모든 국가 시설에 대해서, 1단계는 교통체계 마비, 2단계는 통신망과 금융망 통제, 마지막 3단계를 통해 가스, 전기 등 사회의 모든 기반시설을 완전히 장악하는 체계이다.

인터넷을 수단으로 다른 컴퓨터에 불법 접속하여 상대방 국가나 기업, 개인 등에 손상을 입히는 행동을 사이버 공격(cyber attack)이라고 한다. 실제로 실행하는 내용은 불법 접속과 같지만 일반적으로 정치적인 의도를 가지고 하는 불법 접속을 사이버 공격이라고 한다.

사이버 공격은 크게 네 범주로 구성된다. 정치·사회적 목적에서 정보 유출이나 사이트를 다운시키는 '핵티비즘(hacktivism)', 금융기관이나 개인 돈을 빼내는 등의 '사이버 범죄(cyber crime)', 기업 기밀과 기술 등을 훔치는 '사이버 스파이(cyber espionage)', 마지막으로 정부 조직 단위의 파괴행위인 '사이버 전쟁(cyber warfare)' 등이다.

이 중 '사이버 전쟁'은 다시 '사이버 테러'와 '사이버 심리전'으로 나뉜다. 사이버 테러는 컴퓨터 통신망 및 인터넷과 같은 수단을 이용하여 '가상(cyber)'이라는 공간을 활용하여 불특정 다수에게 커다란 피해를 주는 일련의 행위를 의미한다. 사이버 테러방법은 컴퓨터 해킹, 컴퓨터 바이러스 또는 메일 폭탄 유포, 사이버 스토킹 등이 있다.

2. 사이버 심리전

사이버 심리전은 사이버 전쟁의 하위 개념이다.

사이버 심리전이란 사이버 공간에서 군사적 적대 행위 없이 상대국 시민에게 심리적인 자극과 압력을 주어 정치, 외교, 군사 면에 유리하도록 이끄는 전쟁을 의미한다.

사이버 심리전은 정보통신기술(ICT) 발달에 따른 심리전의 한 형태로 볼 수 있다. 디지털 기기와 인터넷 등의 다양한 수단을 이용하여 시간적, 기술적 제한을 초월하여 인간 인식(consciousness)의 공간을 공격—사이버상에서 이루어지는 유언비어 유포, 모략, 흑색선전 선동 등—함으로써 사회적 혼란을 획책하고 궁극적으로 상대국의 모든 의사결정을 괴멸시키는 결과를 초래한다. 특히 사이버 심리전은 국가 정책의 효과성을 극대화하기 위해 국가 및 집단의 견해, 감정, 태도, 행동에 영향을 주는 계획적인 선전 등 기타 모든 활동으로 발전되고 있다.

사이버 심리전은 소수의 숙련된 개인이나 집단이 장소에 구애받지 않고 저비용으로 개발할 수 있다. 또한 초보적인 기술로 대상 표적에게 핵무기에 버금가는 치명적 혼란과 손해를 가할 수 있는 파급효과를 가지고 있으며, 시·공간을 초월하여 적용이 가능하고 누가 공격했는지 모르는 익명성이라는 커다란 유용성을 가지고 있어 상당히 효과적인 신무기 역할을 하고 있다. 사이버 심리전의 특성은 다음과 같다.

출처와 공세요원의 익명성   사이버 공간에서 불분명한 출처와 익명(anonymity) 또는 가명의 공세요원에 의해 이루어지기 때문에 공격 진원을 찾기가 매우 어렵다. 특히 신분을 속여서 노출할 수도 있고 제한적으로 노출할 수도 있다. 이처럼 신상정보가 불분명할 때, 사람들은 메시지에 더욱 집중하게 된다. 즉, 정보를 공유하는 당사자들이 상대방에 대해 익명성을 느낄수록 상대방의 존재에 관심을 덜 갖게 되고, 이에 따라 규범에 영향을 적게 받아 더욱 적극적으로 표현하고 참여하게 되어 정보 창출에 크게 기여하게 된다.

출처: 영화 〈소셜포비아〉

〈소셜포비아〉는 악플러와 악플러의 신상을 추적하는 사람들, 그리고 그 과정을 개인 인터넷 생방송을 통해 시청하며 댓글을 다는 모습을 통해 총·칼보다 무서운 키보드를 그려 낸다.

광범위성과 내용 전파의 신속 증폭성   표적 내용이 신속하게 특정 소수나 불특정 다수에게 무제한으로 확산되어 적의 공격사실을 확인하더라도 차단 및 지연이 어렵다. 특히 인적·공간적 은폐가 용이해 실제 해외 각 지역의 서버를 활용해 여러 개의 계정(ID)으로 사이버 심리전을 수행하면, 그 수행 주체를 밝히는 것이 매우 어렵다.

송·수신의 높은 수준 상호작용(다방향 간 통신)   과거의 일방적 정보 전달방식에서 벗어나 누구나 송신자이며 동시에 수신자가 될 수 있는 특성을 지니고 있다. 이러한 '다방향 간 통신'은 심리전 수행 결과를 파악하기 쉽다는 결과를 이끈다. 특히 전통적 심리전 수행방식은 그 효과를 측정함에 있어 가시적이고 계량적인 결과 산출에 제한이 있었다. 그러나 사이버 심리전은 다방향 간 통신으로 인해 효과 검증이 신속하고 정확하게 피드백 될 수 있다. 접속자 수 조회 등을 통해 대상 표적들의 평가나 반응 태도를 실시간 파악할 수 있기 때문이다.

편리성과 저비용   네트워크 연결만으로 시·공간을 초월하여 정보를 송·수신할 수 있다. 특히 국가, 영토의 전통적 경계가 무의미해졌으며, 전 세계를 대상으로 심리적 우위 달성을 목표로 대상 표적의 혼란을 야기할 수 있다.

정보의 보안성과 취약성 혼재   전문가 그룹에 의해 무차별 정보 누출이 가능해 심리적 방어가 취약하다.

이처럼 사이버 심리전은 전통적인 심리전과 목표는 같지만, 전통적 심리전의 매체인 전파, 시각, 대면심리전 기술이 정보통신 기술과 접목되어 사이버 공간을 매체로 수행양상이 변화하여 나타난 것이다. 사이버 심리전은 전통적 심리전의 방법인 대면접촉, 언론플레이, 전단 및 물품 살포, 방송 및 확성기 방송 등과 달리 사이버 공간에서 정보통신 기술에 기반을 둔 이메일 발송, 각종 커뮤티니와 홈페이지 운영, 댓글 달기, SNS 활용, 개인 및 집단 정보체계 해킹 등 사이버 공간상의 모든 수단과 방법을 활용한다는 점에서 전통적 심리전과 구별되는 고유한 특성이 있다.

3. 사이버 심리전의 수단

　심리전의 수행양상은 주로 기술의 발달에 따라 매체가 다양화되었으며, 다양화된 매체를 활용하는 방법에 따라 수행양상이 바뀌게 된다. 제1차 세계 대전까지는 사이버 심리전이란 개념이 없었지만 20세기 들어와 전자기기 기술이 발달하면서 라디오나 TV가 새로운 매체로 등장하였다. 특히 1970년대 이후 컴퓨터 보급이 확산되고, 네트워크화가 광범위하게 진행되면서 사이버 공간이 확대되었고, 이에 따라 사이버 심리전이라는 새로운 형태의 심리전이 전개된 것이다. 즉, 심리전의 한 형태로서 사이버 심리전은 전통적인 심리전의 매체가 사이버로 확장되었으며, 심리전 전장이 사이버 공간으로 변화되었다고 할 수 있다. 그러므로 사이버 심리전의 수단과 방법도 사이버 공간과 밀접하게 관련이 있다.

1) 인터넷 사이트

　인터넷 사이트는 인터넷(internet)과 사이트(site)의 합성어로 전 세계의 컴퓨터가 네트워크로 상호 연결되어 정보를 교환할 수 있는 통신망에서 필요한 정보를 볼 수 있도록 웹(Web)서버에 저장된 파일들의 집합체를 말한다. 일반적으로 웹사이트라고 하며, 웹사이트는 홈페이지라고 불리는 시작 파일을 포함하고 있는 특정 주제에 관한 웹 파일들의 모음이다. 대부분의 집단과 조직 그리고 개인들도 단일 주소로 지칭되는 인터넷 사이트를 가지고 있으며, 사이트 방문자는 그 사이트 내 모든 페이지 정보에 접속이 가능하다.

인터넷 사용자의 급속한 증가로 인터넷은 매우 효과적인 사이버 심리전 수행의 수단이 되었다. 특히 인터넷 이용률과 의존도를 고려할 때, 인터넷상 공포감을 확산시키고 매체에 대한 불신을 야기하는 것만으로도 충분히 성공적인 사이버 심리전의 목적을 달성할 수 있게 되었다.

인터넷 사이트를 통해 사이버 심리전 수행 주체는 대상 표적에게 원하는 메시지를 전달 및 확산시켜 사이버 심리전을 수행한다. 그 수행절차를 살펴보면 다음과 같다.

먼저 목표 대상에게 개인적으로 메시지를 전달한다. 수행 주체는 인터넷 사이트 배너와 광고, 게시판, 심지어 사이트 제목으로도 사이트에 접속한 대상에게 개인적으로 메시지를 전달할 수 있다. 또한 가장 기초적인 방법으로 이메일 서비스를 활용할 수 있으며, 실제로 미군이 이라크전에서 개전 초 지도부 내부 분열을 조장하기 위해 이메일로 이라크 각개 지도자들에게 투항과 작전협조를 권유하기도 하였다.

최근에는 카카오톡, 페이스북, 트위터 등 SNS(Social Networking Service)가 범세계적 포털 사이트를 대체할 정도로 많은 가입자를 확보하고 있어 사이버 심리전 수단으로 매우 유용하게 사용될 수 있다.

둘째, 인터넷 사이트에서는 불특정 다수의 목표 대상에게 심리전 메시지를 전달할 수 있다. 인터넷 홈페이지, 커뮤니티, 카페, 블로그 등 인터넷의 대중화와 통신기술의 발달로 개인이나 단체가 인터넷 사이트를 쉽게 개설할 수 있다. 예를 들어, 북한이 체제 선전용으로 개설한 '우리민족끼리'나 기타 제3국에 개설한 친북사이트들이 이에 해당된다.

셋째, 언론 및 방송사의 인터넷 사이트나 기타 포털 사이트 등에 접속하여 여론을 조작한다. 이것은 개인이나 집단을 대상으로 이메일을 발송하거나 대상 표적을 자신의 홈페이지에 접속하도록 유도하여 메시지를 전달하지 않아도 되는 편리하고 효과적인 방법이다. 즉, 커뮤니케이션 출처를 믿을 수 있고 의사 전달자에 대한 평가가 신뢰할 수 있으면 그가 작성한 글 하나로 수많은 사람의 태도와 생각을 변화시킬 수 있다는 것이다.

2) 정보화기기와 정보통신망

급속히 발전한 휴대형 정보통신기기(스마트폰, 태블릿PC 등)는 우리의 일상에서 빠질 수 없는 존재가 되었다. 중독이 생겼을 정도로 휴대형 정보통신기기는 우리 삶을 변화시켰으며, 이에 따라 정치, 경제, 문화 등 사회 전 분야가 변화하고 있다. 특히 사용자가 급속도로 증가하고 있는 스마트폰은 개인용 컴퓨터로 할 수 있는 모든 작업을 수행할 수 있는 수준에 이르렀다.

이러한 휴대용 정보통신기기의 사용자 수가 급증함에 따라 정보통신망은 거대한 사이버 공간으로 변화되었고, 스마트폰과 태블릿PC는 정보통신망과 인터넷망을 넘나들고 있다. 과거 정보통신망과 인터넷망으로 구분되었던 사이버 공간은 점차 하나로 통합되었으며, 전 세계적으로 수십억 명에 이르는 스마트폰 사용자들은 각각의 네트워크가 통합된 범지구적 사이버 공간을 만들고 있다.

특히 스마트폰은 기존 개인용 컴퓨터와 달리 이동 중에도 언제, 어디서나 사용할 수 있고, 키보드와 모니터 등 별도의 주변기기 없이도 쉽고 빠르게 사이버 공간에 접속할 수 있게 되었다. 또한 여러 인터넷 기반 소프트웨어와 결합되어 즉각적인 대량 메시지 전파가 용이하게 되었다.

3) 언론 및 방송매체

전통적인 심리전은 전단, 회보, 시청각 매개물을 수단으로 하는 시각매체 심리전과 TV, 라디오, 확성기 등 전파매체를 활용하여 심리전을 수행하였다. 그러나 지금은 신문, 라디오, TV 등 언론 및 방송매체가 사이버 공간으로 흡수되었다. 과거와 같이 뉴스와 정보를 생산하고 분배하면서도 인터넷을 통해 생산한 뉴스와 정보를 별도로 사이버 공간에서 유통시킬 수 있게 되었다. 기존의 일방적 정보전달에서 쌍방향 정보의 흐름이 언론과 방송매체에서도 가능하게 된 것이다. 따라서 오늘날의 언론 및 방송매체는 사이버 공간을 구성하는 사이버 심리전의 수단이 되었다.

특히 인터넷이 발전하기 이전부터 언론과 방송매체는 대중성과 신뢰성을 지니고 있었기 때문에, 인터넷이 접목된 언론과 방송매체는 인터넷 홈페이지, 커뮤니티, SNS보다 파급력이 더욱 크다고 할 수 있다. 실제 아프가니스탄과 이라크전에서 라디오, TV, 신문 등 언론 및 방송매체를 전략, 전술 등 광범위하게 활용함으로써 심리전의 효과를 극대화한 사례가 많다. 무엇보다도 네트워크화된 언론 및 방송매체는 전시가 아닌 평시의 대적, 대내·외 심리전을 수행함에 있어 가장 중요한 심리전 수행수단이며 전장이 되고 있다.

4. 사이버 심리전 활동체계

사이버 심리전 활동은 간결하고 명확하게 진행되어야 한다. 크게 '판단'과 '적용'이라는 두 단계로 진행된다.

먼저 판단 단계에서는 표적 대상을 파악 및 분석하고, 상황을 판단하여 계획을 수립한다. 계획을 수립할 때에는 주제를 선정해야 하는데, 주제는 '사실 왜곡' 또는 '감정 동화' 등 목적을 구체화해야 한다. 주제는 간결하고 명확해야 하며, 상징적이며 반복되어야 목적을 달성하기 용이하다.

적용 단계는 크게 정보전달 활동과 의지전달 활동으로 구분된다. 정보전달 활동은 홍보, 선전, 선동, 모략, 유언비어, 독필(毒筆)*, 미신 만들기 등의 활동이 해당된다. 의지전달 활동은 외교력, 군사력, 경제력, 테러활동 등에 대한 과시 및 의지표현 활동을 포함한다.

정보전달의 매개체는 인터넷과 소셜 네트워크가 활용되며, 사이버 중심으로 급속도로 전파될 수 있다.

이렇게 확산된 내용은 [공보 심리전] → [여론 심리전] → [사이버 심

---

* 어떤 대상에 대하여 가혹하게 욕하고 비방하는 글.

리젠]으로 전환된다. 공보 심리전 단계에서는 실시간으로 보도되는 영상매체 등을 통하여 아군의 사기양양과 적군의 전의상실을 유도한다. 여론 심리전 단계는 공보 심리전 단계에서 뉴스 매체를 통해 자신들의 전쟁 명분을 주지시키면서 국제 여론을 자국에 유리하도록 유도하는 역할을 한다. 마지막으로 국가 지도자 또는 유명인사에게 협박 메시지 등을 수단으로 하여 회유, 설득을 시도하며, 웹사이트에서 선전, 선동, 유언비어 등의 자극을 통해 적국의 내분 및 사기저하를 유도한다. 이러한 과정에서 언론사 해킹, 기사조작 등의 활동이 동시에 진행되어 적국의 구성원들의 갈등을 조장시켜 사이버 심리전이 완성되는 것이다.

최근에는 SNS의 급속한 보급으로 사이버 심리전 공격이 급속도로 성장하였다. SNS의 특성상 직접적인 사용자는 물론 불특정 다수를 대상으로 광범위하게 실시간 정보 전달이 가능하여, 인터넷망이 연결되어 있는 어디든 메시지를 효과적으로 전달할 수 있게 되었다. SNS에서는 상황파악, 전달, 동기부여, 세력규합은 물론 지휘통제까지 가능하다. 특히 왜곡된 정보가 유통될 경우 순식간에 커다란 혼란을 야기할 수 있어 그 파괴력은 상상 이상으로 커진 상황이다. 이는 기존 매스미디어인 TV나 신문, 라디오 등의 언론매체가 확보하기 어려운 메시지를 손쉽고 신속하게 전파할 수 있게 된 것이다.

따라서 경쟁국가나 대상 표적을 교란시키기 위한 목적으로 SNS를 막강한 심리전 도구로 활용하는 방법이 주목받고 있으며, 이미 적극적으로 활용하는 사례가 증가하고 있다.

SNS를 기반으로 한 심리전의 형태와 전개방식과 정보수집 및 공격 대상 설정방법을 살펴보면 다음과 같다.

1) 개인정보 수집을 통한 사이버 심리전 기법

SNS를 통해 심리전을 전개하기 위해 우선 이루어져야 하는 것은 개인정보 확보와 활용이다. 미국은 2003년 이라크전에서 이라크 군 지휘부나 정치지도자들에게 사담 후세인이 사망했다는 거짓 정보를 유포해 이라크 군의 투항을 유도하였다. 사담 후세인의 측근들에 대해 불신을 키워 이간질을 유발하였다. 동시에 이라크 군 장병과 국민들에게 투항과 봉기를 종용하여 이라크 군의 전쟁 지속 의지를 꺾기 위해 노력하였다.

이러한 사이버 심리전을 전개하기 위해서는 메시지를 전달할 대상 표적의 상세한 개인정보, 즉 개인 이메일 주소와 연락처 등이 반드시 필요하다. 또한 이러한 심리전 공격의 효과를 극대화하기 위해서는 대상 표적들의 신상정보는 물론 이들의 가족과 주변 인물에 대한 개인정보 수집도 이루어져야 한다.

전통적으로 이러한 인적사항 등의 정보수집은 '인간정보(Human Intelligence: HUMINT)에 의해 이루어졌지만, 현재는 주요 인터넷 홈페이지에 게재된 정보나 해킹을 통해 정보수집이 이루어진다.

이렇게 수집된 정보는 일반적인 정보분석 노력과 첨단화된 CRM (Customer Relationship Management) 분석기법을 통해 개인적 동향, 성격, 선호도 등을 분석한다. 원래 CRM 기법은 개인의 소비 성향을 확인하기 위해 사용하는 기법으로, 개인의 성별, 나이, 직업, 수입,

취미, 주소, 물건 구매 패턴, 신용카드 사용 패턴 등 소비자로부터 획득된 다양한 개인정보를 데이터베이스화하고 데이터 마이닝(Data Mining) 기법을 활용하여 제품과 서비스 기획, 마케팅, 판매 및 사후관리 등 영업활동을 전반적으로 지원하기 위한 지식기반 정보분석 도구이다. 특히 데이터 마이닝 과정에서는 판별분석, 교차분석, 회기분석 등 통계분석 기법과 각종 인공지능 기반 분석기법이 진행된다. 분석과정을 통해 충분한 정보가 확보되면, 개인의 행동과 의사결정에 대한 동향을 파악할 수 있으며, 대상 표적에 대한 모니터를 통해 앞으로 진행할 판단과 의사를 예측할 수 있다.

이렇게 대상 표적 개인에 대해 분석한 정보를 기반으로 공격 표적을 선정하고 선정된 표적에 맞춰 회유를 할 것인지 이간질을 통해 제거할 것인지 등에 대한 판단을 하게 된다. 특히 주요 인사들을 대상으로 CRM 기법 중 가장 기초적인 '유형(pattern)분석'을 통한 기본 성향 및 사생활에 대한 프로파일링이 이루어진다면, 이러한 차별화된 개인정보는 매우 효과적으로 심리전 공격에 활용될 수 있다. 분석된 주요 인사를 대상으로 기만 정보나 유언비어를 전파하고, 정부와 정보기관, 언론, SNS 등의 다양한 통로와 매체에 의도된 왜곡 정보를 유통하여 대상 표적 내부의 혼란과 같은 편 안에서 싸움을 유도하는 방식의 심리전 공격 전개가 가능하다.

유력한 대상 표적에게 기밀유출을 조장하고, 이러한 회유가 성공하게 되면 배신과 투항을 종용한다. 만약 회유 노력이 실패하면, 적국의 스파이라는 누명을 씌워 버린다. 이러한 방법은 대상 표적의 인격을 마비시키고, 심리적 파괴를 초래한다. 특히 주변 인물들은 대상 표

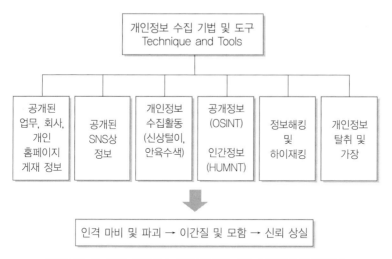

[그림 10-1] 각종 개인정보 수집 도구 및 기법과 심리전 전개양상*

적에 대한 신뢰를 상실하게 되고, 더 나아가 국가를 분열시키며, 위기 시 주요 의사결정권자들의 활동을 효과적으로 무력화시키는 손쉬운 방법이 된다.

특히 대상 표적을 성공적으로 프로파일링하면, 전문가에 의해 그들의 성격을 파악할 수 있게 된다. 이를 통해 고유한 맞춤형 정보왜곡 및 심리전개 방식을 선택할 수 있어 개인별 특화된 무력화 방안을 도출할 수 있게 된다. 예를 들어, 대상 표적이 소심하거나 심약한 성격을 가진 사람이라면, 직접적인 회유, 협박이 효과적일 수 있다. 반면에 강하고 강직한 성격의 소유자라면 직접적인 협박과 회유보다는 왜

---

* 이번 장에 제시된 그림은 Sangho Lee, Jungho Eom, Bonghan Lee and Jin-Hyuk Choi, "A Conceptual Study on Knowledge-Based Personal Information Gathering Methods for Conducting Psychological Warfare in Cyberspace," (ICHIT 2012, CCIS 310), p. 289의 도표를 일부 참조하여 작성한 것을 재인쇄함.

곡정보 유출 및 모함 등의 우회적 방법을 동원하여 심리적 타격을 유발할 수 있다.

2) 개인정보 이용 첨단 피싱 기법

피싱(Phishing) 기법은 급속하게 발전하고 있다. 피싱은 개인정보(private data)와 낚시(fishing)를 합성한 조어(造語)이다.

피싱은 금융기관 등의 웹사이트나 메일로 위장하여 개인정보를 빼

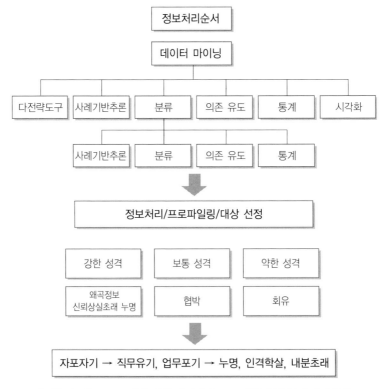

[그림 10-2] CRM 기법 기반 정보처리, 프로파일링 및 공격 전개방식

내어 이를 불법적으로 이용하는 사기수법이다. 메일 메시지 등에 링크를 걸어 가짜 웹사이트에 접속하게 하여 개인정보를 입력하도록 유도하여 개인정보를 수집한다.

파밍(Pharming)은 새로운 피싱 기법 중 하나로, 사용자가 자신의 웹 브라우저에서 정확한 웹페이지 주소를 입력해도 가짜 웹페이지에 접속하게 하여 개인정보를 훔치는 방법을 의미한다. 특히 악성코드에 감염된 PC를 조작하여 이용자가 '즐겨찾기' 또는 포털 사이트 검색을 통해 특정 웹사이트에 접속하려고 하면, 아무리 정상적인 방법으로 목적한 웹사이트 주소를 입력하여도 가짜 사이트로 유도되어 개인정보를 노출하게 만드는 방법이다.

스미싱(Smishing)은 스마트폰 문자메시지를 통해 소액 결제를 유도하는 피싱 사기 수법이다. 문자메시지(SMS)와 피싱(phishing)의 합성어로, 인터넷 접속이 용이한 스마트폰의 문자메시지를 이용하여 휴대폰을 해킹하는 방법을 의미한다. 해커가 대상 표적에게 문자메시지를 보내고, 표적이 스마트폰 문자메시지의 웹사이트 주소를 클릭하는 순간 스마트폰에 악성코드가 깔린다. 이를 통해 해커는 대상 표적의 스마트폰을 원격 조종하게 되는 것이다.

이렇게 불법적으로 수집된 개인정보를 통해 맞춤형 심리전을 전개할 수 있다. 주요 의사결정권자나 고위층을 대상으로 협박, 회유 등이 가능하다. 특히 정보 왜곡을 통해 사회적 혼란을 초래하는 것은 물론, 주식시장 붕괴, 대규모 예금인출, 매점매석 및 약탈, 폭력 및 파괴 등 국가 경제와 사회체제를 위협하거나 막대한 경제적 손실을 초래하는 도구로 발전할 수 있다. 예를 들어, 정치적 혼란 시기에 예비군 또는 민방

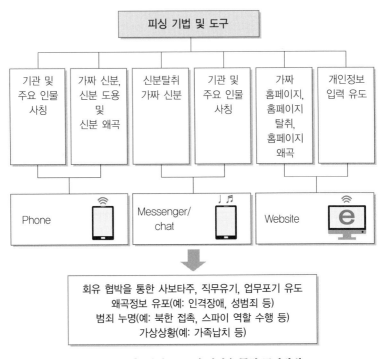

[그림 10-3] 피싱 도구 및 기법을 통한 공격방법

위 소집 문자를 대량 발송한다던지, 트위터 등으로 국민을 혼란에 빠뜨리는 메시지를 전송하는 방법들이 모두 사이버 심리전 전개방법이다.

3) 언론과 SNS

사이버 심리전의 가장 강력한 기능은 인식 조절(perception control) 및 정보왜곡이다. 인식을 바꾸게 되면 곧바로 언론 조작이 가능하다. 보다 고차원적인 공작 차원의 행위로는 TV, 포털 뉴스, 라디오, 인터넷 언론 등 다양한 미디어를 대상으로 정보왜곡과 흑색선전 등을 전개하여 대상 표적의 정부와 국민을 이간질하고 사회적 패닉을 초래하는 것이다.

왜곡된 시선으로 여러 개인과 인터넷 언론 등이 취재와 보도활동을 하고, 다양한 인터넷 연결 도구를 보유한 인물들이 개인 이동 방송국 역할을 자처하며 24시간 실시간 각종 이미지를 전송하게 된다. 이러한 정보를 접하는 대중은 떠도는 메시지들에 대한 검증 없이 자신의 인식을 조절하게 된다.

실제로 북한은 2010년 5월 해킹 등을 통해 입수한 초등학생, 주부,

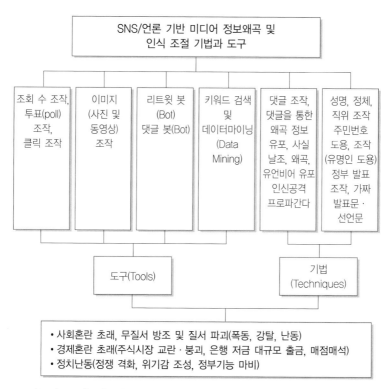

[그림 10-4] 언론과 SNS를 통한 인식 조절, 정보왜곡 및 유언비어 유포

노인 등의 주민등록번호를 도용하면서, 천안함 폭침이 북한 소행이라는 정부 발표가 거짓이라는 내용의 글을 인터넷에 유포시켰다. 이후 한국 사회는 심한 내부갈등과 분열양상을 겪게 되었다. 증명되지 않은 음모, 괴담으로 인해 혼란을 겪는 동안 북한은 천안함 공격이 자신들의 소행이라는 논쟁의 쟁점을 희석시키며 불필요한 소모를 유도하는 데 성공하였다.

사회분열을 조장하기 위해 댓글을 활용하기도 하며, 특히 댓글이 SNS와 만나면 파괴력이 더욱 강해진다.

5. 사이버 심리전 사례

걸프전(1990. 8. 2.~1991. 2. 28.)은 냉전시대 종결 이후 최초의 전쟁이자 최초의 정보전으로 평가받았다. 위성기술의 발달로 미국의 CNN방송을 통해 실시간 전황이 전 세계에 방송되었다. 걸프전은 최초의 TV 생중계 전쟁인 셈이다.

바그다드 최초 공습 3일 후 미국의 제4심리전단은 '걸프만의 소리(Voice of the Gulf)'라는 방송을 개시하여 전쟁이 종식된 이후 1991년 4월까지 총 210시간 이상 생방송과 330시간의 녹음방송을 통해 2,017건의 뉴스 아이템과 189개의 심리전 메시지를 전달했다. 실제 이라크 탈주병의 대부분은 '걸프만의 소리' 방송과 전단이 전장 이탈을 결심하는 데 큰 영향을 미쳤다고 진술했다.

시각 매체로는 다국적 군 측의 군사적 능력을 과시하는 '세계 만방의 단호한 입장(Notions of World Take a Stand)'이라는 제목의 비디오 테이프를 중동지역에 유포했으며, 제4심리전단은 미 공군 8특수전부대와 합동으로 '만일 내일까지 항복하지 않으면 세계에서 가장 큰 폭탄을 투하한다.'는 전단을 살포한 뒤 다음날 실제 폭탄을 투하했다. 이후에도 '다른 것을 또 준비 중'이라는 전단을 살포하자 대대장 이하 많은 수의 이라크 군이 투항해 왔다.

이처럼 걸프전은 정치적, 군사적 국가 목표를 달성하기 위해 가용 심리전 자산이 최대로 동원되었을 뿐만 아니라 전략적, 전술적 심리전을 수행하여 무형 전투력을 극대화한 전쟁으로 분석되고 있다.

미국은 통합 심리전 개념에 의거하여 대외적으로는 유리한 국제여론을 조성하고 이라크 군과 이라크 국민의 전의를 분쇄하였고 미국 내적으로는 범국가적 차원에서 미국의 힘에 의해 세계평화를 지켜냈다는 점을 강화하고, 아울러 국민의 단결 및 애국심을 고취시킴으로 국민정신을 동원하고 있다.

걸프전에서 실시된 심리전은 전통적인 심리전의 수행양상과 다른 새로운 양상을 보였다. 걸프전 당시는 인터넷과 정보통신망의 사이버 공간이 없었다. 또한 정보체계 및 기반, 네트워크 등이 오늘날처럼 발달되지 않았다. 그래서 걸프전에서 전개된 심리전을 사이버 심리전이라고 하기는 어렵지만, 당시 언론과 방송매체는 인공위성을 사용하여 전 세계로 신호, 즉 정보를 전달하고 처리하는 네트워크를 구성하고 있었기 때문에 최초의 정보전이라는 평가가 가능한 것이다. 비록 오늘날과 같은 전자기적 신호들과 무형의 정보들이 존재하는 사이버 공간은 아니지만 특정 네트워크를 구성하고 정보를 유통하며 시

청자와 청취자의 접속이 존재하는 가상의 공간이 형성되어 있었다. 따라서 걸프전에서 실시된 심리전은 기존의 전통적 심리전과 달리 가상의 공간을 수단으로 수행되었다는 점에서 사이버 심리전의 양상을 띠고 있었다고 할 수 있으며, 또한 언론 및 방송매체의 범지구적 네트워크를 통해 대량의 정보가 실시간으로 전달되고 유통되었다는 것은 광역성, 신속성으로 대표되는 사이버 심리전의 특성을 가지고 있다고 볼 수 있다.

1) 코소보전

실전에서의 사이버전의 사례는 코소보전(1999. 3. 24.~1999. 6. 9.)이 공식적인 '최초의 사이버전'으로 기록되어 있다. 코소보전에서는 현실 공간의 물리적 전쟁 외에도 사이버 공간에서 사이버 심리전이 전쟁수행의 중요한 역할을 하였다. 걸프전에서 TV가 전쟁의 현장을 안방까지 직접 중계를 했다면, 코소보전에서는 인터넷과 이메일을 통해 개인과 집단 간 쌍방의 의견 교환이 시공을 초월한 메시지 전파 매체가 되었다.

1999년 3월 24일 NATO의 공중폭격으로 베오그라드의 반체제파 라디오 방송이 중단되었고, TV, 신문, 라디오와 같은 기존의 매체들은 NATO군에 의해 시설이 파괴되거나 정보가 통제되었다. 그러나 시민들은 인터넷을 통해 정보를 입수하였다. 유고 정부도 인터넷을 활용하여 세르비아 정부의 홈페이지에 'NATO의 오발사건에 관한 조사 요구' '공중폭격 희생자가 더욱 늘어나다!' 등의 문구로 선전심리전을 펼쳤으며, 이에 대응하여 NATO도 홈페이지를 통해 공중폭격의 정당성을 전세계를 상대로 주장하였다. 이처럼 코소보전에서는 현실공간의 물리적 공방 이외에 사이버 공간에서도 분쟁 당사자 간의 공방이 이루어졌다.

코소보전 이전의 전쟁은 대부분 주변 국가나 국제사회의 여론에 다소 무관심했다면 코소보전은 주변 국가나 국제사회의 여론을 자국에 유리하게 조성하는 형태로 바꾸기 위해 심리전을 사용하였다. 또한 과거 심리전이 비방, 중상모략, 유언비어 유포 등과 같이 사실 왜곡의 틀을 지니고 있었다면, 이러한 틀에서 벗어나 사실에 입각하여 청취 대상이 스스로 판단하도록 유도하고 이를 위해 인터넷을 심리전의 매체로 사용하는 현대적 의미의 심리전으로 전환된 모습을 지녔다.

코소보전은 세계의 많은 언론매체를 통해 '웹전쟁' '리모컨 전쟁', '사이버전', '여론전' 등 다양하게 표현되었으며, 걸프전보다 한 차원 높은 사이버전을 수행한 것으로 평가되었다.

코소보전을 통해 소수의 인원과 적은 비용으로도 효과적 목적을 달성할 수 있는 사이버 심리전의 효율성을 목격한 북한은 사이버 심리전의 중요성을 인식하였고, 실제로 코소보전을 계기로 사이버 심리전 능력을 본격적으로 개발하여 1999년부터 사이버 심리전을 포함한 광의의 사이버전을 국가전략으로 채택하였다.

2) 이라크전쟁

이라크 전쟁(2003. 3. 20.~2003. 4. 14.)에서 미군은 걸프전보다 효

과적인 사이버 심리전을 전개하였다. 미국은 정찰수단과 정밀 유도
무기로 이라크 군의 지휘통제체계를 파괴하였고, 전자전과 컴퓨터
네트워크 작전을 통해 이라크의 C4I체계 및 방공망을 개전 초기에 무
력화시켰다. 한편 미국은 개전 전부터 전단지 1,800만 부를 살포하고
방송과 휴대폰을 활용해 후세인의 호화로운 생활을 전세계에 폭로하
여 민심이반을 도모하기 위한 심리전을 수행하였다. 또한 전쟁 개시
2개월 전부터 이라크 장교를 대상으로 투항 및 반역을 촉구하는 이메
일을 발송하였다.

이라크 전쟁을 작전 측면에서 살펴보면 작전 단계별로 사이버 심
리전을 실시하여 전쟁목표를 달성했다고 볼 수 있다.

1단계는 억제 및 개입 단계로, '후세인의 리더십 약화'를 목표로
하였다. 선제적인 적 분열을 조장하기 위하여 2002년 12월부터 후세
인 망명 제의설을 보도하고 이라크 고위인사를 대상으로 이메일을 발
송하였다.

2단계 주도권 확보 단계에서는 통체체계와 지휘체계 교란을 목적
으로 전자폭탄을 사용하여 이라크 방송을 중단시켰으며 이라크 지도
부와 야전지휘관 간의 지휘통신망을 마비시켰다. 그리고 이라크 국
민의 저항의지 약화와 지도부 내부 분열을 조장하기 위해 이라크 유
력 지도자들에게 이메일을 개인적으로 발송하고, 이라크 군 지휘관
휴대폰에 위장된 후세인 메시지를 전송하여 투항 및 협조를 권유하
였다.

이라크 전쟁은 기존의 재래식 개념을 탈피한 효과 위주의 전쟁으
로, 적에 대한 정밀타격과 함께 강압적이면서도 인도주의적인 심리

전 효과를 동시에 전개하여 승리한 전쟁이다.

미군은 이라크전이 개시되기 이전부터 이라크의 국민성, 문화, 사상, 종교, 지역 등 사이버 심리전 수행에 필요한 전반적인 내용을 파악하였다. 사이버 심리전 수행이 불가능한 곳은 전단, 물품, 라디오 방송과 같은 전통적인 심리전을 실시하였고, 사이버 심리전이 가능한 곳은 대상별, 지역별, 내용별로 대상 표적을 세분화하여 심리전 메시지를 준비하였다.

이라크 전쟁에서 심리전은 전쟁 이전에 심리전 환경을 철저히 분석하고 세분화하였다. 그리고 전쟁 중에는 전통적 심리전과 사이버 심리전을 적절히 배합하였다. 또한 사이버 심리전을 여타 사이버전과 결합하여 실시한 것은 사이버 심리전이 전쟁의 보조수단에서 전쟁 승패의 주도적 역할을 수행한다고 평가받는 계기가 되었다.

생 각해 봅시다   **'빅 데이터 사회' 누군가 내 사생활을 분석하고 있다**

회사원 서은영(가명) 씨는 최근 서울 신촌에서 소셜커머스 업체인 그루폰을 통해 식당을 예약하고 남자 친구를 만났다. 그루폰은 국내 최초로 스마트폰의 위치정보에 기반한 소셜커머스 서비스를 제공하고 있다. 서씨는 전철역을 나서는 길에 신촌과 이화여대 인근에서 '반값 할인' 행사를 하는 업체를 쉽게 찾을 수 있었다. 이를 통해 그루폰은 위치에 기반한 추가 정보도 추출해 낼 수 있다. 이용자가 늘수록 지역별 선호 메뉴와 이용자 계층, 즐겨 찾는 업소에 대한 정보가 축적되고 이를 분석해 새로운 정보를 만들어 내는 것이다.

기업들은 이미 오래전부터 데이터를 가공해 오고 있다. 신세계 백화점은 지난달 인천에 명품관을 오픈하면서 새로운 데이터 마이닝(Data Mining · 정보가공)을 시도했다. 기존 인천점 고객 중 30~40대 전문직 여성을 추려 낸 뒤 이들 중 고급

화장품 구매 경험을 비롯, 대여섯 가지 조건을 충족시키는 '타깃 고객'을 찾아내고, 다시 이들 중 서울 지역 백화점에서 명품 구매 경험이 있는 손님만 집중 공략한 것이다. 결과는 적중했다. 신세계 관계자는 "추리고 추려 찾아낸 4만 명의 손님 중 2만 명 이상이 실제 명품을 구매했고, 인천점의 전체 매출도 30% 이상 증가했다."며 "단순한 구매 '이력' 추적만으로도 꽤 유용한 정보를 만들어 낼 수 있었다."고 말했다.

채승병 삼성경제연구소 수석연구원은 "IT기술의 발전과 모바일 환경 확대로 인해 생활 주변에서 창출되거나 유통되는 정보의 양이 폭발적으로 증가했다."며 "웹 사이트 방문, 온라인 검색 통계, 위치정보, 소셜미디어 등 기업의 내·외부에 축적된 '빅 데이터'를 관리하는 것이 기업 경쟁력의 핵심요소로 부상했다."고 말했다. 빅 데이터는 대용량의 데이터를 저장·수집·발굴·분석·비즈니스화하는 일련의 과정을 지칭하는 용어로 최근 굳어졌다.

글로벌 기업들은 트위터, 페이스북 등의 소셜 미디어를 전 '지구적' 차원에서 모니터링하고 있다. 코카콜라는 시스모스(Sysmos)라는 업체의 서비스를 이용해 세계 각국의 트위터 이용자들이 올리는 관련 정보를 분석하고 있다. 코카콜라 코리아 관계자는 "갑자기 비우호적 정보가 급증한 국가나 지역 대상으로 홍보를 강화하는 등 실시간으로 대응하고 있다."며 "트위터 분석은 영어뿐만 아니라 중국어, 일본어, 한국어, 아랍어 등 세계 각국 언어로 이뤄지고 각 나라의 코카콜라 브랜치에 제공된다."고 말했다. 미국의 움브리아라는 회사는 매일 수백만 개의 블로그 포스트를 자동으로 읽어내 게시자가 남자인지, 여자인지, 10대인지, 20대인지를 문장구조, 사용단어, 구두점 습관 등을 통해 유추해 낸다. 이렇게 파악한 정보는 기업들이 인터넷상에서 고객들에 대응하거나 광고를 하는 데 유용한 정보로 제공된다.

출처: 조선일보 2011. 5. 29. [why] '빅데이터 사회, 줄줄 새는 개인정보가 차곡차곡… 누군가 내 사생활을 분석하고 있다' 기사 중 일부 발췌.

제 **4** 부

군대와 리더십

들어가며……

인간 사회는 어떤 조직이든 간에 리더십이 필요하며, 리더의 역량에 대해 그 결과는 달라질 수 있다. 이런 측면에서 리더십은 모든 조직체계를 온전하게 구성하는 중요한 요인이다. 특히 군은 리더십에서 시작해서 리더십으로 끝난다고 해도 과언이 아닐 정도로 리더십의 역할은 상당히 중요하다.

군에서 정의하는 리더십은 나라와 군의 유형별로 다소의 차이가 있지만 대체로 군 조직의 임무 또는 목표를 달성하기 위하여 리더가 구성원에게 영향력을 행사하는 과정으로 정의하고 있다. 따라서 리더의 역할을 강조하는 측면을 제외하고는 리더십을 연구하는 학자들이 주장하는 일반적인 리더십 정의와 큰 차이가 없다. 그러나 군 조직에서 구체적으로 리더십의 유형과 그 구성요소를 어떻게 적용해야 할 것인가 하는 것을 논의하기 위해서는 선배 전우들의 전투 사례를 살펴볼 필요가 있다. 그러므로 앞으로 이어질 장에서는 지휘통솔과 관련된 전투사례를 집중적으로 다룰 것이다.

현대사회에서의 군 조직문화는 리더의 자질과 리더십이 어떻게 작용하느냐에 따라 부하들의 군 생활 적응력과 정서적인 안정이 보장된다고 본다. 그러기 위해서는 지금의 환경에서 생활하고 입대하는 병사들의 특징과 상황을 파악한 후 적절한 리더십을 발휘해야 할 것이다. 실제로 현 시대에서의 병사를 지휘하기 위한 지휘관(자)이 어떠한 리더십을 발휘했을 때 최상 또는 최적의 리더십이 될 것인가는 뚜렷한 해답을 찾기는 힘들 것이다. 하지만 지휘관(자)이 리더십에 대해 정확한 이해하고, 부하들의 입장에서 지휘통솔을 실행할 경우 지휘관(자)과 부하와의 관계성은 긍정적인 결과를 가져올 것이다. 이러한 내용을 바탕으로, 이 장에서는 지휘관(자)과 리더에 대해서 다루고, 나아가 전장에서 어떻게 리더십이 적용되는지 알아보고자 한다.

제 **11** 장

지휘통솔

출처: 영화 〈위 워 솔저스(We Were Solders)〉.

지휘통솔은 조직의 목표달성에 중요한 요소이며, 조직을 관리하고 발전시키기 위한 필수적인 요소이다. 특히 지휘통솔이 군 조직에서 차지하는 비중은 절대적이며, 성공적인 지휘통솔을 위해 건전한 가치관, 품성, 덕성 등이 기초가 되어야 한다. 지휘통솔을 효과적으로 적용하고 행동화한다면 전장에서의 승리를 포함한 모든 부대의 성패가 좌우될 것이다.

1. 지휘통솔의 개념

1) 지휘

지휘란 지휘권을 기초로 조직을 이끌어 나아가는 모든 행위이고, 임무완수를 위하여 조직활동을 계획하고 지시 및 협조하는 통합적인

출처: 육군3사관학교.

역할을 의미한다. 넓은 의미에서 지휘는 부여된 임무를 수행할 때 방법적인 측면을 고민하고, 어떻게 수행할 것인가를 결정한다. 또한, 자신이 사용 가능한 자원을 효율적으로 사용하기 위한 관리와 부하의 능력을 최대한 발휘하도록 도와주는 통솔을 포함한다. 지휘자는 조직원의 자율성에 기초하여 지휘해야 하나, 상황에 따라 타율적이거나 설득 또는 강요에 의한 방법도 구사해야 할 것이다.

(1) 임무형 지휘

임무형 지휘는 부여된 임무를 효과적으로 달성하기 위하여 지휘관은 명확한 의도와 부하의 임무를 제시하고 임무수행 방법은 최대한 위임하며, 부하는 지휘관의 의도와 부여된 임무를 기초로 자율적이고 창의적으로 임무를 수행하는 지휘 개념이다.

(2) 통제형 지휘

통제형 지휘는 임무형 지휘와는 대비되는 개념으로, 예하 부대의 구체적인 임무수행 방법을 상급부대에서 명시하고 실시간에도 직접적으로 통제하는 지휘 개념이다.

(3) 임무형 지휘와 통제형 지휘의 적용

전장상황에서의 전투지휘는 임무형 지휘를 채택하더라도 방임의 수준이 되어서는 안 된다. 또한, 통제형 지휘를 택한다고 해서 예하 부대의 임무수행을 간섭하는 수준이 되어서는 안 된다. 정보·통신 시스템의 발달로 실시간 작전 의사소통이 가능한 현재 전장상황에서

〈표 11-1〉 임무형 지휘와 통제형 지휘의 특징 비교

임무형 지휘	구분	통제형 지휘
• 가변적, 예측 불가능 • 불확실	전쟁에 대한 가정	• 고정적, 예측 가능 • 확실
• 분권화 • 자발적, 주도적 • 모든 제대의 능력 중시	조직 운영 체계	• 중앙집권식 • 강제적, 복종적 • 상위제대의 능력 중시
• 유기적 • 수직적 · 수평적 • 상호작용적	조직 형태 및 의사소통	• 위계적 • 수직적 • 일방향적
• 위임형	리더십 유형	• 지시형

출처: 육군본부(2004b).

는 통제형 지휘가 필요한 경우도 있으나 유동적이고 불확실한 전장상
황에서 지휘통솔자의 적시적인 판단과 결심을 위해서는 임무형 지휘
가 요구되며 그 필요성도 증대되고 있다.

2) 통솔

개인의 인격 또는 능력에 의해 조직원에게 직 · 간접적으로 영향력
을 발휘하여 조직원이 자발적이고 적극적으로 임무를 완수하게 도와
주는 과정을 통솔이라 한다. 다시 말해, 지휘자의 솔선수범을 통하여
조직원에게 믿음과 감동을 주어 동기를 유발시키고 조직원들이 스스
로 따라오도록 만드는 것이다.

3) 지휘통솔

지휘통솔이란 지휘자가 자신에게 부여된 권한과 책임을 바탕으로 부대 발전 및 조직의 목표를 효과적으로 달성하기 위하여 구성원에게 임무의 목적, 방향 제시, 그리고 동기부여를 통한 영향력을 행사하여 구성원의 모든 노력을 부대 목표에 집중시키는 활동 및 과정을 의미한다.

성공적인 지휘통솔은 부하들을 감동·감화시켜서 부여받은 임무 완수에 자발적으로 힘쓰도록 하는 것이다. 이러한 지휘통솔의 대상은 부하이며, 부하들은 이성과 감성을 지닌 인격체이다. 그러므로 지휘통솔은 인간에 대한 정확한 이해와 인간관계를 기본으로 이루어져야 한다.

2. 전투지휘

출처: 프랑스 드라마 〈나폴레옹(Napoleon)〉.

전투상황에서 승리를 이끌어 낸 지휘관(자)들의 사례를 살펴보면 그들이 결코 타고난 천재가 아니었음을 알 수 있다. 그들은 과거의 전투사례들을 깊이 연구하여 교훈을 도출하고 창조적으로 적용하였다. 우리가 흔히 군사적 천재라고 일컫는 나폴레옹 역시 전사 연구를 통해 전쟁의 모든 법칙은 과거의 전투 속에 존재한다고 믿었다. 이 절에서는 과거 전투사례들을 기초로 전투상황에서 우리가 어떻게 행동하고 적용해야 하는지 핵심적인 전투지휘 수행방안을 제시한다.

1) 지휘관(자) 의도와 부하들의 행동 일치

지휘관(자)은 자신의 의도를 전 부대원들에게 명확하게 전달하고 숙지시켜야 한다. 지휘관(자)은 부하들에게 자신이 원하는 최종 상태를 설명해 주고 이를 완수하기 위한 방향을 제시해 주어야 한다. 만약 작전 실시간에 통신이 두절되는 상황이 발생하더라도 하급 제대의 지휘관(자)이 올바른 결심을 할 수 있도록 사전에 자신의 의도를 분명히 제시하고 숙지시켜야 한다.

> **전투사례**
>
> 제6사단 7연대 2대대장 김종수 소령은 644고지를 방어 중 ○○초등학교 교사로부터 북한군이 학교에 집결해 있다는 첩보를 입수하였다. 북한군은 이동 중에 한국군이 모두 철수한 것으로 잘못 판단하고 휴식을 취하고 있었던 것이다. 대대장은 이 상황을 연대장에게 보고하고자 했으나 유·무선 통신이 모두 두절되어 연대장의 지침을 받을 수 없었다. 대대장은 최초 부여된 임무가 644고지 방어임에도 불구하고 연대장 의도가 적

주력 격멸에 있음을 알았기 때문에 기습 공격하기로 결심하였다. 작전수
행 결과 적 사살 2,707명, 포로 170명, 차량 72대, 야포 55문을 노획하는
엄청난 전과를 달성했다.

출처: 육군본부(2004a).

2) 실전적 훈련

훈련으로 숙달된 전투기술은 작전 실시간에 조건반사적인 행동으
로 나타난다. 이러한 조건반사적인 행동을 위해 부하들을 반복 숙달
시켜야 한다. 다양한 기술을 교육시키는 것보다 한 가지 기술이라도
제대로 훈련시켜야 한다. 다시 말해, 어떤 훈련을 했냐보다는 무엇을
할 수 있게 되었는지가 중요한 것이다. 부하들이 전장에서 살리고 싶
다면 그들을 실전적으로 훈련시켜야 한다.

전투사례

일본에 주둔하고 있던 미군은 실전훈련은 제대로 받아 보지 못했다. 병
사들은 군복무를 좋아하지 않았고, 군대 생활은 가정과 가깝도록 만들어
져야 한다고 주장했다. 전술적인 부분에서도 훈련을 제대로 받지 못했기
때문에 제2차 세계 대전에 도로 위주로 방어했고 도로를 따라 공격하였
다. 6 · 25 전쟁에 투입된 그들은 북한군의 산악침투나 우회공격에 취약
하였다. 미군 병사들은 북한군에 대해서 아는 것이 없었으며, 전투 의지
도 없어 전투 초기에 명령을 무시하고 전장을 무단이탈하여 방어선이 붕
괴되는 경우도 있었다.

출처: 육군본부(2004a).

3) 불확실성을 극복하기 위한 직관력

출처: 영화 〈무수단〉.

　전장상황의 대부분은 불확실성 속에서 이루어진다. 전장감시체계의 발달에도 불구하고 정보가 부족한 상태에서 전투를 하게 되면 판단에 오류가 발생하고 예상하지 못한 전술적 과오를 범할 수 있다. 전투상황에서 이러한 불확실성을 극복하는 데 필요한 것은 지휘관(자)의 직관력이다. 전투상황에서 직관력이란 예상하지 못한 상황에 대해 적시적으로 결심할 수 있는 전투에 대한 감각을 의미한다. 직관력에서 중요한 요소는 시간이다. 적 행동의 실체가 분명해질 때까지 기다렸다가 결심할 경우에는 적시적인 결심 시기를 상실할 수 있다. 그러므로 지휘관(자)은 어떤 선택이 옳은지 감각으로 판단할 수 있는 직관력을 가져야 하며, 이 직관력은 다양한 경험과 훈련을 통해 이루어진다.

> **전투사례**
>
> 6 · 25 전쟁에 개입한 중공군이 미군에 대하여 대공세를 펴기 시작한
> 지 이틀째 되는 1950년 11월 28일 바버 대위가 이끄는 F중대는 장진호 서
> 편 유담리와 하갈우리를 잇는 좁고 긴 협곡의 소로를 확보하기 위하여 얼
> 음으로 뒤덮인 언덕에 진지를 구축하고 있었다. F중대는 포위된 해병대
> 가 철수하기 유리한 통로를 겨우 확보하여 진지 점령 중에 있었는데 상급
> 부대에서 현 진지를 철수하라는 명령이 무전으로 하달되었다.
>
> 그러나 중대장은 지금 철수를 하면 유담리에 포위된 8,000여 명의 해
> 병대가 본대와 합류할 수 없을 것이라 판단하였다. 설상가상으로 상급부
> 대와 통신도 두절된 상태였다. 중대장 바버 대위는 이러한 상황을 감안하
> 여 덕동 통로를 최후까지 확보하기로 결심하였다. 그 후 바버 대위는 6일
> 간의 치열한 전투에서 자신의 다리 부상과 중대원이 그 통로를 빠져나오
> 는 어려움을 겪었으나, 적의 집요한 공격을 저지함으로써 해병대의 철수
> 를 보장하였다.
>
> ── 출처: 육군본부(2004a).

4) 지휘관(자)의 위치

전투상황에서 지휘관의 위치는 매우 중요하다. 지휘관(자)은 자신
의 통제하에 있는 전투력을 적절히 그리고 신속하게 통합하고 운용할
수 있는 위치에 있어야 한다. 선두부대와 함께 있을 때도 있고, 후방
에 있어야 할 때도 있으며, 때로는 측방으로 가야 할 때도 있다. 지휘
관(자)이 지휘할 장소를 잘못 선정하게 되면 평범한 전투원으로 전락
하여 전장을 파악하지 못하고 전투지휘를 할 수 없게 된다. 전투상황
에서 지휘관(자)의 결정적 위치는 상황에 따라 달라지므로 다양한 상

황을 고려한 예행연습을 해야만 지휘관(자)이 위치해야 할 위치를 정확하게 선정할 수 있다.

추가적으로, 전투현장에서 발생하고 있는 상황과 지휘소에서 파악하고 있는 상황에 차이가 발생할 수 있다. 이러한 현상은 상급부대 일수록 더욱 심화되는 경향이 있다. 이를 극복하고 적시적인 결심을 하기 위해서는 지휘관이 직접 현장으로 나가는 것보다 더 좋은 방법은 없다.

전투사례

1950년 6월 27일 제6사단장 김종오 대령은 2연대가 전차를 앞세운 북한군의 공격에 고전하고 있다는 상황보고를 받고 아침 일찍 연대를 방문하였다. 그곳에서 연대장과 함께 전선을 시찰하고 말고개의 상황이 춘천보다 긴박하며 만일 이곳이 돌파되면 홍천이 북한군의 수중으로 넘어가 사단의 철수로가 차단될 것이라고 판단하였다. 이에 사단장은 사단예비인 19연대를 홍천지역으로 전환하여 2연대의 전력을 강화해야 한다고 판단하고 7연대와 2연대로 하여금 현 방어진지를 고수하게 했다. 그리고 19연대를 즉시 홍천으로 이동시켜 제3방어선을 형성하게 하였으며, 7연대와 2연대의 철수를 엄호하도록 하는 동시에 16포병대대가 2연대를 지원하도록 명령을 하달하였다.

— 출처: 육군본부(2004a).

---

5) 적에 대한 전문가가 되라!

적이 없는 전투란 있을 수 없으며, 전투는 승리에 혈안이 된 적과의 싸움이다. 적을 알고 나를 알아야 전쟁에서 승리할 수 있다. 지휘관(자)은 자신이 상대해야 할 적에 대해 전문가가 되어야 한다.

적의 편성 및 장비, 전술교리 등을 이해 및 숙지하고, 적의 강・약
점을 분석하여 계획수립 시 이를 적용할 수 있어야 한다. 전승의 비결
은 적의 강점은 피하고 약점에 전투력을 집중하여 상대적 우세를 달
성하는 데 있다. 지휘관은 항상 적 지휘관의 입장에서 생각하고 판단
해야 한다. 적의 특성을 세부적으로 파악하여 적에 대한 해박한 지식
을 갖출 때 적을 능가할 수 있는 전술을 구사할 수 있다.

> **전투사례**
>
> 1951년 1월, 국군 제1사단이 속해 있던 미 제1군단의 정면에는 적의 그림
> 자가 눈에 띄지 않았다. 거세게 밀고 내려오던 중공군의 공세는 오산과
> 금량장까지 내려온 뒤 멈춘 상태였다. 이때 15연대장 김안일 중령이 기가
> 막힌 아이디어를 냈다. 중공군과 싸우려면 그들을 잘 아는 중국인이 필요
> 하다는 것이었다. 다시 말해, 남한에 거주하는 화교 청년들을 활용하자는
> 제안이었다. 김안일 중령은 즉시 수소문 끝에 화교 청년 50명을 모아서
> 화교 수색대를 편성했다. 화교 수색대는 즉시 전과를 올리기 시작했으며
> 중공군 포로를 잡거나 그들로부터 다양한 정보를 얻어 왔다.
>
> 출처: 백선엽(2011).

6) 큰 그림을 그려라

지휘관(자)은 현재 전투상황을 종합적으로 평가하여 차후 전개될
사태를 예측하고 대응해 나가야 한다. 당면한 상황조치에 급급하여
부대를 지휘하다 보면 큰 것을 놓치게 된다. 적의 의도를 읽지 못하고
현재의 위협에만 주목하여 단편적으로 대응하다 보면 전반적인 작전

의 주도권을 상실하게 된다. 부대의 가용 전투력을 효과적으로 통합 운용하지 못하는 상황도 발생하게 된다. 지휘관(자)은 전체적인 그림을 그린 후 전후맥락과 전망을 제시할 수 있어야 한다. 현 상황을 통해 미래를 예측하고 조치할 수 있는 통찰력을 갖추어야 한다.

전투사례

중공군은 1951년 5월 17일 오마치와 상남리를 차단한 후 계속 전과를 확대해 19일에는 선두가 경강도로(지금의 영동고속도로)와 마주치는 속사리까지 진출했다. 이 여파로 양양 일대에 배치되어 있던 제1군단은 서측방이 노출되었다. 이에 군단장은 군단 사령부를 강릉에서 철수하고 오대산에서 동해안에 이르는 전선에 수도사단과 11사단을 배치했다. 미 제8군의 정보판단에 의하면 경강도로까지 진출한 중공군은 대관령을 넘어 강릉을 노릴 것이다. 강릉에는 한국군의 유일한 출격기지인 K-18비행장이 있고 산더미 같이 쌓인 폭탄과 보급품이 있었다. 강릉을 잃으면 동해안의 보급항과 공군기지가 사라지게 된다.

사태가 심각해지자 미 제8군 사령관 밴플리트 장군은 경비행기를 타고 용평 비행장으로 날아와 예하 군단장들을 소집하여 제1군단은 대관령에서 서북상으로 공격하고 미 제3사단은 하진부에서 동북방으로 공격하라고 명령을 하달하였다. 이 명령을 받은 제1군단은 대관령이라는 유리한 지형을 먼저 확보하는 게 급선무였다. 그러나 군단의 한정된 병력으로 측방의 중공군과도 싸워야 했다. 북측 정면과 서측 정면 어느 곳도 물러서면 강릉이 위태로워진다.

군단장은 우선 정예부대인 수도사단 예하 1연대를 대관령에 급파하기로 결심하고 수도사단에 명령을 하달하였다. 그러나 몇 시간이 지나도 1연대는 이동하지 않았다. 작전참모를 통해 확인해 본 결과 수도사단장 송요찬 장군이 1연대를 움직이지 못하게 하고 있었다. 그는 수도사단 책임지역

도 위급한 상황이라 1연대를 뺄 수 없다는 이유로 부대를 이동시키지 않은
것이었다. 다급해진 군단장이 사단장을 직접 찾아가 부대이동을 지시하였
고 불과 1시간 차이로 중공군보다 먼저 대관령을 점령할 수 있었다.

전투 중 소속부대를 차출하는 것을 반기는 지휘관(자)은 없을 것이다.
그러나 전체 작전을 위해서는 어려움을 감내해야 하며 큰 그림을 보는 안
목을 키워야 한다.

출처: 백선엽(2009).

3. 전투상황에서의 심리와 통솔

출처: 영화 〈윈드 토커(Wind Talker)〉.

싸우고자 하는 의지와 정신력이 부족한 병사는 아무리 훌륭한 무기가 주어진다고 해도 결국 패배하고 만다. 나폴레옹은 "정신은 육체에 비해 2 대 1로 중요하다."라고 말했다. 지휘관(자)은 부대가 최대의 능력을 발휘하면서 최소의 희생으로 임무를 달성할 수 있도록 부하들을 지도하며 동기를 부여해야 한다. 즉, 통솔이 중요하다. 이 절에서는 과거 전투사례들을 기초로 전투상황에서 우리가 어떻게 부하를 통솔하고 적용해야 하는지 핵심적인 수행방안을 제시한다.

1) 의연함

지휘관(자)의 의연한 모습은 부하들에게 심리적인 안정감과 자신감을 갖게 한다. 지휘관(자)은 어떤 상황에서도 사사로운 감정을 내색하지 않아야 한다. 긴박한 상황이나 위태로운 상황일수록 오히려 더 냉정하고 침착하게 행동해야 한다. 그래야 혼란에 휩싸이지 않은 상태로 현상을 보고 건전한 판단과 결심을 할 수 있다.

전투사례

1950년 6월 29일 맥아더 장군은 한강 남쪽 언덕인 영등포 근처에서 전선을 시찰 중이었다. 그때 총탄이 빗발쳤고 포탄도 떨어졌다. 맥아더 장군을 수행하던 참모들은 순식간에 몸을 굽혀 사방으로 엎드렸다. 잠시 뒤 포격과 총격이 멎었다. 참모들이 일어나면서 본 광경은 놀라웠다. 맥아더 장군은 홀로 우뚝 서 있었다. 여전히 망원경으로 강 건너편을 보면서 꿈쩍 않고 버티고 서서 적 지역을 살피는 의연함과 담대함에 주변 사람들은 놀라움을 금치 못했고 장군에 대한 믿음이 더 커졌다.

출처: 백선엽(2011).

2) 전투의지 고양

부대가 예기치 못한 위기상황에 봉착하면 전투원들은 공황에 빠지고 지휘관(자)의 모습만 바라보게 된다. 이때 지휘관이 적절한 조치를 하지 못하면 부대 내에는 각종 유언비어가 난무하고 전투원들 간에는 의견이 분열되며 전장군기가 해이해지고 전투의지는 급격히 저하된다. 더 나아가 부대의 사기와 단결력이 순식간에 와해될 수 있다.

지휘관(자)은 부대원들 앞에 나아가 위기상황을 극복할 수 있다는 강렬한 의지와 자신감을 보여야 한다. 엄정한 전장군기를 확립하고 임무수행에 대한 확고한 신념과 자신감을 갖도록 부대원들을 격려하여 위기의 순간에 절망감을 제거하고 전투의지를 고양시켜야 한다.

> **전투사례**
>
> 1950년 8월 국군과 미 8군은 80km의 낙동강 방어선에서 북한군의 공격을 저지한 후 반격작전을 계획하고 있었다. 하지만 적의 공격으로 국군 제11연대 1대대가 448고지를 탈취당하여 후퇴하는 상황에 봉착하자 사단장 백선엽 장군은 인접한 미 제25사단 27연대장으로부터 현 사태를 수습해 줄 것을 건의 받았다. 장군은 즉시 현장으로 이동해 병력을 수습한 후 다음과 같은 훈시를 통해 재공을 명했다.
>
> "지금 국가의 운명은 낙동강 방어선에 달려 있고 조국의 흥망은 유학산에 걸려 있다. 그런데 이 유학산에서 철수하면 우리 민족의 갈 곳은 과연 어디냐? 이제부터 사단장이 직접 선두에 서서 나갈 터이니 귀관들은 내 뒤를 따르라. 만일 사단장이 선두에서 물러선다면 사단장을 쏴 다오. 만일 귀관들이 명령 없이 철수한다면 망설임 없이 귀관들을 쏘겠다. 우리는 한 치의 땅도 적에게 허용할 수 없으며 죽음으로써 이곳을 사수하여야 한다." 사단장의 독전과 격려에 전투의지가 고양된 장병들은 448고지를 역습한 지 30분 만에 목표를 재탈환했다.
>
> 출처: 백선엽 (2011).

3) 공명심 탈피

전장상황에서의 공명심은 공의 세워 자기 이름을 널리 드러내려는 심리적 상태를 의미한다. 지휘관(자)이 공명심에 사로잡혀 지휘하면 부대를 위험에 빠뜨리거나 임무를 그르칠 가능성이 높다. 부대들 간에 지나친 경쟁심이 발생하고 협조가 이루어지지 않아, 내부 분열이 생길 수 있다. 순간적인 공명심은 작은 승리를 거두는 개인적인 만족감은 줄 수 있어도 전체 작전에는 도움이 되지 않는다. 지휘관(자)은 자신을 드러내기에 앞서 상급부대 작전에 어떻게 기여할 것인가를 먼저 고민해야 한다. 다시 말해, 자신의 임무와 역할에 필요한 것이 무엇인지 이성적으로 판단하고 행동해야 한다.

전투사례

1950년 10월 16일 평양 입성을 앞둔 미 제1군단장 밀번 소장은 부대 간의 경쟁심과 사기를 고양하고 부대의 진출 속도를 높이기 위해 사리원에 제일 먼저 도착한 사단에게 평양 입성의 명예를 부여하겠다는 지시를 내렸다. 이에 미 제1군단 예하의 제1기병사단과 제24사단 지휘관들은 공명심에 사로잡혀 수단과 방법을 가리지 않고 자신의 부대가 먼저 사리원에 도착하기 위해 경쟁하게 되었다. 이로 인해 인접부대 간의 원활한 협조가 되지 않음은 물론 아군 간 오인사격을 하거나 심지어 인접부대의 기동을 고의로 방해하는 등 불미스러운 사건이 발생하기도 하였다.

출처: 육군본부(2004a).

---

4) 부하들에 대한 신뢰와 존중

관심과 애정을 지닌 배려는 상대로 하여금 감사와 보은의 마음을 불러일으킨다. 직책과 계급은 달라도 사람들은 개인적인 관계를 통해 유대감을 갖게 된다. 지휘관(자)의 개별적인 배려로 키워진 유대감은 부대와 부하 모두에게 큰 성과를 줄 수 있다. 지휘관(자)은 부대원 개개인이 각자 다른 성격과 능력, 고유한 특성을 가진 인격체임을 인정하고 그들은 존중해 줌으로써 스스로 소중한 존재임을 인식시키고, 지휘관(자)을 마음으로 따를수 있도록 해야 한다.

임무형 지휘는 앞에서 언급한 것처럼 시시각각으로 변화하는 현장 상황에 신속하고 능동적으로 대처하기 위해 부하가 지휘관 의도를 기초로 주도적으로 임무를 수행하는 지휘 유형이다. 이는 부하들의 창의적이고 적극적인 임무수행을 유도하여 작전수행을 더 효율적으로 할 수 있게 한다. 전투 간에 임무형 지휘를 구현하기 위해서는 상급 지휘관(자)은 명확한 임무를 부여하되 작전 실시간에는 현장 지휘관(자)의 판단을 존중하고 불필요한 간섭을 하지 말아야 한다.

> **전투사례**
>
> 제3대대는 수차례 673고지를 공격하였으나 북한군이 수류탄을 굴려 전진을 방해하여 피해만 가중되었다. 목표탈취에 계속 실패하자 대대장은 10중대장(양복식 대위)에게 야간공격을 실시하도록 하였다. 중대장은 중대원들이 주로 신병으로서 야간공격은 어렵다고 판단했다. 따라서 2일간 주·야간 기만공격으로 북한군을 피로하게 한 다음 낮에 특공대를 편성하여 공격할 것을 대대장에게 건의하였다. 중대장이 건의한 내용을 대대장이 받아들여 북한군을 피로하게 하기 위한 기만공격을 실시하기로 하였다. 8월 19일, 어젯밤 기만공격 시 많은 피해를 받았기 때문인지 북한군의 저항 없이 제1대대는 448고지를 점령하였다.
>
> ──── 출처: 육군본부(2004a).

5) 전장 심리현상 극복을 위한 통솔

인간의 정신력은 전장에서 결정적인 역할을 하기 때문에 지휘관(자)은 인간 이해의 기반 위에서 통솔능력을 발휘해야 하며, 인간성을

출처: 영화 〈플래툰(Platoon)〉.

파악하고 이를 잘 활용할 수 있어야 한다.

전투의 승패는 지휘관(자)이 얼마나 부하들을 잘 이해하고 그들에게 승리에 대한 확신을 주고 높은 사기를 유지할 수 있는가에 달려 있다. 이것은 전장에서 통솔능력 발휘가 중요한 이유이다. 지휘관(자)은 전투에서 승리하기 위해 구성원들의 의식구조와 전장상황 속에서 빚어지는 인간심리를 이해하고 이를 극복해야 한다. 이 절에서는 전장상황에서 발생할 수 있는 불안과 공포, 공황과 같은 심리현상을 극복할 수 있는 통솔방법을 제시한다.

(1) 불안과 공포

전투상황에서 나타나는 가장 일반적인 심리현상은 불안과 공포이다. 불안은 어떤 위험이 곧 닥쳐올 것을 예견하면서 막연하게 느끼는 긴장된 감정상태를 의미하며, 공포는 앞으로 직면할 문제를 자신의 능력으로 감당하기 어렵다고 느낄 때 발생되는 위축적인 감정이다.

불안과 공포의 원인은 생명과 안전의 위협, 적과의 교전에서 패배, 무기 및 전투물자의 부족 등과 같이 다양하다. 적정수준의 불안과 공포는 다가올 사태에 대한 준비로서 하나의 동기유발 요인이 될 수 있다. 그러나 수준 이상의 불안과 공포는 전의를 상실하게 하고 전투력을 발휘하지 못하게 할 수도 있다. 지휘관(자)은 이러한 감정을 적절히 통제하여 장병들이 높은 전투의지를 유지하도록 해야 한다.

불안과 공포의 느낌에 대해 공개적으로 집단 토의하라.   지휘관(자)은 불안과 공포를 느끼는 것은 정상이라는 것을 강조하고 이에 대한 공개적인 토론이 선임자나 전투 유경험자에 의해서 행해질 수 있도록 한다. 이 경우에 경험 있는 사람의 지도가 가장 효과적이다. 이렇게 함으로써 부하들은 자신이 공포심을 갖는 것에 대해 수치심이나 죄책감을 없앨 수 있고 자신을 이해하는 동료들에게 전우애를 느낄 수 있어 부대의 단결력을 높일 수 있다.

적도 아군과 다를 바 없는 공포심을 갖는 인간임을 알려 주어라.   적의 심리를 알려 주는 것은 공포를 극복하기 위한 좋은 통솔방법이다. 대부분의 병사들은 적은 아군보다 더 겁이 없고 용감할 것이라고 생각하는 경향이 있다. 그러나 사실 적도 아군과 다를 바 없는 공포심을 갖는 인간임에 불과하다. 따라서 적의 심리를 알려 줄 필요가 있다. 예를 들면, 6·25 전쟁 당시 생포된 북한군의 군복을 벗기니 중학생밖에 되지 않은 앳된 소년이었다는 사례를 이야기해 주는 것도 좋은 방법이었다.

침착한 행동과 유머를 사용하여 분위기를 전환하라.   부하들이 불안과 공포에 떨며 사기를 잃어 가고 있을 때 지휘관(자)은 부하들처럼 동요하거나 불안하고 초조한 상태를 보여서는 안된다. 지휘관(자)은 어떠한 상황에서도 침착하고 여유 있게 유머를 구사하는 모습을 부하들에게 보임으로써 그들이 자기가 처해 있는 상황이 그렇게 두려워할 정도는 아니라는 확신을 갖게 해 주어야 한다. 공포에 압도되고 불안한 마음을 가지고 있을 때 한마디의 유머는 한 모금의 청량음료처럼 무거운 기분을 변화시킨다.

전우끼리 접촉할 수 있는 기회를 많이 갖게 하라.   전우애는 나 혼자만 살면 된다는 나약한 이기심을 동료들을 두고 나 혼자만 살 수 없다는 강한 의리로 변화시킨다. 베트남전 참전자들에 대한 설문조사에 따르면, 위험을 무릅쓰고 임무수행을 한 이유를 묻는 질문에 응답자의 과반수 이상인 54%가 전우애와 동료애에 대한 믿음 때문에 죽음의 두려움과 공포를 이겨 내면서 전투를 했다고 답변하였다. 이와 같이 부대원들 간의 접촉 기회를 증가시켜 가족과 같은 전우애와 팀워크를 형성한다면 전장공포와 불안을 극복할 수 있다.

끊임없는 활동을 하도록 하여 공포를 억제할 수 있도록 하라.   전투 시 공포를 제거할 수 있는 가장 좋은 방법은 부하들의 정신을 한 곳에 집중시키는 것이다. 병사들은 특정한 임무에 집중함으로써 공포를 극복하도록 훈련되어야 한다. 사격을 하고 다음 사격 진지를 선정하는 데 전념하고 있는 병사는 불안과 공포에 신경을 쓸 틈조차 없다.

그러나 공격준비 중에 있거나 방어진지를 구축하고 적의 공격을 기다리고 있는 동안에는 극도의 불안과 공포에 빠지기 쉽다. 따라서 그런 시간에는 인접 동료를 돕거나 군장을 다시 확인하는 등 끊임없는 활동을 하게 하여 공포를 억제할 수 있도록 해야 한다.

(2) 공황

전장의 공포, 불안감, 스트레스로 인하여 발생하는 집단적인 심리적 부적응의 대표적인 예로서 공황이 있다. 공황에 빠지게 되면 극도의 이상 흥분으로 꼼짝도 못하고 그 자리에 멍하니 서 있거나 갑자기 전투대열을 이탈하여 일정한 방향감각도 없이 도망치기도 한다. 공황은 극히 충동적이고 전염성이 강해 인접 전우에게 쉽게 전이되어 부대 전투력을 저하시킬 수 있다. 긴장이 고조된 경우에는 사소한 사건에 의해서도 공황이 발생할 수 있다. 전투상황에서 공황이 발생하면 통제하기가 어려우므로 지휘관(자)은 부대원들 간에 공황이 확산되지 않도록 방안을 마련해야 한다.

평소 강한 훈련과 사기를 유지하여 자신감을 갖게 하라.   공황이 발생되지 않게 하는 기본적인 방법은 평시 훈련을 통해 안정적인 부대를 유지하는 것이다. 훈련이 잘된 집단은 자신감이 있고 위기상황에 대한 대처능력이 높아 공황상태에 쉽게 빠지지 않는다.

의연한 자세를 갖고 지휘관(자)이 함께 있다는 사실을 알게 하라. 공황 발생 장면에서 평온을 유지하고 단호하게 공포에 맞서는 인물이 존재할 때 공황은 진정된다. 1950년 중공군의 개입으로 전세가 위기로 치닫고 있을 무렵, 퇴각 중이던 미 8군 사령관으로 리지웨이 (Matthew Ridgway) 장군이 부임했다. 그는 혹한에도 가슴에 2발의 수류탄을 매달고 덮개를 제거한 지휘 차양에 몸을 싣고 최전선을 누볐다. 빙설이 덮힌 산기슭을 도보로 오르내리고 병사들의 행군대열에 끼어들기도 하면서 고통과 위험을 함께했다. 자신의 안전에 집착하지 않고 최전선에 있는 병사들과 위험을 같이 나눔으로써 공황에 사로잡힐 수 있는 장병들의 사기를 높일 수 있었다.

단호하고 용기 있는 행동으로 공황을 극복하라. 특별히 주의를 집중시키거나 긍정적이고 분명한 명령을 내리는 것 또한 공황을 극복하는 하나의 방법이다. 이때 지휘관(자)은 결단력 있고 단호하고 용기 있게 행동해야 한다. 6·25 전쟁 시 백선엽 장군이 다부동 방어선이 붕괴되기 직전의 상황에 처해 있을 때 "내가 두려움에 밀려 후퇴하면 너희가 나를 쏴라."라고 외치면서 적진을 향해 돌진한 것과 같이 지휘관(자)이 확고한 신념에 찬 명령과 모범을 보이는 것도 이와 같은 예이다.

생 각해 봅시다   *지휘와 통솔의 역사적 사례*

1. 손무 장군의 지휘

지휘의 전형은 『손자병법』의 저자인 손무 장군의 사례에서 찾을 수 있다. 손무가 오나라의 왕 합려에게 자신이 만든 병서를 주었으나 합려 왕은 병서를 읽고 병서대로 시행이 되는지를 의심하면서 손무에게 실제 가능한지를 보여 달라고 요청했다.

손무 장군은 합려 왕의 요청을 받아들였고, 갑자기 궁녀들을 모으라고 지시했다. 그중에서 왕의 애첩을 장수로 임명하여 진법(제식)훈련을 가르치도록 하였다. 북을 한 번 치면 앞으로 나가고, 두 번 치면 뒤로 물러나라고 명령을 하니 모두 웃고 합려 왕까지도 웃었다. 손무 장군은 이에 개의치 않고 두 번, 세 번 가르쳐 주었으나 궁녀들은 계속 웃기만 하고 명령에 따르지 않았다.

손무 장군이 말하기를 "첫 번째는 내가 잘못 가르쳐 주었다고 생각하며, 두 번째는 궁녀의 장수가 잘못 알아들어 다시 가르쳐 주었고, 세 번째는 다시 확실히 알아듣도록 가르쳐 주었는데도 따르지 않는 것을 보니, 내 잘못이 아니라 부하(궁녀)들의 장수가 잘못한 것이다."라고 하면서 애첩의 목을 베었다. 이후 궁녀 중에 장수를 다시 임명하고 나서 북을 치니, 모든 궁녀들이 일사분란하게 움직이게 되었다.

2. 오기 장군의 통솔

위나라 장군인 오기는 진나라를 공격해 다섯 도읍을 함락시켜 왕의 두터운 신망을 얻게 되었다. 오기 장군은 남다른 면모가 있었다. 그는 언제나 가장 하급 병사와 똑같은 옷을 입고 음식을 먹었으며 잠자리를 따로 펴지 않았다. 그리고 자기의 식량은 직접 가지고 다녔다. 병사들과 모든 것을 같이 한다는 그의 신념은 이처럼 철저했다.

어느 병사가 종기로 몹시 괴로워하자, 오기 장군은 병사의 고름을 입으로 빨아 주었다. 훗날 이 이야기를 들은 병사의 어머니는 장군의 호의를 고마워하기보다는 목을 놓아 울었다. 어떤 사람이 이상하게 생각해 그 이유를 물었다. 어머니는 "바로 지난해에도 오기 장군께서 그 애 아버지의 종기를 빨아주셨습니다. 그 후 그 애 아버지는 오기 장군의 은의를 보답하기 위해 끝까지 싸우다가 죽었습니다. …… 이제 내 아들도 그렇게 될 것이니 우는 것입니다."

출처: 육군본부(2004b).

제 **12** 장
지휘관과 리더

출처: 영화 〈크림슨 타이드(Crimson Tide)〉.

영화 〈크림슨타이드〉에는 2명의 핵심 간부(함장, 부함장)가 등장한다. 함장은 부여된 임무를 무조건 완수해야 하는 군인정신이 투철한 지휘관으로서 부하들의 복지를 간과하고, 다소 무모할 정도의 즉각적인 행동을 강조한다. 반면 부함장은 신중하고 모든 상황을 이성적으로 판단하며, 급박한 상황에서도 부하들의 의견에까지 귀를 기울인다. 매우 긴박한 순간(핵미사일을 발사해야 하는 순간)에 둘 간의 의견차는 결국 부함장이 함장의 직위를 해제하고, 감금하며 자신이 함장의 임무를 수행하는 극단적인 상황으로까지 치닫는다.

지휘관은 임명되는 군 조직상의 직책이다. 그러므로 그는 자기의 권한을 갖고 명령이나 지시를 통하여 조직을 움직이며 목적을 위하여 부하들을 그 밑에 종속시킨다. 지휘관은 부하들의 복지보다는 조직에 부여된 목표를 달성하기 위해 자신과 조직의 역량을 집중시킨다. 이는 마치 장기를 두는 사람과 같이 장기판의 말처럼 자신의 부하들을 조종하고 통제한다.

그러나 리더는 계급과 직책에는 관계없이 그의 능력이나 인품 등이 다른 구성원보다 우월하기 때문에 그 구성원에게 가장 큰 영향력을 발휘하여 직책이나 계급에 관계없이 실제로 그 조직체를 이끌어나가는 역할을 맡은 자이다. 그는 임명되지도 않고 또 어떤 법제상의 권한도 가지고 있지 않으나 구성원의 복지를 위하여 노력하는 자이다. 부하들을 조종하고 통제하기보다는 함께 가고자 노력하는 이가 바로 리더이다.

영화 〈크림슨 타이드〉에서는 누가 맞고 누가 틀리다는 답을 제시하지 않는다. 지휘관과 리더의 개념도 맞고 틀리다는 개념이 아니다. 지휘관들은 전시에 자신의 부하들을 사지로 몰아넣어야 하는 임무를 수행해야 한다. 예를 들어, 대대장은 적으로부터 포위된 대대의 생존

〈표 12-1〉 지휘관(Boss)과 리더(Leader)의 개념구분

구 분	지휘관	리 더
판단 태도	결과 중시	과정과 결과 중시
부하에 대한 태도	명령 및 통제, 부하들을 활용	코치 및 요청, 부하들의 발전 독려
목표 설정	부여된 임무에 근거한 목표 중시	성원의 반응 고려
의존 수단	권 위	조직을 위한 선한 의도
복 지	개인의 복지보다 집단 목표 중시	집단 번영과 성원 복지 중시
우선 순위	나	우 리
표 현	달성목표 제시, "Go!"	직접 행동으로 표출, "Let's go!"

을 위해 1개 중대를 희생시킬 수도 있다. 이처럼 리더는 눈물을 머금고 부하들에게 목숨을 담보해야 하는 임무를 부여해야 하지만, 동시에 지휘관으로서 현 상황에 부여된 임무를 달성하기 위해 이성적인 판단을 해야만 한다. 부하들의 복지를 더욱 우선적으로 고려하고, 감정적으로 부하 개개인들의 의견을 수렴하기 위한 노력은 생과 사를 넘나드는 순간인 전시에 오히려 부정적으로 작용할 가능성이 많다. 하지만 평시 지휘관의 독단적인 성향은 지금의 병영문화에서 부정적으로 작용할 경우가 많다. 모든 간부들은 상황에 따라 지휘관과 리더의 개념을 융통성 있게 스스로에게 적용할 수 있어야 한다.

1. 권위자의 명령

1971년 미국의 필립 짐바르도(Philip Zimbardo) 스탠포드 대학교 수는 '감옥과 같은 억압된 환경에서 사람들은 어떻게 행동하는가?'

란 주제에 대해 연구하기 위해 스탠포드 심리학 건물 지하에 임시로 모의 감옥을 만들어 2주 동안 '사회심리학 실험'을 시행했다. 70명의 지원자 중 엄격한 심사를 거쳐 심리학적인 결격 사유가 없고, 대학 이상의 학력을 갖춘 24명의 남성 지원자들을 선별하였다. 지인들의 증언으로 확인한 결과 그들은 객관적으로 증명된 '괜찮은 사람들'이었다. 실험 당일 짐바르도 교수는 경찰의 도움으로 그들의 집을 방문해 수갑을 채우고 체포하여 임시 감옥으로 호송한 뒤, 피실험자들을 임의로 반으로 나누어 죄수와 간수집단을 구성하였다. 죄수들은 2주 동안 감금생활을 해야 했고, 간수들은 3교대로 8시간 근무체계로 임무를 수행하였다. 2주로 계획되었던 이 실험은 1주일을 못 채운 6일 만에 끝나게 되는데, 상황이 걷잡을 수 없이 악화되었기 때문이었다. 간수들은 모욕적인 기합, 폭행, 성폭력을 일삼았으며, 죄수들은 처음에 조직적인 저항으로 맞섰지만 나중에는 우울증과 자기비하라는 심리적 문제에 빠지게 되었다. 죄수 중 몇 명은 실험이 끝난 후 한참 동안 심각한 심리적 상처를 안고 살아야 했다. 간수 임무를 수행한 지원자들의 행동이 매우 흥미로운데, 그들은 처음에 간수라는 역할에 거부감을 느꼈지만, 제복과 선글라스가 주는 권위와 익명성에 곧 죄책감을 느끼지 못하게 되었고, 더군다나 아무런 이유 없이 죄수가 된 지원자들을 실제로 매맞아 죽어도 싼 놈들이란 생각을 하게 된다. 걸핏하면 기합과 구타로 죄수들을 괴롭혔으며, 실제로 몇몇 간수는 실험이 일찍 끝나자 몹시 화를 내기도 했다. 그들은 자체 회의를 통해 어떻게 하면 죄수들을 효과적으로 길들일 수 있을까를 의논하며 죄수들에게 더욱 큰 고통과 모욕감을 주기 위해 노력했다. 죄수들의 반응도 의외였는데, 한 죄수는 실험이 끝난 이후 동료가 간수에게 기합을 받거나 폭행을 당할 때 화가 나는 것이 아니라 '저 멍청한 놈 때문에 내가 고생하는구나, 저런 놈은 당해도 싸다.'란 생각이 들었다고 한다. 어떤 죄수들은 간수의 맘에 들기 위해 자존심을 버리는 행동도 서슴지 않았고, 더욱 놀라운 사실은 그 어느 누구 하나 실험을 그만두겠다고 말하지 않았다는 것이다. 죄수 역을 맡은 한 피실험자는 실험이 나흘째 진행되던 날 정신발작을 일으켜 실려 나가기까지 했지만, 이 실험은 언제든 그만들 수 있는 실험이라는 사실을 전혀 인지하지 못하고 있었다. 실험자인 짐바르도 박사 역시 이러한 심각성을 전혀 인지하지 못하고, 오히려 간수 역을 맡은 피실험자들에게 더욱 효과적인 방법에 대한 피드백을 주고, 죄수 역을 맡은 피실험자들을 혐오할 정도로 실험에 홀려 있었다. 실험 도중 짐바르도 교수의 여자친구가 방문하여 실험중지를 요청하지 않았더라면 이 끔찍한 실험은 2주 동안 진행되었을 것이고, 더욱 심각한 문제들을 야기했을 것이다.

　1961년 예일대학교 심리학과 교수였던 스탠리 밀그램(Stanley Milgram)은 '인간은 권위에 대해서 어느 정도까지 복종할 것인가?' 하는 의문에 대한 해답을 얻고자 권위에 대한 복종실험을 진행하였다. 실험의 효과를 극대화하기 위해 피실험자들에게는 '체벌이 학습에 미치는 효과'에 대한 실험이라고 안내하고, 실험참가에 대한 보상으로 4달러를 지급하였다. 실험자는 권위를 잘 나타낼 수 있는 하얀색 가운의 실험복을 입었고, 실험자는 교사역할을 하는 피실험자에게 어떤 문제를 내야 하는지, 그리고 정답이 무엇인지에 대한 정보를 주고 학습자 역할을 하는 연기자가 문제를 틀릴 때마다 전기충격을 주

고, 그 충격은 15볼트부터 시작해서 최대 450볼트까지 올라간다고
미리 이야기를 해 주었다. 물론 전기충격은 가짜였고, 학습자 역할의
연기자는 고의로 문제를 틀렸으며 전기충격에 대한 반응 역시 모두
연기였다. 피실험자만 모른 채 진행이 되었다. 실험 중간 연기자의 비
명소리에 "이제 그만해야 할 것 같아요." 하고 많은 피실험자들이 울
먹이면서까지 얘기를 했지만, 실험자는 "괜찮아요. 제가 책임집니다.
문제를 틀렸으니 전기충격을 주세요."라고 말한다. 실험설계 당시 심
리·의학 등 제 분야의 전문가들은 0.1%의 사람만이 450볼트까지 전
압을 올릴 것이라 예상했지만 충격적이게도 65%의 피실험자들이
450볼트까지 전압을 올렸다. 피실험자들 중 대부분이 상대를 죽일 수
있음에도 실험자의 권위에 복종했다는 이야기이다.

밀그램의 실험에서 권위자의 명령은 클립보드를 들고 하얀 가운을
입은 개인에 의해 표현되었다. 이 권위적인 인물은 충격을 가하는 사
람 바로 뒤에 서서 희생자가 대답을 잘못할 때마다 전압을 높이라고
지시했다. 권위적인 인물이 모습을 드러내지 않고 전화로 명령을 전
달했을 때, 최고 전압으로 충격을 가하려는 피험자의 수는 급격하게
감소했다.

두 실험에서 보여 준 것과 같이 권위자에 의한 명령은 전투상황에
서 일반적으로 적용될 수 있다. 특히 그러한 명령은 권위자의 근접
성, 권위자에 대한 존경, 권위자가 내리는 명령의 강도, 그리고 권위
자의 적법성 등 여러 하위 요소를 통해 효력을 발휘한다(Grossman &
Christensen, 2008).

2. 권위자의 근접성

마셜 장군이 제2차 세계 대전 당시에 벌어졌던 많은 특수한 사건들을 통해 지적한 바에 따르면, 지휘관이 전장에서 직접 관찰하고 격려할 때는 거의 모든 군인이 무기를 발사하는 반면, 지휘관이 자리를 떠나 있을 때는 사격비율이 곧바로 15~20%로 감소했다. 대부분의 장병이 두려워하는 전투상황에서 지휘관의 그러한 솔선수범은 부하들이 용기를 발휘하게 하는 원동력으로 작용한다. 명량대첩에서의 이순신 장군이 그러했고, 6·25 전쟁 시 맥아더 장군 역시 현장에서 지휘하여 부하들이 용기를 발휘하도록 독려했다.

3. 권위자에 대한 주관적 존경

부대에 유대감을 느끼듯이 지휘관에게도 유대감을 느낄 때 명령의 효과는 더욱 커진다. 명성이 자자한 존경 받는 지휘관과 비교해 볼 때, 지명도가 낮거나 평판이 나쁜 지휘관이 내리는 명령은 전투 시 부대원들이 따르지 않을 가능성이 훨씬 더 커진다. 그러한 유대감은 부여된 권위에 의해 강압적으로 형성되는 것이 아니다. 평시부터 지휘관은 리더로서 부하들에 대한 사랑과 애정을 바탕으로 그들의 복지를 위해 최선의 노력을 해야 하고, 인간적인 정으로써 부하들 한 명 한 명과 살을 맞대고 대화하는 노력을 기울여야 한다.

4. 살해행위에 대한 권위자의 명령 강도

지휘관의 존재 자체는 살해행위를 확실히 이끌어 내기 위한 충분 조건이 아니다. 지휘관은 반드시 살해행위에 대한 분명한 기대를 부하들에게 전달해야 하고, 그 경우 영향력은 엄청날 수 있다.

베트남전쟁 당시 미국의 칼리(Kalley) 소위가 처음으로 마리아 마을의 여성과 아이들을 죽이라고 명령했을 때, 그는 "그들에게 뭘 해야 하는지 잘 알겠지."라고 말하고는 떠났다. 그는 돌아와서 부하들에게 "왜 죽이지 않았지?"라고 물었다. 질책을 받은 부하들은 "이 사람들을 죽이고 싶어 하신다고는 생각하지 않았습니다."라고 답변했다. 그러자 칼리 소위는 "아니야. 난 이 놈들을 죽이고 싶어."라고 말하고는 직접 그들을 향해 총을 쏘기 시작했다. 살해에 대한 군인들의 거부감이 매우 높을 수밖에 없는 이 기이한 상황에서도, 이렇게 함으로써 그는 부하들이 민간인을 대상으로 총을 쏘게 할 수 있었다.

5. 권위자의 권위와 명령의 적합성

조직이 인정한 적법한 권위를 지닌 지휘관들은 군인에게 더 큰 영향력을 행사할 수 있다. 군인은 예상치 못한 명령, 불법적인 명령보다는 적법하고 합법적인 명령에 더 잘 복종한다. 이 영역에서 조직폭력배 두목이나 용병 지휘관이 지닌 결점은 조심스럽게 다루어야 하겠지

만, 국가가 뒷받침하는 권력과 적법한 권위를 상징하는 군 장교에게
는 전투에서 병사 개인이 거부감과 거리낌을 저버리게 만드는 엄청난
잠재력이 있다.

생 각해 봅시다   **보스의 독백**

나라고 어찌   가끔은 나도 당신 옆에 앉아

지친 당신에게   아픈 마음 어루만져 새살을 틔우고

따스한 손 내밀고 싶지 않을까   녹록잖은 세상살이

                                          두손잡고 걸으면서

그대에게 나 역시   두런두런

매서운 겨울이 아니라   당신의 아름다운

따스한 봄이고 싶다.   눈동자를 바라보며

                                          별을 바라보며

                                          꿈을 헤아리고 싶다.

현실의 벽에 부딪혀

손 한번 잡아주지 못한 시간이 쌓여   이제 그만 멈춰설까

그대와 나 사이   하루에 십수번

우악스런 벽이 생겼다.   곱씹던 번뇌의 밀물이

                                          때가되어 이 밤을 휩쓸어 나가고

내 등 뒤로 날아와 박히는

나를 향한 날카론 당신의 목소리   작열하는 태양

독단, 일방적 지시, 군림   오늘도 어김없이

그 아무도 몰라주는   살기위해 싸워야만 하는

나는   소스라치게 날이 선 아침이 밝았다.

당신의 외로운 방패   당신위에 서서 입을 굳게 다물고

당신을 지키면서   두눈을 부릅뜨고

마음 깊은 곳까지 어루만지기엔   당신을 등뒤에 품어

나에게 허락된 시간이 없다.   보스란 이름으로 방패를 들었다.

출처: 육군3사관학교 #52 사관생도 김태양의 시 '보스의 독백'

제 **13** 장
전장에서의 리더십

1. 리더십

출처: 영화 〈퓨리(Fury)〉.

리더십이란 조직에 부여된 임무를 완수하고 성과를 창출하는 데 있어서 구성원들의 마음을 움직여 리더를 따르게 하고, 그 힘으로 조직원들이 자기직무에 헌신토록 변화시키는 활동이다. 그리고 그 방법은 어떤 표준에 의한 것이라기보다 사람마다의 개성에 따라 창의적으로 발휘되는 것이다.

어떤 사람은 자신의 전문성을 강점으로 부하들을 통솔하기도 하고 어떤 사람은 자신의 카리스마적 매력으로 사람들의 마음을 사로잡기도 한다. 또한 어떤 사람은 세세한 통제를 통해 사람들을 다스리고 어떤 사람은 권한위임을 많이 해 주기도 한다.

어떤 사람은 리더에게 결단력과 독창성이 중요한 자질이라고 하고 어떤 사람은 신중함과 협동력이 중요하다고 한다. 리더십에는 답이 있을 수 없지만, 리더의 덕목에 대한 많은 연구를 통해 어느 정도 성공과 상관성이 높은 요인들을 찾아내었다. 가령 조직비전 설정능력, 구성원들을 참여시키는 능력, 추진력, 인간관계의 주도성 등은 성공적 리더십에 긍정적인 요인들이다. 그러나 그 요인들이 너무 많고 상황마다 달라서 몇 가지로 집약하는 것이 사실상 불가능하다.

리더십은 무엇이 옳다고 말할 수는 없으며 어떤 리더십이든 모두 리더를 추종하게 하고, 성공적인 조직성과를 향한 것이다. 사실상 리더십의 성공과 실패를 미리 말하기는 어렵다. 어떤 경우는 부하들을 믿었기 때문에 성공하였는데 또 다른 경우는 부하들을 믿었기 때문에 실패하기도 하는 것이 바로 리더십이기 때문이다.

결과적으로 구성원들이 리더를 신뢰하여 추종하고 조직의 성과가 높아졌다면 그것은 성공적인 리더십이었고 그렇지 않다면 성공하지 못한 리더십이다(송경재 외, 2013).

1) 리더란

조직과 관련하여 경영자와 리더를 동일한 의미로 보았을 때, 리더의 의미를 구체적으로 살펴보면 두 가지 기준으로 구분할 수 있다. 하나는 '공식성'을 기준으로 리더는 공식 리더와 비공식 리더로 나눌 수 있다. 공식 리더란 조직의 라인 상 책임자를 말한다. 군대의 지휘관(자)과 부서의 장, 회사의 사장과 팀장, 정부기관의 장, 학교의 교장과 학급 담임교사, 사회단체의 장, 가정의 가장, 동창회나 친목그룹의 장 등이다. 이들은 조직이나 부서의 목표달성을 위해 구성원들을 이끌어 가야 하며 책임수행을 위해 공식 권한을 가진다. 이들은 본인의 의지에 관계없이 리더십을 발휘해야만 하는데, 능력에 따라 리더십을 훌륭하게 발휘하기도 하고 발휘하지 못하기도 한다.

다른 하나의 기준은 영향력의 '실질성'을 기준으로 하는 실질적 리더와 형식적 리더이다. 비공식 리더는 공식적인 지위라인에 있지 않지만 구성원들에게 실질적인 영향력을 행사하여 집단을 이끌 수 있다. 가령 소대에서 공식 리더는 소대장이지만 부소대장이 구성원들에 대해 더 큰 영향력을 행사하고 일을 주도한다면 부소대장은 공식적인 지휘에 있지 않지만 사실상 리더 역할을 하는 것이다. 이러한 경우 소대장을 형식적 리더, 부소대장을 실질적 리더라 부를 수 있는 것이다. 비공식 리더들은 공식권한은 적지만 이를 대체할 수 있는 다른 영향력으로써 부하들의 추종과 지지를 받고 문제해결 능력이 공식 리더보다 뛰어난 경우가 많다(송경재 외, 2013).

2) 리더십의 구성요소

리더십은 리더, 구성원, 상황의 세 요소로 구성된다. 리더십의 필수적인 두 요소는 리더와 구성원이다. 리더십을 발휘하는 주체는 리더이고 그 대상은 구성원이다. 상황이 리더십의 구성요소가 되는 것은 양자 간의 리더십 관계가 특정한 상황조건하에서 형성되기 때문이다.

일반적으로 특정한 상황조건은 직무 또는 과업이다. 소대장과 소대원 간에는 수행해야 할 임무, 사장과 사원 간에는 회사의 업무, 교수와 학생 간에는 수강과목이라는 상황조건에서 영향력이 작용하고 리더십 현상이 발생한다.

리더십이 발현되는 대부분의 상황은 원칙적으로 조직의 공식적인 업무관계이다. 하지만 리더십이 공식적인 업무관계에서만 일어나는 것은 아니다. 가령 소대원의 병사의 친구들이 부대에 면회를 왔는데 소대장과 만나는 상황이 되었다고 하자. 그러한 상황에서 병사의 친구들을 대하는 소대장의 태도는 병사에게 중요한 영향을 줄 수 있다. 즉, 소대장을 존경하고 신뢰하는 계기가 될 수도 있고 반대로 불만을 가지게 되는 계기가 될 수도 있는 것이다.

그러므로 리더와 구성원 간에 리더십을 발생시킨 특정한 상황이 제거되면 리더와 구성원 간에 직접적인 영향력이 작용하지 않게 된다. 가령 임무가 변경되거나 부서를 옮겨 업무관계가 종료되는 경우 등이다(송경재 외, 2013).

3) 리더십 유형

허시와 블랜차드(Hersey & Blanchard, 1982)의 리더십행동이론을 활용하여 리더십 유형을 네 가지*로 구분할 수 있다.

위임형 리더는 적극적으로 과업수행에 필요한 행동이나 기준을 제시하고 감독 또는 격려행동을 하는 것이 아니라 해당 업무를 담당하고 있는 사람에게 판단 및 결정을 최대한 위임하여 수행하게 하는 것을 말한다. 관계행동 측면에서도 과업수행자를 적극적으로 동기 부여하거나 개인적인 애로사항이나 관심사항에 주의를 기울이는 행동을 거의 보이지 않는다. 얼핏 보기에 부정적인 인상을 받을 수 있으나 부하의 성숙도에 따라 어떤 경우에는 오히려 효과적으로 적용될 수 있다.

지원형 리더는 구성원들의 자발적인 헌신과 참여를 유도하는 유형을 의미한다. 업무를 효과적으로 수행할 수 있는 구체적인 지침이나 조언을 제시하기보다 구성원들이 마음속에서 우러나 자율적으로 업무를 수행할 수 있도록 구성원들과 우호적인 관계를 형성하기 위해 노력한다. 동시에 업무 외적으로 구성원들이 겪고 있는 어려움을 보살피기도 하며, 개개인의 관심사에 반응하고 인간적인 유대감을 쌓아가는 리더십 유형을 뜻하고 있다.

설득형 리더는 구성원들이 효과적으로 업무를 수행할 수 있도록

---

* 과업행동과 관계행동의 리더행동의 높고 낮음에 따라 위임형, 지원형, 설득형, 지시형으로 구분할 수 있다.

적극적으로 업무 관련 지도 및 조언을 하면서 동시에 구성원들과 좋은 인간관계를 형성하기 위해 노력하는 유형을 가리킨다. 상품을 팔고자 하는 판매원은 단순히 상품에 대한 칭찬이나 적극적인 홍보를 통해 판매효과를 누리지 않는다. 오히려 소비자들을 대하는 순간 부드럽고 우호적인 분위기를 형성하면서 친근한 관계를 만들어 상품 판매효과까지 보게 되는 경우가 있다. 즉, 설득형 리더는 과업목표 달성 촉진과 인간적 유대감 증진을 동시에 추구한다.

지시형 리더는 주로 과업생산성과 목표 달성에 초점을 두고 의사소통을 하는 유형이다. 따라서 지시형 리더의 의사소통 유형은 문자 그대로 '지시'가 되는 경우가 많다. 군 조직 초급간부로서 소대장 임무를 수행하다 보면 부하들에게 지시형 리더와 같이 부하들의 과업에 대해서만 이야기할 수 있다. 그러나 이런 경우 부하들은 리더로부터 인간적인 애정이나 관심을 느끼기 힘들다. 부하들이 리더를 만날 때면 따뜻한 정이나 인간적 교감을 느끼는 대신 업무가 제대로 이루어지고 있는지 혹은 리더로부터 또 다른 지시가 하달되는 건 아닌지에 대해 먼저 생각하게 될 것이다(송경재 등, 2013).

2. 전장에서의 효과적인 리더십

영화 〈위 워 솔저스〉에서 주인공인 멜깁슨은 전장에서의 대대장 임무를 수행한다. 전투현장에 나가기 앞서 거행된 대대원들 앞에서의 출정식에서 그는 "나는 전투현장에 제일 먼저 발을 내딛을 것이

출처: 영화 〈위 워 솔저스(We were soldiers)〉.

며, 부하들이 다 전장을 이탈한 다음에 전장을 떠날 것이다."는 연설을 했고, 실제 전장에서 그 말을 행동으로 표현했다. 그러한 지휘관 (자) 밑에서 대대원들은 자신의 역량을 최대한 이끌어 내어 전투임무를 수행했고, 극심한 스트레스 상황에서도 부대의 단결력은 최상의 성과를 이루게 된다.

이와 같이 전투에서 유능한 지휘관(자)은 능력이 있고, 믿을 수 있는 사람이다. 그는 물어볼 것도 없이 자신의 일이 무엇인지 알고 있으며 어떤 여건과 환경에서도 이를 수행하는 데 의지할 수 있는 사람이다.

유능한 소부대 지휘관(자)은 몇 가지 방법으로 스트레스를 감소시킬 수 있다. 휘하 병력에게 유능하다고 인정받는 지휘관은 병력에게 자신감을 키워 주고 잠재적으로 스트레스일 수 있는 환경에서 그들이 걱정해야 하는 한 가지를 덜어 준다. 지휘관(자)은 전투임무 스트레스 반응의 영향을 이해해야 하고, 반드시 다음과 같은 행동을 한다.

1) 당면한 임무에 집중한다

임무에 대한 우선순위를 판단하지 못하는 지휘관(자)은 부하들에게 과중한 임무를 부여할 수밖에 없다. 더군다나 중요하지 않은 임무에 부하들이 집중하게 만들어 부대가 반드시 수행해야 할 임무를 놓치거나 노력이 집중되지 않게 만들 수 있다. 이런 상황에서 부하들은 임무를 수행하는 데 우왕좌왕하게 되고, 체계가 없는 임무수행으로 앞을 전혀 예측하지 못하는 불확실성을 경험할 수 있다. 부대의 지휘관(자)은 무엇보다 조직이 달성해야 하는 임무를 중요도에 따라 순서를 매기며 부하들에게 임무를 부여할 수 있어야 한다.

2) 장병들이 주어진 임무를 완수할 것으로 기대한다

부하들이 지휘관(자)을 신뢰하고 지휘관(자)을 중심으로 임무를 완수하는 것도 중요하지만, 지휘관(자)이 자신의 부대 및 부하들을 신뢰하는 것도 중요하다. 지휘관(자) 혼자서 할 수 있는 임무는 없다. 자신의 조직체계 안에서 역량이 있는 부하들에게 임무를 분담하고, 그들의 역량을 최대한 발휘할 수 있도록 지도할 수 있어야 한다.

'임무형 지휘'는 부하들에게 임무의 시작부터 종료까지 세부적으로 실시간 그들의 행동을 통제하는 것을 지양한다. 달성해야 할 목표만 제시하고 부하들 스스로 창의성을 발휘하여 목표를 완수하게끔 하는 것이 바로 '임무형 지휘'의 핵심이다. 평상시부터 부하들의 역량을 향상시키고, 향상된 역량에 부합한 임무를 부여하고, 뒤에서 그들이 임무를 완수하기 위해 필요한 지원을 해 주어 반드시 완수하게끔 하는 것이 지휘관(자)의 역할이다. 부하들의 능력에 대한 신뢰가 있을 때만이 부대에 부여된 임무를 효과적으로 수행할 수 있는 원동력이 생긴다. 하지만 주의할 점은 부하들의 능력을 오판하거나 능력 이상의 임무를 부여하여 부하들 및 부대에 큰 피해를 주는 결과는 반드시 피해야 한다는 것이다.

3) 명령과 통제가 이루어지는 모든 상황에서 침착함을 유지한다

영화 〈위 워 솔져스〉의 멜깁슨은 자신의 대대가 적들에게 포위되고, 적과 아군이 뒤섞여 극심한 혼란의 상황에서 지휘관(자)으로서의 침착함을 유지하고 극단적인 명령인 '브로큰 애로우(폭격요청)'를 하달한다. 피아가 혼재된 상황에서의 전투기에 의한 폭격은 아군의 피해를 고려치 않은 극단적인 결심이었지만, 그의 이러한 명령으로 대대는 적의 포위망을 회피하며 수많은 적을 사살하는 성과도 달성하게 된다.

전장상황에서는 누구나 긴장하게 되고, 각종 스트레스로 인해 행동에도 많은 제약이 따르게 마련이다. 하지만 지휘관(자)의 침착하고 용기 있는 행동은 부하들에게도 금세 전염되어 부대가 전투임무를 성공적으로 수행하게 하는 필수적인 원동력으로 작용한다.

4) 장병의 스트레스 반응을 정상화한다

전장상황에서의 스트레스 반응은 당연한 것이다. 그러한 반응들이 부하들에게 나타날 수 있음을 당연하게 여기고, 그러한 반응을 최소화하거나 사전에 예방하게 하기 위한 조치는 지휘관(자)으로서 필수적인 것이다.

5) 여가활동, 장비 정비, 전투능력 기술들을 숙달하게 함으로써 장병들이 계속 생산적이 되도록 한다

전장상황에서도, 전투가 없는 상황에서는 부하들에게 휴식의 여건 및 가용한 범위 내에서의 여가활동을 하도록 장려하는 것도 중요하다. 이는 평시와 같은 활동들을 하게 함으로써 전장이 전혀 어색하지 않은 편안한 환경으로 인식하도록 하는 데 효과적이다. 또한 휴식시간에도 다음 전투임무 수행을 위해 본인의 장비들을 지속적으로 정비하고 최상의 상태를 유지하게 하며, 전투능력 극대화를 위해 지속적인 교육훈련을 시키는 것도 매우 중요하다. 휴식과 전투 준비의 사이클이 효과적으로 이루어져야만 다음 임무수행의 성공을 기대할 수 있다.

6) 장병들이 청결한 개인위생을 유지하게 한다

극심한 스트레스의 전투상황 이후 휴식시간에 장병들은 무엇보다

쉬고 싶어 한다. 하지만 개인위생이 제대로 이루어지지 않는다면 열악한 전장상황에서 각종 질병을 유발할 수 있고, 나태한 정신상태로 이어질 수 있다. 자신의 몸을 청결히 유지하는 것이 임무의 시작이라는 것을 지휘관(자)은 항상 인식하고 있어야 한다.

7) 장병들이 자신의 생각을 표현하게 배려한다

깊은 슬픔이나 우려의 표현을 무시하고 넘어가거나 가볍게 보아 넘기지 않는다. 감정이나 정서가 정상적인 행동으로 표출되지 않을 때 심각한 심리적 손상을 유발할 수 있다. 슬프면 울고, 화가 나면 화를 내고, 기쁘면 웃도록 만드는 것이 성공적인 병력관리의 핵심이다. 적절하게 표현된 정서는 심리적인 건강을 유지하는 밑거름이다. 그리고 행동으로 표출될 때만이 지휘관(자)을 포함한 장병들의 심리상태를 정확하게 파악할 수 있다. 감정표현을 억제하는 지휘관(자)은 부하들과 동거동락할 수 없다.

최병순(2011)은 중대장을 대상으로 설문지법과 중요 사건법을 사용한 복수 연구방법을 통해 획득된 자료를 분석하여 평시상황에서 효과적인 리더십 행동과 전투상황에서 효과적인 리더십 행동을 비교 분석하였다.

분석결과 '부하에 대한 배려행동'은 상황과 연구방법의 차이에도 불구하고 공통적으로 효과적인 리더십 행동으로 식별되었다. 그러나 다른 리더십 행동들은 상황과 연구방법에 따라 효과적인 리더십 행동에 차이가 있었다. 평시상황에서는 '인화단결' '인정 및 보상' '교육훈련 및 훈계' 행동 등 주로 대인관계에 관련된 리더십 행동(관계지향적 행동)들이 효과적인 리더십 행동으로 식별된 반면, 전투상황에서는 '역할 및 과업의 명확화', '계획 및 조직화', '확인감독', '문제해결 및 위기관리' 등과 같은 임무수행(전투)과 관련성이 높은 리더십 행동(과업지향적 행동)들이 효과적인 리더십 행동으로 식별되었다.

이와 같이 상황에 따라 효과적인 리더십 행동에 차이가 있는 것은 전투상황에서는 지휘관(자)들이 평시상황보다 훨씬 더 동태적이고, 불확실하며, 위험한 상황에 처해 있기 때문이라고 할 수 있다. 이러한 전투상황에서는 모두가 살고자 하는 욕망과 본능이 훈련된 행동에 우선하게 되는데, 지휘관(자)의 신속한 문제해결 및 위기관리 행동이 부하들의 불안감을 감소시켜 주고, 위급하고 긴장된 상황에서 해방시켜 줄 수 있기 때문이다.

한편 상황의 차이에도 불구하고 '부하에 대한 배려' 행동과 '동기부여' 행동은 공통적으로 효과적인 리더십으로 식별되었기 때문에 '부하에 대한 배려' 행동과 솔선수범(진두지휘) 및 자신감 부여를 주 내용으로 하는 '동기부여' 행동은 전·평시를 막론하고 한국군 소부대 지휘관(자)의 효과적인 리더십 행동이라고 할 수 있다.

이러한 연구결과는 군 리더십에 다음과 같은 사실을 시사해 준다.

첫째, 지휘관(자)들이 사랑과 정으로 부하들을 지휘하고, 부하들의 복지에 관심을 갖는 '부하에 대한 배려' 행동, 그리고 행동으로 모범을 보이는 솔선수범과 부하들의 자신감 고취를 통한 '동기부여' 행동이 지휘의 성패를 가름하는 핵심적인 리더십 행동이라는 것이다. 또한 계급과 직책의 권위를 앞세워 지시만 하고 솔선수범하지 않는 지휘자(자)보다는 병사들과 함께 임무를 수행하거나 또는 교육훈련 과정에서 행동으로 솔선수범하는 지휘자(자)를 존경하고 잘 따르며 성과 또한 높았다. 소대장이나 중대장이 병사들과 어울려 작업을 하거나 훈련을 할 경우 권위가 손상될 것이라는 우려도 있지만, 병사들이 작성한 중요사건 내용은 이러한 우려가 기우에 지나지 않음을 보여 준다.

둘째, '부하에 대한 배려'와 '동기부여 행동'은 전·평시 상황의 차이에도 불구하고 효과적인 리더십 행동인 반면에, '인화단결' 행동과 '인정 및 보상' 행동은 평시상황에서만 효과적이고, '문제해결과 위기관리' 행동은 전투상황에서만 효과적인 행동으로 식별되었다. 전투상황에서 효과적인 리더십 행동으로 분류된 '문제해결과 위기관리' 역량은 하루아침에 개발되는 것이 아니라 지속적이고 장기적인 노력을 통해서만 가능한 것이다. 따라서 군 리더는 평소에 '문제해결과 위기관리' 능력을 향상시키기 위해서 군사지식 함양과 자기개발 노력을 게을리 하지 않아야 한다(최병순, 2011).

3. 스트레스를 받는 장병에 대한 관리

장병이 스트레스를 받는 데는 여러 이유가 있겠지만 이 책에서는 부대와 집단 내에서 경험할 수 있는 가장 흔한 부분에 대한 지침(가족지원, 개인문제, 가혹행위, 물질남용, 감정적인 스트레스)을 제공한다. 지휘관(자)은 이런 종류의 부정적인 스트레스를 다루기 위해 부대에서

출처: 영화 〈서부전선〉.

가용한 자원과 추가하여 각 지역 내의 가용한 자원을 사전에 확인해야 한다.

스트레스로 인한 문제는 단순히 개인만이 아니라 부대 전체에 악영향을 끼친다. 이런 문제들은 신속하게 다루어지고 효과적으로 처리되지 않는다면 지휘관(자)과 부하들에게 부정적인 영향력을 행사하고 상당량의 지휘시간과 인력을 빼앗는 결과를 초래한다. 이는 의욕적이고 잘 훈련된 장병조차 어려운 상황에 처하게 할 수 있다. 이런 상황은 흔치 않으나 이런 상황이 나타날 경우 해당 장병은 마음에 심한 부담감을 가질 수도 있다. 일부 장병은 이런 문제를 스스로 해결해 가지만 어떤 이들은 그렇지 못하다. 지휘관(자)의 존재 및 역할이 중요한 이유다.

1) 가족지원

프로이트는 인간이 행복을 누리며 의미 있게 살기 위한 조건으로 '일과 사랑'을 들었다. 여기서 사랑이란 가족이 기반이 된 안정적인 환경을 얘기하는데, 군인들이 전장에서 임무를 수행함에 있어서 가족의 지원은 안정적인 전투임무 수행에 긍정적인 영향을 미친다.

부대가 전투임무 수행을 위해 인원과 장비를 전개하는 동안 부대 지휘관(자)들은 부대, 장병, 가족 구성원과의 의사소통 라인이 공개적이고 정기적인 상태를 유지하도록 지속적으로 확인해야 한다. 지휘관(자)은 반드시 부대 가족지원모임 구성원을 돕기 위해 부대원에게 임무를 할당하고 교육하며 권한을 부여해야 한다. 부대 소식지와 음성응답체계, 부대 웹사이트, 가족준비모임의 최신 연락망, 전자우편과 문자 안내, 부대 잔류 병력과 협조 등을 망라하는 포괄적인 의사소통 계획을 채택해야 한다. 상급 지휘관(자)과 가족준비 인력, 그리고 잔류 인원에게 광범위한 정보자원을 교육하고, 정보를 실시간 공유해야 한다. 또한 부대에서 특별히 우려하는 문제를 해소하기 위해 시기적절한 상담을 제공하거나 조정해야 한다.

스트레스가 높아지는 시기에는 병영생활전문상담관 등 부대 상담요원의 지원을 요청하여 장병 및 가족들의 스트레스를 동시에 관리한다. 상담요원은 영내 자살, 훈련손상이나 전투손실 같은 문제를 다루는데, 도움이 필요한 부대 및 군인가족에게 그들의 요구에 맞춘 적절한 브리핑을 제공할 수 있다.

지휘관(자)은 장병과 가족에 대해 포괄적인 귀환 및 재결합 프로그램을 제공해야 한다. 만약 장병이나 가족이 재결합을 위한 적절한 교육을 제때 제공받지 못한다면 이것은 재결합 과정과 향후관계 그리고 장병의 향후 전개에 부정적인 영향을 미칠 수 있다. 지휘관(자)은 배우자들에게 귀환과 재통합에 대한 브리핑을 제공해야 한다. 또한 장병과 가족을 위하여 가정폭력, 알코올 남용, 전투 스트레스를 일으키는 요인들, 분노관리와 같은 주제를 다루는 전개복귀 후 교육 및 브리핑을 준비해야 한다. 배우자들은 이런 브리핑 중 어떤 특정 브리핑을 필요로 할 수 있다. 또한 그들은 급여명세서상의 변화, 가정지출계획상의 문제, 자녀 관련 문제에 대해 이득을 얻을 수도 있다. 필요할 경우 장병과 그의 배우자는 함께 군 가족 서비스를 통해 이런 브리핑이나 커플 상담에 참여할 수 있도록 해야 한다.

2) 개인적 어려움

재정적 어려움은 예측 불가능한 위급상황이나 재정의 관리를 소홀히 하여 발생할 수 있다. 주로 재정관리 능력의 저하로 나타나는 결과인 재정적 궁핍함은 초급장병, 독신부모, 최근에 이혼하거나 헤어진 사람들, 신체적인 문제를 지닌 부양가족을 가진 장병, 신혼부부, 최근 이사한 사람들에서 흔하게 발견되는데, 재정적 부담은 개인의 행동변화를 일으킬 수 있고, 임무수행 능력, 임무 준비태세, 대인관계에 영향을 미치는 우울증과도 관계가 있다. 만일 어떤 장병이 개인적인 문제나 결혼 문제를 가지고 있거나 자살 위험성을 가지고 있다면 재정적인 어려움이 생겼을 때 이런 위험요인은 더욱 심각해진다.

법적인 문제는 민사상 혹은 형법상의 문제를 말하는데, 민사상의 문제는 다양한 형태를 취하며 소송, 이혼, 별거, 채무이행, 세금, 국적 문제, 집주인−세입자 문제, 유산계획, 그리고 문자 그대로 수 백가지 다른 문제에 이르는 광범위한 이슈를 다룰 수 있다. 공통된 사안은 이런 문제들이 적절하게 조치되지 않을 경우 장병의 정신상태와 준비태세에 극히 부정적인 영향을 미친다는 것이다. 군법무관은 장병들이 이런 문제를 해결하도록 돕기 위한 훈련을 받았으며 군 고유의 다양한 문제를 다루기 위해 고안된 군 관련 법에도 익숙하다.

지휘관(자)은 배속된 인원을 주기적으로 살피고 부대 구성원들과 친밀감을 통해 재정적인 문제, 알코올 오용, 미성숙함, 관계상의 문제 등 개인적인 위험요인들을 평가해야 한다. 재정 문제, 알코올 남용, 경험의 부족으로 인해 법적 문제가 발생할 수도 있지만 경험이 아주 많은 간부나 병사조차도 군복무 중에 막다른 법적 문제에 직면하기도 한다. 대개 문제점에 대한 상대적 성공 및 실패의 차이는 개인이 얼마나 바르고 적절하게 그 문제에 대응하는가에 달려 있다. 장병들이 저지르는 대다수의 범죄는 음주상태 및 알코올 남용을 포함한다. 알코올은 개인의 판단기능을 흐려지게 한다. 덧붙여 재정적 문제와 관계상 문제는 장병들을 불법 범죄행위의 길로 인도할 수 있다.

지휘관(자)은 휘하의 장병에게 자원을 제공하여 도움을 줄 수 있는데, 대부분 민사소송은 교육과 상담을 통해 예방할 수 있다. 장병들은 자신의 권리와 가용한 자원들에 대해 교육을 받을 필요가 있다. 이 영역에 대해 장병들을 가르쳐 줄 수 있는 이로 군법무관이 있다. 장병을 대상으로 군 법률자문관, 의료인력, 상담요원, 군종장교들로부터 도움을 받을 수 있으며 그들은 이런 상황에서 장병들을 돕기 위한 특별한 목적을 가진 사람들이라는 정보를 제공한다. 해당 인력들은 고객을 위하며 지휘관(자)의 영향력으로부터 독립적으로 그들을 도와야 할 의무가 있다. 장병들은 자신의 권리와 가용자원에 대해 교육을 받을 권리가 있다.

3) 성적 학대

지휘관(자)은 부대조직의 분위기에 대한 책임이 있다. 안정적인 리더십은 모든 형태의 차별을 방지하는 데 중요한 역할을 수행하며 감독직에 있는 이들은 적절치 않은 행동이 발생하지 않도록 환경을 조성해야 한다. 부대에 있는 모든 인원은 공정한 대우를 받으며 상호 존중해야 한다.

성적 학대는 사기를 저하시키며 부대 단결에 부정적인 영향을 끼치는 차별의 한 형태이다. 작전권자, 감독관, 관리자 그리고 모든 다른 지휘관(자)의 직책에 있는 이들은 휘하 장병에 의한 성적 학대를 묵인하거나 바로잡지 못해서는 안 되며 합당하지 않은 근무환경의 존재를 용납해서도 안 된다. 성적 학대의 충격은 개인에게 업무환경에서의 스트레스, 신체건강과 임무수행을 하고자 하는 의지에 전반적으로 영향을 미친다. 또한 성적 학대는 부대의 생산성, 적응력과 단결력, 임무성취에 부정적인 영향을 미친다.

성적 학대는 범죄행위이다. 이는 군복무의 핵심가치에도 위배되는 일이다. 성적 학대는 부대나 장병의 사기, 효율성, 효과성을 저하시키며 군의 유연한 기능발휘를 부정적으로 손상시킨다. 희생자는 남성일 수도 여성일 수도 있다. 가해자 또한 남성일 수도 여성일 수도 있다. 군은 성적 범죄의 심각성을 인식하고 지휘관(자)이 이런 사건들을 다루기 위한 정책 및 규정을 재정하고, 교육을 시켜야 한다.

4) 약물 오남용

장병의 임무수행 태세를 약화시키는 알코올 남용 및 알코올 의존성을 감소시키기 위해 지휘관(자)은 노력해야 하고 반드시 알코올 남용의 특징과 알코올 의존성 질병의 증세에 대해 경각심을 유지해야 한다. 모든 지휘관(자)은 반드시 어떠한 방법으로든 알코올 오용을 권장하거나 눈감아 주어서는 안 된다.

불법 약물의 사용은 군인의 효과적인 업무수행 능력을 저해하고 임무에 역행한다. 마약이나 유사 마약류의 사용, 소지, 밀수, 분배는 허용되어서는 안 된다. 이런 위법행위는 반드시 법과 규정의 범주에서 최대한 빠르고 효과적으로 처리해야 한다. 이런 행위에 연류된 장병들은 관련 사법 명령에 따라 기소되기 위해 지역 법 집행기관에 구류되고 인도될 것이다.

또한 지휘관(자)은 물질남용에 대한 식별, 관리, 치료에 관하여 관련 정책을 반드시 인지하고 이를 따라야만 한다.

5) 정신건강

정신건강은 개인과 부대의 준비상태에 중요한 요소이다. 정신건강은 단순히 정신적 질병이 없다는 것을 의미하는 것은 아니다. 이는 정신적 회복성, 유연성, 그리고 문제가 발생함에 따라 이에 대처하기 위한 능력을 포함하는데, 어떤 장병들은 다른 장병들보다 이러한 능력이 더 좋을 수 있다. 이 능력은 대부분이 성인 초기부터 지속적으로 고정된 개인의 성격이거나 특징적인 성향이다. 이러한 성향은 상황과 질병에 따른 장병의 정신상태에 영향을 받는다. 정신건강이 위기에 처하면 장병은 지속되는 문제를 갖게 되어 부대에서 동떨어지게 되며 평소보다 업무수행 능력이 떨어지거나 독특한 혹은 제정신이 아닌 듯이 보일 수 있다. 이런 문제는 장병 개인의 준비상태나 부대 전체의 준비상태에 영향을 미칠 수 있다. 모든 관계자에게 있어 조기발견, 평가 그리고 치료는 필수적이다.

사랑하는 이의 죽음을 애도하는 사람은 무수한 감정적 격정과 반응을 경험한다. 여러 가지 형태의 상실은 여러 형태의 반응을 만들며, 상실을 당한 이에게 권장되는 대처방법들이 비탄에 빠진 모든 사람에게 똑같이 적용될 수는 없다. 마찬가지로 어떤 이에게 유용했던 대처법이 다른 이에게도 해결을 보장해 주리라는 근거는 없으며 서로 똑같은 방식으로 애도를 표하는 사람도 없다. 따라서 당신이 어떤 반응을 보게 되든지, 애도를 하는 이가 느끼는 감정이 어떤 것이든지 이는 해당 장병이 처한 특수한 상황에서는 정상적인 반응일 수 있다. 비탄에는 다양한 감정과 표현이 존재한다. 그가 미쳐가고 있는 것 같다고 느끼게 하는 급성 비애 감정이 존재하기도 한다. 도움이 필요한 장병에게는 급성 비애 반응이 의미 있는 사람을 잃은 것에 대한 정상적인 반응이라는 것을 이해해 주는 것이 크게 도움이 된다. 상실이란 장병이 서둘러서 떨쳐 낼 수 있는 그런 종류의 문제가 아니다. 시간을 필요로 하고 필요한 시간은 각 사람과 각 상황에 따라 다양하다.

상실은 단순히 가족 구성원만이 아니라 아끼는 대상의 상실도 포함한다. 이는 또한 이혼, 별거, 심지어 지리적인 이동으로 배우자와의 관계가 끝나 버린 것일 수도 있다. 상실의 범주에는 직장을 그만두는 것, 군복무에서의 은퇴, 화재로 인해 집이나 차량을 손실하는 것, 자동차를 압류당한 것, 파산신고, 회복 불가능한 질병이나 부상으로 인해 애완동물을 안락사 시키는 것까지도 포함된다.

비애(grief)의 감정은 상실을 겪은 이가 경험하는 내면적인 경험이다. 이것은 감정, 생각 또는 심지어 울음과 언쟁을 일으키는 등의 행동상의 증상을 포함할 수 있다. 상실에 이어 나타나는 심각한 비애증상은 정상적인 것으로 간주될 수 있지만 이런 상황이 장기간 지속되면 비정상적인 비애(abnormal grief)로 판단된다.

애도(mourning)는 힘겨운 상실 뒤 극복하는 과정 혹은 극복해 나가는 절차이다. 비애와 중첩되는 부분이 있으나 비애의 감정을 그 일부로 취하는 회복과정으로 정의할 수 있다. 이것은 흔히 개인의 행동을 통해 공개적으로 표현하는 비애로 정의된다.

지휘관(자)은 감정적인 스트레스와 애도의 과정에 중요한 역할을 수행해야 하며, 다음의 도움을 줄 수 있다. 생명과 군 복무의 가치 그리고 먼저 떠난 이들에 대한 존경심과 그들의 업적을 기억하는 지휘

분위기를 만든다. 그리고 장병들을 대상으로 상실이나 비애를 다루
는 법을 훈련시키기 위하여 군종장교나 정신건강 전문가의 도움을
구할 수 있으며, 업무수행 능력과 정신건강에 영향을 받기 전에 문제
점에 대해 도움을 구하도록 장려하는 지휘풍토를 조성한다. 전사 전
환 및 베틀마인드 훈련과 같은 전투 및 작전스트레스 예방 프로그램
에 참가할 기회가 있으면 장병 스스로 편안한 마음으로 참가하고 토
론을 통해 자신의 감정을 표현할 기회를 부여하는 것 등도 도움이 될
수 있다.

군의 역사를 알고 군의 의식에 참여하는 것은 상실이나 죽음 이후
에 감사와 추모를 하며 계속 살아나가는 방법을 이해하는 데 핵심적
이다. 이는 장병들이 삶과 죽음에서 무엇을 기대할 수 있으며, 무엇이
가치 있는 것인지를 알 수 있도록 도와주고 그들의 삶에 닥칠 수 있는
어떠한 상실경험이라도 대응할 수 있도록 도울 것이다. 망자에 대한
이야기와 기억, 생각을 나누고 이야기하도록 격려해야 한다. 장병들
은 더 이상 전개로부터 귀환하는 배에서 몇 주를 함께 보내지 않으므
로 지휘관(자)은 그들을 한데 모아 이런 이야기를 나눌 수 있는 방법
들을 찾아야만 한다.

내가 손꼽는 최고의 주장들

리더들은 저마다 다른 특성이 있고, 자기만의 방식으로 조직을 이끈다. 이 말은 회사의 CEO는 물론 축구 감독 및 주장에도 해당된다. 감독의 자리에 있는 동안 내가 선택했던 주장 모두 저마다 독특한 특성을 갖고 있었다. 주장을 선정할 때, 나는 항상 네 가지 중요한 자질을 기준으로 삼았다. 첫째 자질은 경기장에서 선수 전체를 이끌려는 강력한 욕구가 있는가 하는 것이었다. 존경하는 훌륭한 선수라고 해서 모두 팀을 이끌고 싶어 하는 것은 아니다. 폴 스콜스가 대표적인 경우이다. 스콜스는 재능이 뛰어나고 맨체스터 유나이티드를 대표하는 인물이며 성공적인 리더로서 자질이 충분하지만, 주장이 되려는 마음은 조금도 없었다. 본래 말수가 적고 감정을 함부로 드러내지 않았으며 각광받기를 원치 않았다. 물론 그도 인간인지라 경기를 망쳤을 때면 마음속으로 심히 괴로워했다.

두 번째 자질은 내 지시사항을 그대로 전달하기에 충분히 신뢰할 만한 인물인가 하는 점이다. 세 번째는 다른 선수들이 리더로 인정하는지, 그래서 지시를 내렸을 때 기꺼이 따를 것이지 하는 점이다. 창의적인 선수라고 해서 타고난 리더는 아니다. 팀에서 많이 활약하고 탁월한 성적을 올린 선수라도 리더의 자질이 전혀 없는 경우도 적지 않다. 나는 또한 우리 팀 주장이 변화하는 상황에 적응할 수 있기를 원했다. 전세가 힘들게 돌아가는 상황에서 사병들을 끌어 모으고 움직이게끔 독려하는 장교들이 없다면, 장군은 전세를 뒤집을 수 없다. 축구 역시 마찬가지다. 맨체스터 유나이티드는 워털루난 엘 알라메인 대신에 앤필드, 캄프누, 스타디오 델레 알피에서 전쟁을 치를 뿐이다.

출처: Ferguson & Moritz(2016).

참고문헌

권순일(2002). 집단크기에 따른 게임활동이 집단 응집력에 미치는 영향. 한국 체육교육학회지, 7, 10-19.

국군심리전단(2002). 군사 분쟁 시 심리전 첩보 생산 및 배포. 서울: 범신사.

국군심리전단(2011). 심리전 매체개발 실무지침서.

김민종(2007). 군대 내의 집단 여가활동과 자기 결정성 및 집단 응집력 간의 관계. 고려대학교 석사학위 논문.

김민종, 송경재, 이종형(2016). 군대 내의 여가활동 종류에 따른 자기결정성 및 집단응집력의 차이. 한국군사회복지학회지, 9, 163-187.

김병관(2008). 무엇이 현대전을 움직이는가. 서울: 플래닛미디어.

김열수(2013). 민·관·군 대북심리전 연계 방안. 국방 심리전 정책발전 세미나 자료집. 합동참모본부.

박동언(미발행). 북한 사이버 심리전 양상과 아(我) 사이버심리전 대응전략. 합참 심리전과.

박영자(2014). 최근 김정은 정권의 대남 심리전. 서울: 통일연구원.

박헌옥(2013). 북한의 대남 심리전 대응방향. 국방 심리전 정책발전 세미나 자료집. 서울: 합동참모본부.

백선엽(2009). 군과 나. 서울: 시대정신.

백선엽(2011). 내가 물러서면 나를 쏴라. 서울: 중앙일보.

서경석(2013). 전투감각. 서울: 샘터.

송경재, 이종형, 김희철, 윤태웅(2013). 리더십과 상담. 서울: 정음사.

심진섭(2012). 심리전 이론과 실제. 서울: 학지사.

심진섭(2015). CYBER 심리전 발전방향. 국방 심리전 정책발전 세미나 자료집. 합동참모본부.

육군 교육사령부(1999). NATO의 유고공습 분석. 대전: 육군인쇄창.

육군본부(2004a). 교육참고 7-0-12 한국전쟁사(상 · 하). 대전: 육군본부.

육군본부(2004b). 야전교범 6-0-1 지휘통솔. 대전: 육군본부.

이상호(2011). 북한 사이버 심리전의 실체와 대응방향. 한국정치외교사논총 제33집(1) 263-290.

이상호(2012). 소셜미디어(SNS) 기반 사이버 심리전 공격 실태 및 대응방향. 국가정보연구 제5권(2), 59-92.

이윤규(1997). 심리전에 대한 새로운 인식과 심리전 발전 방향. 합참지 제10호.

이윤규(2000). 북한의 대남심리전 연구. 경남대학교 박사학위논문.

이윤규(2013). 대북심리전 발전방향. 국방 심리전 정책발전 세미나 자료집. 합동참모본부.

이윤규(2013). 전쟁의 심리학. 경기: 살림출판사.

최무덕, 이종형, 이영호(1998). 군대생활과 심리학. 대구: 공학사.

최병순(2011). 군 리더십. 서울: 북코리아.

한규석(2005). 사회심리학의 이해. 서울: 학지사.

합동군사대학교(2015). 효과적인 전투스트레스 관리 방안. 대전: 합동군사대학교.

합동참모본부 심리전과(2015). 2015년 심리작전 순회교육 자료.

Artwohl, A., & Christensen, L. (1997). *Deadly force encounters*. CO: Paladin Press.

Cartwright, D. (1968). The nature of group cohesiveness. In D. Cartwright & A. Zander (3rd ed.), *Group dynamics: Research and theory* (pp.

91-109). NY: Harper & Row.

Chaiken, S. (1979). Communicator's physical attractiveness and persuasion. *Journal of Personality and Social Psychology, 37,* 1387-1397.

Cialdini, R., Martin, S. J., & Goldstein, N. (2015). 설득의 심리학(The Small big). (황혜숙, 윤미나, 김은령 공역). 서울: 21세기 북스. (원전은 2014년에 출간)

Clausewitz, C. (1989). *On War.* NJ: Princeton University Press.

Crowley, A. E., & Hoyer, W. D.(1994). An integrative framework for understanding two sided persuasion. *Fournal of Consumer Research, 20,* 561-574.

Ferguson, A., & Moritz, M. (2016). 리딩(*Leading*). (박세연, 조철웅 역). 서울: 알에이치코리아. (원전은 2015년에 출판).

Furster, J. M. (1958). Effects of stimulation of brain stem on tachistoscopic perception. *Science, 127,* 150.

Gabriel. R. A. (1986). *Military psychiatry: a comparative perspective.* NY: Greenport Press.

Galanter, E. (1962). Contemporary psychophysics. In R. Brown, E. Galanter, E. H. Hess, & G. Mandler (Eds.), *New directions in psychology* (Vol. 1, pp. 87-156). NY: Holt, Rinehart, & Winston.

Gescheider, G. A. (1976). *Psychophysics: Method and theory.* Hillsdale, NJ: Erlbaum.

Gibson, E. J., & Walk, R, D. (1960). The Visual Cliff. *Scientific American, 202,* 64-71.

Green, D. M., & Swets, J. A. (1966). *Signal detection theory and psychophysics.* New York: Wiley.

Griggs, R. A. (2012). *Psychology: A concise introduction* (3rd ed.). NY: Worth.

Grossman, D., & Christensen, L. W. (2008). *On combat: The psychology and physiology of deadly conflict in war and in peace* (3rd ed.). NY: Warrior Science Publications.

Heron, A. (1956). A two-part personality measure for use as a research criterion. *British Journal of Psychology, 47*, 243-251.

Hersey, P., & Blanchard, K. H. (1982). *Management of organization Behavior: Utilizing Human Resourse* (4th ed.). NJ: Prentice Hall.

Hunt, J. M., Smith, M. F., & Kernan, J. B.(1985). The effects of expectancy disconfirmation and argument strength on message processing level: An application to personal selling. In E. C. Hirschman & M. B. Holbrook(Eds.), *Advances in consumer research*(Vol. 12). Provo, UT: Association for Consumer Research.

Hurvich, L. M., & Jameson, D. (1957). An opponent-process theory of color vision. *Psychological review, 64*, 384-404.

Kalat, J. W. (2015). *Biological psychology* (11th ed). Belmont, CA: Wadsworth.

Kennedy, C. H., & Zillmer, E. A. (2016). 군 심리학(*Military psychology*). (김형래, 양난미 역). 서울: 학지사. (원저는 2012년에 출간).

Levine, R., Chein, I., & Murphy, G. (1942). The relation of the intensity of a need to the amount of perceptual distortion: a preliminary report. *The Journal of Psychology, 13*, 283-293.

Liberman, A., & Chaiken, S. (1992). Defensive processing of personally relevant health messages. *Personality and social Psychology Bulletin, 18*, 669-679.

Libman, H. (1992). Pathogenesis, natural history, and classification of HIV infection. *Primary Care, 19*(1), 1-17.

Lilienfeld, S. O., Lynn, S. J., Ruscio, J., & Beyerstein, B. L. (2011). *50 great myths of popular psychology: Shattering widespread misconceptions about human behavior.* Malden, MA: Wiley-Blackwell.

Matlin, M. W., & Foley, H. J. (1997). *Sensation and perception* (4th ed.). Needham Heights, MA: Allyn and Bacon.

McBurney, D., & Collings, V. (1984). *Introduction to sensation/perception* (2nd ed.). Englewood Cliffs, NJ: Prentice-Hall.

Paul, M. A. Linebarger.(1954). *Psychological Warfare.* Washington, D. C: Combat Force Press, p25.

Perloff, R. M. (1993). *The dynamics of persuasion.* Hillsdale, NJ: Erlbaum.

Petticrew, M., Fraser, J.M., & Regan, M. F.(1999). Adverse life-events and risk of breast cancer: A meta-analysis. *British Journal of Health Psychology, 4,* 1-17.

Restle, F. (1970). Moon illusion explained on the basis of relative size. *Science, 167,* 1092-1096.

Rogers, R. W., & Prentice-Dunn, S. (1997). Protection motivation theory. In D. Gochman(Ed.), *Handbook of health behavior research*(Vol. 1, pp. 113-132). New York: Plenum.

Petty, R. E., & Cacioppo, J. T. (1984). The effect of involvement on responses to argument quantity and quality central and peripheral routes to persuasion. *Journal of personality and Social psychology, 46,* 69-81.

Petty, R. E., Wegener, D. T., & Fabrigar, L. R. (1997). Attitudes and attitude change. *Annual Review of Psychology, 48,* 609-647.

Petty, R. E., Wgener, D. T., & White, P. (1998). Flexible correction processes in persuasion. *Social Cognition, 16,* 93-113.

Sangho, L., Jungho, E., Bonghan, L., & Jin-Hyuk, C. (2012). "A Conceptual Study on Knowledge-Based Personal Information Gathering

Methods for Conducting Psychological Warfare in Cyberspace." (ICHIT 2012, CCIS 310).

Schachter, S. (1959). Deviation, rejection, and communication. *Journal of Abnormal and Social Psychology, 46*, 190-207.

Shepard, R. N. (1990). *Mind sights: Original visual illusions, ambiguities, and other anomalies.* NY: W. H. Freeman.

Sinclair, R. C., Mark, M., & Clore, G. L.(1994). Mood-related persuasion depends on(mis)attributions. *Social Cognition, 12*, 309-326.

Swank, R. L., & Marchand, W. E. (1946). Combat neuroses: development of combat exhaustion. *Archives of Neurology and Psychology, 55*, 236-247.

Ullman, H. K., & Wade, J. P. (2008). Shock and awe. London: Forgotten Books.

U.S. Department of the Army. (2009). *FM 6-22.5, Combat and operational stress control manual for leaders and soldiers.* Washington, DC: Author.

Venables, P. H., & Warwick-Evans, L. A. (1967). Cortical arousal and two flash threshold. *Psychonomic Science, 8*, 231-232.

Wald, G. (1964). The receptors of human color vision. *Science, 145*, 1007-1016.

Wood, W. (2000). Attitude change: Persuasion and social influence. *Annual Review of Psychology, 51*, 539-570.

Wood, W., & Kallgren, C. A. (1988). Communicator attributes and persuasion: Recipients access to attitude-relevant information in memory. *Personality and Social Psychology Bulletin, 14*, 172-182.

Zuwerink, J. R., & Devine, P. G. (1996). Attitude importance and resistance to persuasion: It's not just the thought that counts. *Journal of Personality and Social Psychology, 70*, 931-944.

"2012년 조선인민군 출판사가 발간한 북한군 대남심리전 학습제강."《월간 조선》. 2013. 1월호.

"북이 두려운 건 확성기보다 전방위 동시다발 심리전."《신동아》. 2015. 9. 18.

"빅데이터(Big Data)사회⋯ 줄줄 새는 개인정보가 차곡차곡⋯ 누군가 내 사생활을 분석하고 있다."《조선닷컴》. 2011. 5. 29.

"삐라, 적의 마음을 겨냥한 종이폭탄."《경향신문》. 2016. 2. 19.

PSYOP PSYOPS PSYWAR Psychological/Operations http://www. psywarrior. com/l=koreaPSYOPHist.html

LOCKHEED MARTIN   http://www.lockheedmartin.com/us/products/c130/c-130j-variants/ec-130j-commando-solo.html

Psychology Today(2014).   http://www.magazinebook.co.kr

Wikitravel(2009).   http://www.wikitravel.org.

찾아보기

내용

저자 소개

송경재(Song, Kyung-jae, ktmapsy@korea.ac.kr)

강원대학교 심리학과를 졸업하고 ROTC 37기로 임관하였다. 고려대학교 대학원에서 심리학 석사와 박사학위를 취득한 후 육군3사관학교 리더십센터장과 교육정보지원센터장을 역임하였다. 현재 육군3사관학교 상담심리학과 교수 및 교육개발실장으로 재직 중이고, 한국 상담학회 산하 한국군상담학회 학술위원장, 홍보위원장, 군상담위원장 등 여러 학회 활동과 함께 대구·경북지역 대테러협상 자문위원 등 대외기관 협력에도 힘쓰고 있다.

주요 논문으로는 「한국적 의사소통 교육 프로그램 개발과 효과」(고려대학교, 2011), 「군대 내 자살 주변장병의 외상경험에 관한 연구」(공저, 3사 논문집, 2014), 주요 저서로는 『군 리더와 병영 상담』(학지사, 2015) 등이 있고, 현재 병영문화 혁신 분야와 심리전 관련 연구활동을 하고 있다.

김민종(Kim, Min-jong, tbvjxjvm@korea.ac.kr)

육군사관학교 58기로 임관하여 포병장교로 전방에서 임무 수행 후, 고려대학교 대학원에서 문화심리학 석사학위를 취득하였다. 2015년부터 현재까지 육군3사관학교 상담심리학과 교수로 재직 중이고, 상담관련 박사학위 및 자격증 취득을 준비하고 있다.

주요 논문으로는 「군대 내의 여가활동 종류에 따른 자기결정성 및 집단응집력의 차이」(한국군사회복지학회, 2016), 「인상형상에서 집단정보차원과 개인정보차원의 상호작용」(한국심리학회 연차 학술발표 논문집, 2006), 주요 저서로는 『군 리더와 병영 상담』(학지사, 2015) 등이 있고, 현재 군상담정책 및 군사심리관련 연구활동을 하고 있다.

김대은(Kim, Dae-eun, dk014@my.tamuct.edu)

육군3사관학교 44기로 임관하여 보병장교로 청와대 경호·경비 임무 수행 후, 미국 텍사스 A&M대학교에서 교육심리학 석사학위를 취득하였다. 현재 육군3사관학교 상담심리학과 교수로 재직 중이며, 학습동기 연구와 생도 교육 발전에 매진하고 있다.

이종형(Lee, Jong-hyung, samsa19@hanmail.net)

육군3사관학교 19기로 임관하여 보병장교로 전방에서 임무 수행 후, 고려대학교 대학원에서 산업심리학 석사학위, 경북대학교 대학원에서 인지심리학 박사학위를 취득하였다. 이후 육군3사관학교 상담심리학과 교수 및 교학과장, 생활지도과장 등을 역임하였고, 현재 후학 양성에 매진하고 있다.

주요 논문으로는 「자살생존 장병의 외상 후 경험에 관한 연구」(공저, 3사 논문집, 2014), 주요 저서로는 『군 리더와 병영 상담』(학지사, 2015) 등이 있다. 현재 군사심리학 관련 논문 및 저서 등을 집필하고 있다.

총성 없는 전쟁을 위한

군사심리학

The Military Psychology

2017년 4월 10일 1판 1쇄 발행
2019년 2월 19일 1판 2쇄 발행

지은이 • 송경재 · 김민종 · 김대은 · 이종형
펴낸이 • 김진환
펴낸곳 • (주) **학지사**

04031 서울특별시 마포구 양화로 15길 20 마인드월드빌딩
대표전화 • 02-330-5114   팩스 • 02-324-2345
등록번호 • 제313-2006-000265호

홈페이지 • http://www.hakjisa.co.kr
페이스북 • https://www.facebook.com/hakjisa

ISBN 978-89-997-1216-6 93180

정가 17,000원

이 도서의 국립중앙도서관 출판시도서목록(CIP)은 서지정보유통지원
시스템 홈페이지(http://seoji.nl.go.kr)와 국가자료공동목록시스템
(http://www.nl.go.kr/kolisnet)에서 이용하실 수 있습니다.
(CIP 제어번호: CIP2017006337)

교육문화출판미디어그룹 **학지사**

심리검사연구소 **인싸이트** www.inpsyt.co.kr
원격교육연수원 **카운피아** www.counpia.com
학술논문서비스 **뉴논문** www.newnonmun.com
간호보건의학출판 **학지사메디컬** www.hakjisamd.co.kr